非凡之路
——第四次工业革命

［英］史蒂芬·怀亚特 著
周琳琳 译

中国科学技术出版社
·北 京·

图书在版编目（CIP）数据

非凡之路：第四次工业革命 /（英）史蒂芬·怀亚特著；周琳琳译 . -- 北京：中国科学技术出版社，2021.9

书名原文：Management and Leadership in the 4th Industrial Revolution：Capabilities to Achieve Superior Performance

ISBN 978-7-5046-8895-8

Ⅰ.①非… Ⅱ.①史… ②周… Ⅲ.①企业领导学 Ⅳ.① F272.91

中国版本图书馆 CIP 数据核字（2020）第 212606 号

著作权合同登记号：01-2021-0167

© Stephen Wyatt, 2021

This translation of Management and Leadership in the 4th Industrial Revolution is published by arrangement with Kogan Page.

本书中文简体翻译版由中国科学技术出版社独家出版，未经许可，不得复制、转载、发行本书的任何部分。

策划编辑	王晓义　王　琳
责任编辑	王　琳
装帧设计	中文天地
责任校对	焦　宁　邓雪梅　张晓莉
责任印制	徐　飞

出　　版	中国科学技术出版社
发　　行	中国科学技术出版社有限公司发行部
地　　址	北京市海淀区中关村南大街16号
邮　　编	100081
发行电话	010-62173865
传　　真	010-62173081
网　　址	http://www.cspbooks.com.cn

开　　本	720mm×1000mm　1/16
字　　数	232千字
印　　张	16.5
版　　次	2021年9月第1版
印　　次	2021年9月第1次印刷
印　　刷	北京中科印刷有限公司
书　　号	ISBN 978-7-5046-8895-8 / F·944
定　　价	89.00元

（凡购买本社图书，如有缺页、倒页、脱页者，本社发行部负责调换）

推荐语

《非凡之路——第四次工业革命》这本书告诉我们，商业竞争在本质上要看格局，要升维思考——从更大的框架、更广阔的视角去看给消费者创造怎样的价值。在第四次工业革命的商业逻辑中，企业从求赢转变为不断追求新的生长空间，从线性思考转变为立体思维，从静态博弈转变为动态共生。真正强大的组织敢于从内部打破边界，构建一个资源开放、互利共赢的生态系统。

这本书就是开启全新领导力的密码之钥，引领企业管理走向不平凡之路。我对《非凡之路——第四次工业革命》中译本的出版表示祝贺。

——中国工程院院士
英国皇家工程院院士　陈清泉

近年，我们个人生活方式变化很大，企业面对的市场环境和客户需求也在急剧变化中，需要不时调整经营策略才能成功。这就是科技引领的第四次工业革命带来的巨大挑战。怀亚特教授是这方面的大专家，亦曾长期在中国生活和工作，熟悉第四次工业革命对东方社会、企业乃至个人的挑战。他这本专著阐释如何在第四次工业革命中胜出，极富智慧，值得细读。该书译笔细腻流畅，读来引人入胜，不啻为传世佳作。

——中国工程院院士
加拿大工程院院士　李焯芬

作为多个大型商会的会长，我认为企业的成功经验，大多有几个关键元素：一是树立起对社会有价值、有意义的发展目标；二是增强适应能力，时刻关注中国香港、内地乃至世界的变化，融入时代大潮；三是有很强的创新思维和能力；四是注重培养有担当的年轻才俊。以上这些与本书所总结的动态思维、人才竞赛及发展战略不谋而合。怀亚特从他的商界咨询经历出发，道出了企业成功的关键，周琳琳小姐将这本著作译介为中文出版，我对此表示祝贺。

——粤港澳大湾区企业家联盟主席
香港中华总商会永远名誉会长

不管是德国人讲的"工业4.0"，还是我们中国提出的"新一轮科技革命和产业变革"，抑或美国人提出来的"第四次工业革命"，以及一些国家所说的"新工业革命"，这些概念的核心共同点就是人工智能、大数据将会带来人类生产方式乃至生活方式的一场大变革。史蒂芬·怀亚特写的、周琳琳译的这本书，主要讲的就是我们每一个人如何适应这场变革，甚至领导这场变革。第一次工业革命以瓦特改良的蒸汽机引领，瓦特不但具有工程师的科学精神，也具有企业家的实践精神；同样，未来的第四次工业革命，我们也需要一批这样的人来引领，来发掘出新的商业模式。这本书我认为非常有价值。

——中制智库理事长

《非凡之路——第四次工业革命》一书，对未来一个时期的产业转型和科技管理创新发展有重要启示作用，面向人类社会产业重大发展前景，阐释领导力创新如何带领组织创新、改善组织情境、激发组织的行动能力，在第四次工业革命潮流来到时，与时俱进，进行战略思维，统筹谋划，为经济产业发展注入新动力。

本书经世致用，简约易懂，非常适于中国企业家的学习和实践。

——中国人民大学公共管理学院教授　孙柏瑛

　　大家都知道现在有一个词叫"乌卡"（VUCA）时代，取自"易变性""不确定性""复杂性""模糊性"四个词的英文首字母。这种不平衡状态背后深层的力量就是科技。科技一方面具有正面推动力，另一方面也有破坏力。从人类历史长河的维度看，科技的正面推动力一定会带来进步，但就我们每个人生活的短期维度而言，有时候科技带来的破坏力会超过它的正面推动力。当第四次工业革命来临的时候，我们尤其需要管理能力和领导力来应对。可以说，我们现在又到了一个历史的新拐口，顺利跨过这道坎，是我们这代人应该肩负的神圣而艰巨的使命。以我的一得之见、一家之言，来恭喜《非凡之路——第四次工业革命》的出版。

——凤凰卫视评论员

　　100多年前，汽车逐渐替代马车，开始进入人们的生活。人们傻了。那些做马鞭、做笼头的人面临着巨大的挑战。怎么办？等死还是转型？有些人转型了，不做马鞭、不做笼头，开始做皮包、做皮带，他们的企业活了下来，而且还创造了今天的世界名牌。现在，第四次工业革命开始了，以大数据、人工智能、云计算这些数字化技术引领的制造业进入了我们的生活。如果你用的还是普通机械车床，怎么办？等还是变？时代变了，只能改变自己。所以我今天推荐这本书，就是希望大家认清潮流，躲开暗礁，在变革的时代中活下去，而且活得更好。

——伟仕佳杰控股有限公司等四家中国香港上市公司董事

今日头条大V

通读此书，对其中许多观点我非常认同，也可谓是不谋而合。第四次工业革命正在引领我们进入一个全新的文明时代，这种数字化和物理技术的变革产生了无限的可能，创造机遇的同时亦导致同等的不确定性。在"乌卡"时代，我们需要构建起动态能力、目标导向增长、人才技术交互这三大核心主题。被推向时代潮头的管理者和领导者不但要让新型技术为己所用，更要拥抱复杂性，勇于创新，鼓励团队畅想、构建立体的新生态系统。

——某金融公司IT部董事总经理

人工智能和大数据主导的信息化科技，打开了第四次工业革命的大门。进入这扇大门后，我们怎么找对方向和路线？应该如何改造自己、适应新环境，才能生存下去，不被时代潮流淘汰？怀亚特常年致力于企业战略咨询服务，融合了东西方现代投资理论，归纳出一套使人深谙所处环境和商业本质的复合能力。周琳琳的译本恰当而中肯，对原著有深刻的理解，读来获益良多。本人经营石油贸易数十年，目睹工商业的跌宕起伏，其中没有一种"放之四海而皆准"的成功范式，不同的企业必须凭借独门招式赢得生存和发展空间。但万变不离其宗的是，在面对问题的时候，以不同的视角看问题，抓住问题的关键，准确判断形势，然后施以正确的策略，就容易取胜。我们共同推荐这本书，目的就是分享企业适应市场变化的生存之道。

——香港中小企经贸促进会荣誉会长
　　《孙子兵法》研究专家

如果你想创业，或是企业遇到"瓶颈"，那么这本书值得你看。如果你是高管，或者正在向高管挺进，那也不妨读一读。这本书也许能让你的思维豁然开朗。

——凤凰卫视评论员 杜平

在一个瞬息万变、日益复杂的世界中，核心需求是要保持弹性和快速适应的能力。对于所有希望与时俱进、保持领先的人来说，这是一本不可或缺的指南。

——香港妇女高等教育协会会长
香港城市大学翻译及语文学系教授

第四次工业革命打破了传统的企业经营模式和理念，直指当今时代的靶心——风险和绩效。史蒂芬·怀亚特教授眼光宽广，不拘泥于成见。他在这本书中解释了为何领导力是比技术本身更重要的资产——因为它将促进动态竞争，推动企业持久发展。这是一本发人深省、催人奋起并有助于付诸行动的书，所有商业界人士都可以拿来阅读。深入进去，你会发现，这里有良多宝藏和可行的见解。

——蒂芙尼公司首席执行官
亚历山德罗·博格里奥罗（Alessandro Bogliolo）

史蒂芬·怀亚特开辟了一种新型竞争优势，解决了一个由来已久的战略问题：企业如何在当下实现最有效的竞争，同时还不忘投资新资源，培植新能力，来抓住下一波竞争优势。底盘思维有助于你打好基础，再辅之以一套简单实用的工具，如此，企业就可以在战略中寻求变革。

——南加利福尼亚大学管理学院、彼得·德鲁克管理学院主任
伯尼·贾沃斯基（Bernie Jaworski）教授

史蒂芬·怀亚特这本著作的精彩之处在于，他巧妙地在及时应变的战略敏捷性与着眼未来的目标领导力之间找到了平衡，这两种能力将成为在第四次工业革命中立于不败之地的关键因素。史蒂芬对新兴市场有着深刻见解，加之勤于研究和反思，为领导力的变革描绘了一幅引人瞩目的图景。史蒂芬将领导力中的人性化因素或以人为本的人力管理称为第四次工业革命中领导力的关键要素之一，这将是领导者成功或失败的最大区别所在。我和史蒂芬认识有一段时间了，看过他的作品以后，我认为没有人比他更适合创作这部杰作。

——亿滋国际高级副总裁兼全球人才、学习与组织效能负责人
阿图尔·科斯拉（Atul Khosla）

鉴于当前全球环境及企业的期望和责任都处于不断变化中，《非凡之路——第四次工业革命》可谓一本具有批判性质的读物。在第四次工业革命中，商业战略向目标驱动型转变，对全球经济、企业和人民产生了深远的影响。今天的领导者有必要采取更加以人为本的策略，吸引多方利益相关者加入进来，在增长过程中负起更多责任，更好地为每个人服务。史蒂芬告诉我们，以价值观为基础的根本战略与业务的增长之间，不但可以不冲突，而且还能相辅相成，实现可持续的、目标导向型的增长。这本书对于希望在这一新领域推动有效增长的领导者来说，是一本必备读物。

——贝宝控股有限公司执行副总裁兼战略、增长和数据部负责人
乔纳森·奥尔巴赫（Jonathan Auerbach）

史蒂芬·怀亚特巧妙地将其自身业务和学术研究结合在一起，阐述了在第四次工业革命中，各行各业的管理者如何应对变化，处理问题。该书的理念和思想促使我们从全新的角度考量何谓战略、何谓管理，重新思考那些原本被视为理所当然的领导力特质、人才管理方式和技术创

新原则。史蒂芬对原则的反思，鼓舞着所有领导者将"破旧立新"视为机遇而非挑战，从而推动可持续增长与创新。

——华特迪士尼公司亚太区总裁

姜煪可

许多高管正被迫调整自己及其组织，以适应新的世界秩序。节奏、探索、判断和同理心——把这些要素有效地组合起来可谓一项艰巨的任务。因此，当我们身处第四次工业革命，我相信本书所包含的智慧将成为新一代成功领导者的指路明灯。

——巴斯大学副校长

维罗尼卡·霍普·海利（Veronica Hope Hailey）

自从我第一次以新加坡国际港务集团有限公司执行副主席/首席执行官的身份聘请史蒂芬·怀亚特做我的顾问以来，他便给我留下了深刻的印象。他善于深入问题的核心，串联各个节点，勤勉而专注地落实赢家战略，达到预期结果。

——新加坡国际港务集团有限公司前首席执行官

关德熙（埃迪）

这本发人深省、改变游戏规则的书完美地抓住了第四次工业革命所带来的机遇，展现了崭新的现实。史蒂芬·怀亚特正依照世界上最成功的公司所具备的实际业务转型经验，提出真正务实的解决方案。对于所有希望加速增长、持续转型及保持领先的人来说，这是一本不可或缺的读物。

——保乐力加集团销售部首席转型官

朱利安·赫马德（Julien Hemard）

这是一位"卷起袖子"预备大干一番的战略家，他在书中分享了自己的新鲜想法。对于第四次工业革命所塑造的"乌卡"世界，史蒂芬·怀亚特对当中的领导力和管理模式提出了自己的分析和见解。那些正领导企业或为企业提供智慧支持的人，都应该读一读这本书。"一成不变"连生存都应付不来，更不必说繁荣。本书将重点放在组织和人员上，有助于塑造你在工作中的战略、思维和方法，因此这是一本引导你走向成功的手册。作者作为一名顾问和学者，以一种引人入胜、循循善诱的风格展开阐述——你会忍不住想一读再读，也会有动力把所读付诸实践！

——凯捷发明公司副总裁
马克·休伊特（Mark Hewett）

史蒂芬·怀亚特教授的文字熠熠生辉。我高度赞赏他在本书中提供的宝贵见解和案例——这是他与世界各地，特别是亚洲著名组织合作中产生的第一手资料。在一个瞬息万变、日益繁杂的世界中，保持弹性和快速适应力对企业可持续发展至关重要。了解动态能力，以及明白如何在组织中运用这套能力，对于维持业务的可持续性，培养使基业长青的领导力及组织能力，都至关重要。这是一部视角全新的很棒的著作。

——英维斯塔公司亚太区副总裁/总经理
布莱恩·卢（Bryan Loo）

只有在全球范围内拥有大量公司治理经验的高级顾问，才能拥有这些洞察和见解；只有具有多年教学经验的教授，才能将这些洞察和见解以一种深入浅出的方式阐述出来。史蒂芬·怀亚特教授兼具这两种专业身份，他在这本著作中，帮助那些面临模糊、复杂境况的领导者增强感知能力，减少不确定性，抢占并复制先机，重新配置选项，优化选择。这本手册适合每一位希望引领组织穿越第四次工业革命海洋的商业领袖。

——创新思想领袖和新风险投资全球创新管理研究所所长、
创新咨询和培训公司 IXL 中心创始人兼首席执行官
希滕德拉·帕特尔(Hitendra Patel)

人们常说,"人才胜于战略"——但为什么不能两者兼而有之呢!史蒂芬·怀亚特凭借他在战略咨询和人力资本咨询方面得天独厚的背景,能够将这两个领域的优势真正结合起来。随着世界不断变革,越发显而易见的是,懂得如何用人才来推动战略,才是成功的关键因素。因此,史蒂芬的经验和洞察力犹如一场及时雨。

——海德思哲国际咨询公司首席执行官兼董事会实务、
亚太和中东地区(工业)管理合伙人
许大卫

史蒂芬·怀亚特教授的书提供了一个简洁而全面的框架,让我们清楚地理解了:一家企业在这个难以预测变数的世界中想保持竞争力,究竟面临着哪些挑战,又当如何应对。书中用来自多个行业和地区的案例解析了各项挑战和应对之法。从我的观点来看,本书的关键点在于,史蒂芬清晰地描述了领导者如何提升企业的动态竞争力。我相信,每一位阅读本书的人都会反思自身经历,并确定新的行动方向,在第四次工业革命时代蜕变成为更优秀的领导者。

——贝恩公司前首席执行官布拉斯金公司高级顾问
费尔南多·穆萨(Fernando Musa)

第四次工业革命的特点是信息与通信技术进步对企业活动产生了重大影响。因此,在这个新时代,决定成功的因素将与以往有很大不同。虽然人类对机器和人工智能的操纵越来越娴熟，但真正的关键因素是，企业如何把那些只属于人类的力量发挥出来。史蒂芬·怀亚特的书指出了第四次工业革命中的企业所需具备的关键特征——灵活性、敏捷性、实验、测试和学习、建设性挑战、适应性、创造力——不仅针对个人或小群体，也适用于有规模的组织。当我们遵循他提出的"觉察与感知""抢占与复制"等框架，且能够顺利过渡到"再配置与再定位"的环节时，就可以从现实案例中学习，组建起一个更好的、以目标为导向的、经得起未来考验的团队。

——贝恩公司合伙人

米歇尔·鲁齐（Michele Luzi）

史蒂芬·怀亚特的《非凡之路——第四次工业革命》对于那些在无情和善变的商业环境中茫然无措的领导者来说，是一本很重要的读物。本书强调了一个基本观点——保持竞争力与技术本身无关，而与组织如何应对、创造和采用技术有关。一个组织能够自发地创造并采用优势技术，这是在加速变化的环境中成功生存的基础。出于这本书的特质，史蒂芬没有提供复制粘贴的模板，相反，他描述了第四次工业革命的组织和文化所需要的思维模式，鼓励读者独立思考，同时绘出了路线图，引领我们且行且思。

——飞农公司首席运营官

约翰·迪纳（John Diener）

致中国读者序

对于一名曾经的学子而言,剑桥大学可谓是一片乐土。在那片天地里,我享受着划船、橄榄球、曲棍球,结识来自世界各地的朋友。除了在饱负盛名的工程系研习理论知识,还涉猎了新兴的管理实践学科。当学制进行到最后一年,我和同学们去东亚各国游历了一番,不仅拜访了多家公司,还见识品味了各色文化——这段美好时光令我深深着迷。随后,我返回欧洲,开启了战略咨询的事业生涯,几年后折返亚洲,把中国香港作为对外交流的大本营。我还尝试过学粤语,可惜见效不佳。在20世纪90年代和21世纪初的前10年里,亚洲多国都实现了经济上的飞速发展,也推动了社会的重大变革。我的工作就是帮助靠西方资本运作的公司进入这一区域,并为它们的成长和经营提供建议。

这些公司面临的问题往往来自公司总部的预期和所在国实际业务之间的鸿沟。当然,这其间的文化悬殊和背景差异是不言而喻的,但最大的挑战往往并不在此,而在于风险认知和管理不到位。高管们面对的不只是一个个快速成长的经济体,还有日新月异的社会、基础设施、政策和法规,因而那些为更稳定的大环境和西方监管机制而设计的公司制度和程序,实际上很难为这些公司拨开云雾,指明方向。公司管理层需要经过层层分析,将运营和投资风险降至最低。他们遵循母公司的做法和理念,与总部协调决策。然而,在所在国,最大的风险往往出于行动不够迅速而与机会失之交臂。譬如,好不容易开辟了一片新市场,却给作为竞争者的后起之秀栽了大树。归根结底,这些公司忽略了政策、行业基础设施,抑或客户需求的善变性,一味延续固有的经营模式。因而,他们一马当先建立好的高端价格和产品特质反倒成为当地竞争者得以茁壮成长、学习、适应、创新的一把保护伞。这个问题困扰着我们大多数在亚洲国家立足的客户。

  2006年，我和家人搬到中国居住。面对这个活力涌动的国家，我做了太久的观察者，多次走访考察，却从未真正身历其中。我一直在为国外企业提供涉及中国市场的战略和管理咨询，一直渴望能把自己浸润在这片土地之中。随后6年中，我在上海市落脚，开办了几家创业公司，偶尔也向客户提供咨询服务。闲暇时间，我兼任霍特国际商学院上海分校商业战略课程的教授。我所创建的公司专注于马球运动及其衍生的生活方式。选择马球是因为我对这项运动怀有极大热忱，也有一定的专业积累，还在澳大利亚投资过相关项目。但原因不止于此。我当时考虑到，马球运动在中国尚鲜为人知，这给了我立足市场前沿、贡献新事物的机会（直到后来我才得知，中国古代朝廷早已玩过一类早期马球）。在不断演变的市场前沿领导自己的创业公司，比想象中更加变幻莫测，也更激动人心。在大胆追求愿景的路上，我学会了做决策，但仍无法确定市场真正需要的是什么。如今，我学会了对变化保持警觉——没有什么是一成不变的，协议也好，合伙人也罢。在周旋和适应中，我朝着既定目标前进。与此同时，我拥有一批极为忠诚、坚韧的核心员工。他们陪我走过了创业的曲折、高潮和低谷。面对他们的支持和追随，我唯有谦逊和感恩。

  2012年，我离开中国，来到新加坡管理大学，开始着手整理过去20年里在高度变化的环境中累积的有关战略和管理的见解与经验，试图将其构筑为理论体系。2015年世界经济论坛上，克劳斯·施瓦布（Klaus Schwab）[①]指出，第四次工业革命把商业和社会卷入高度流动和变化的状态当中。得益于先前的实践心得，我着重研究：在那些商业领袖身上，究竟是哪些能力和行为特质引领着他们的团队脱颖而出，得以在第四次

---

  ① 克劳斯·施瓦布，德国工程师和经济学家，世界经济论坛创办人和执行董事长。——译者注

工业革命波云诡谲的浪潮中蓬勃生长。有些机构只能苟延残喘，甚或朝不保夕，但有些却可以发展壮大，其间的区别在哪里？研究成果就在《非凡之路——第四次工业革命》这本书中。书内不单囊括了从亚洲市场获取的丰富经验，还折射出中国令人心潮激荡的新市场缩影。我衷心感谢在中国曾经的员工、同事和客户，正是因为有了你们的支持，我才走到今天。

本书观点面向全球范围内的商业活动，尤为适用于高速跃迁的环境和生气勃勃的国家，比如中国。

史蒂芬·怀亚特
2021 年 3 月 16 日

推荐序

多年来,在商业领域,不管是埋头研究者,抑或身体力行者,都有一个共同的观点:商业社会正步入一个"乌卡"世界[①]。面对"乌卡",管理成了一种挑战,而这种挑战,又被当前的新型冠状病毒肺炎(简称"新冠肺炎")疫情进一步放大。疫情令许多行业更快一步迈向变革。创新,固然已成为一种显著的趋势,而这种趋势,将因为数字化的成熟、强韧的供应链生态、对基本供应的战略控制、对可持续性的重视,以及妥善的组织管理,而实现迅猛发展。许多科学研究论文均探讨如何管理这种变化,商业领袖们也提出了应对变化的事例依据。但我们需要的是一个好用的,以经验为依托,又切实可行的方法,来应对加速发展的时代趋势。史蒂芬·怀亚特就如何在第四次工业革命中管理和发挥领导作用,在这本优秀的作品中凝集了自己的观点,高级和中级管理层都能在其中找到参考,去迎合变革与创新的需要。

当然,想要应对技术和市场的快速变革,就需要有良好的创新战略。学者们认为,企业为了具备这样的优势,就要发展动态能力,或有的放矢地调整自身的资源基础。这与在日复一日的运营中开发公司现有战略资产是两种完全不同的能力。对许多实践者来说,这可能有点抽象。史蒂芬·怀亚特指出,有一点同样重要,就是如何让时代的信号对自身更有意义。然而,单单了解正在发生的事情,以及与本组织所相关的事情,仍不足够。比以往任何时候都更关键的一点是,要能够加速扩

[①] "乌卡"世界,又称"VUCA",是"易变性"(Volatility)、"不确定性"(Uncertainty)、"复杂性"(Complexity)、"模糊性"(Ambiguity)四个词对应的英文单词首字母。——译者注

张新型业务或调整业务规模。如今已不再是以市场为先,而是以规模为重。抓住机遇,快速复制,并重新配置商业和组织模式,有利于企业实现这一目标。

但我们都知道,一项战略的实际价值取决于执行的质量。本书的第3部分就着重帮你落实这一环节。我个人认为,管理者和商业领袖需要具备两手同利的心态:一方面,要能够在日常运营中经受住无情效率的驱动;另一方面,也要在组织内部开辟出创新和实验的空间。在巨大的不确定性面前进行创新和实验,要么需要行之有效的学习方法,要么需要并行开展大量小型实验,且能够允许小范围的失败,根据不断变化的环境条件适时调整战略。

有了合适的团队,计划实施才能落到实处。过去我们以为,人才争夺战是为了拉合适的人加入进来。这点也从侧面表明,优秀人才的数量是有限的,你必须用打仗一样的策略吸引他们"上船"。毫无疑问的是,史蒂芬·怀亚特在培养年轻的高潜力人才和高级领导力方面颇有经验,提出了截然不同的方法。作为新加坡一所大学的前任校长,我确信——人才苗子是为数不少,但这些苗子需要发展和培养起来,所以我同意史蒂芬·怀亚特的看法:这是我们必须走的道路。不应该为人才争夺而开战,而是应把丰富的人才苗子纳入麾下,并加以栽培。同时,我们也明白,对一个组织来说,团队能力的举足轻重不亚于个人能力的重要。因而你就可以理解,本书第4部分为什么会建议你培养人才,建设流动性团队。事实上,本书的一个优点是:在每一章中,我们都会得到一些建议。这些建议汇聚成一条主线,引航领导者发展动态能力,实施创新型战略。

史蒂芬·怀亚特对如何制定和实施战略发表了一些最新见解,丰富了他以往的经验和观察。在这本书中,处处闪烁着真知灼见的光辉,例如我中意的"创意碎片"的概念、对"加速官"的需求、"流动性团队"的创建,以及以人为本的员工管理和关爱义务。当然,这些概念并非都是作者本人开发和创造的，但作者用一种有吸引力的逻辑方式，将它们串联在一起。

一本优秀指南的好处在于，它用实际的案例和行动提示来帮助你磨炼技能。史蒂芬·怀亚特在他的建设性概念和建议当中，穿插了世界各地发生的实例，包括提炼后的个案。每个人都能从例子中找到自身组织的影子，产生共鸣，并将概念性建议化为己用。

恭喜史蒂芬·怀亚特完成了这样一部优秀著作。该书无疑将为身处"乌卡"世界和第四次工业革命之中的管理者们，添上一双翅膀。

新加坡管理大学原校长

阿努德·德·迈耶（Arnoud De Meyer）教授

前　言

世界经济论坛在命名第四次工业革命时指出，企业内部的经营方式，乃至企业与社会间的交互关系正在发生深刻变革。第一次工业革命以机器取代手工，随后，电力和电子分别掀起了第二次和第三次工业革命浪潮。这几次工业革命无一不是深刻改变了人们的生活方式，不仅如此，给资本分配、商业经济和实业家的社会角色也带来了深远影响。被推向时代潮流的管理者和领导者不但要让新型技术为己所用，还要相应采取新的游戏规则。日新月异的大环境下，如果你渴求发展壮大、根深叶茂，这本书会是一个很好的指南，特别是当你洞察到第四次工业革命的本质不仅仅关乎技术的变革，更聚焦以人为本的可持续发展时，尤为如此。正如世界经济论坛在2015年点明的那样：

> 第四次工业革命不仅仅是一次由技术驱动的变革；它更是一次机遇，帮助所有人，包括领导者、决策者乃至各个收入群体与各个国家的人，利用融合的技术，创造出一个包容性的、以人为中心的未来。真正的机会是超越技术，找到普世化路径，让尽可能多的人有能力带领他们的家庭、组织和社区积极前行。[1]

第四次工业革命的速度、广度和深度迫使我们重新思考：当在社会和经济层面上谈价值创造时，我们在谈些什么？身为组织，应如何创造并捕捉到这种价值？而要想成为卓尔不凡的管理者和领导者，需要在哪些方面胜人一筹？第四次工业革命造就了由人工智能、数字自动化、基因组编辑、生物识别、机器人技术、自动驾驶和物联网搭建而成的时

非凡之路
——第四次工业革命

代。在这一时期，有人多快地攫取价值，就有人多快地经受着价值或市值的崩塌，"乌卡"已是家常便饭。要想在第四次工业革命中破土而出、枝繁叶茂，人们不得不在管理方式和领导力层面上推陈出新。在今天，应战明天。未来，正在到来。当下的每一刻行动都在创造。也正因未来不大可能如我们所愿，所以时刻要准备好适应、调整、改造和重塑，并兼顾培养雇员、投资者及整个社会对我们的信任和支持。前三次工业革命均以对人类社会造成的破坏作为牺牲和代价，人们希望这一次可以矫邪归正——在平衡好环境可持续、社会平等包容和身心健康的基础上，进一步推动经济增长，提高生产力。

《非凡之路——第四次工业革命》界定了与以往截然不同的组织能力、管理流程和领导力特征。第四次工业革命在技术和大量易得的资本的推动下，俨然催生出一个行业界限逐渐模糊的动态环境，充满未知和不确定性的未来从脚下急速铺开。

美国英特尔公司前首席执行官安迪·格罗夫（Andy Grove）有一句话很出名，揭示出当今时代的真相——"只有偏执狂才能生存。"（Only the paranoid survive.）安迪言指半导体行业的飞速变革。当年急剧裂变又重组的速度在如今已非鲜事，可以说大多数行业和国家都见识过了。而所谓决定生存的组织能力的关键即在于，能注意到新兴趋势，且懂得如何创造机会，做出决策并迅速执行。据说，有这样一则来自非洲的寓言：

> 非洲的每天清晨，会有一只羚羊醒来，它知道自己必须比跑得最快的狮子还要快，否则只有死路一条。每天清晨，同样会有一只狮子在非洲大陆上醒来，它知道自己必须跑过最慢的羚羊，否则就会被活活饿死。狮子也好，羚羊也好，太阳升起的时候，你最好跑起来。[2]

我们所研究的第四次工业革命时代的管理力和领导力，并非着眼于触发革命的技术，也不会深究如何取用这些技术。相反，我们关注的是组织能力、管理流程以及领导力特质，这些才是驱动一个组织在第四次工业革命时代跑得比别人快、反应更为迅捷的核心竞争力所在。

第四次工业革命时代需要新的领导力心法

每一次工业革命都见证了商业交易速度的提升，这一次也不例外。这场革命真正前所未有之处在于，我们对风险的认知发生了变化。相较于以往我们在意单个项目的风险，如今我们更关注能否在全盘获胜，是否因行动不够快，参与一个项目或商业冒险的时机不够早，或是规模不够大以致无法成为行业中的主导平台。对风险的理解之所以发生变化，主要缘于两个因素：新业务的建立速度（例如利用基于云的解决方案、人才市场的流动性、跨境优势和全球业务渠道等）和低成本融资的可能性，这是近零利率和量化宽松财务政策的产物。另外一点特别之处在于，这场革命中，数据资源丰富——触手可及。从前，对正在发生的事件，若不经历一番寒彻骨的研究，不大可能获取所需数据，研究后还要对数据进行分析，制定管理法则，最终转化为运营程序。这基本就是弗雷德里克·泰勒（Frederick Taylor）在20世纪初奠定的科学管理的基础。在这一基础理论的支撑下，20世纪80年代和90年代的迈克尔·波特（Michael Porter）和杰伊·巴尼（Jay Barney）又开创了战略分析和规划方法论。而在第四次工业革命时代，我们可以实时掌握正在发生的事情，以史无前例的速度吸收大数据；在人工智能和机器学习的辅助之下，做到在第一时间决策和学习。第四次工业革命时代的商业法则或许一刻不停地在发生变革。管理者需要了解如何运用这些能力武器来提高业绩，比如调整与客户的对接方式，创造并预测需求，灵活完善运营模式和供应链，优化组织的人力资本，等等。领导者必须在瞬息万变的新局势中，在第四次工业革命的超动态背景下参与竞争。行业结构和地缘边界越发模糊，未来的胜利越发重于当下的成绩。上市公司不断增长的平均市盈率（P/E），以及"独角兽"企业（那些完全或几乎不盈利，却被估值超过10亿美元的年轻公司）雨后春笋般的崛起，都是鲜活的例证。

在第四次工业革命中，我们还要考虑到的一个风险是，企业能否可持续发展。企业估值可能在短短几周内上升或下降数十亿美元，比如"WeWork"①，其估值在三个月内（2019年8—10月）从470亿美元降至80亿美元。未来正以任何人都无法预见的模式疾速铺开，每一项新提案都会遭遇意想不到的挑战。在初创企业和大型成熟企业中，领导团队往往一边大胆举措，一边又为随时调整方向做好了准备。这些举措的出发点固然是干扰市场空间，但同时也预料到自己会受到来自第三方的干扰。想要维持可持续发展，就要在重大抉择的关隘，尽可能果敢，以便能够及时转向，从而吸引和留住人才，进而在持续学习的文化氛围中，驱动创造和创新。2019年，总部位于英国的戴森集团②宣布，他们将搬迁至新加坡，并放弃逾30亿美元的计划投资，一心在电动汽车的生产跑道上角逐。同时，他们也争取把这个项目里所发展出的人才和知识产权回收进更大的公司体系中。谷歌公司（简称"谷歌"）的母控股公司"字母表"③有一些类似于"登月计划"④的项目，比如全自动汽车。而

---

① WeWork 2010年成立于美国纽约，主要是为初创公司、微商企业、自由职业企业家提供办公场所，是共用工作空间运营模式的创始者。——译者注

② 戴森集团是英国的一家电器公司集团。2019年1月23日，戴森集团老板表示将把企业总部从英国搬迁至新加坡，以扩大其电动汽车（EV）的制造，并指出亚洲贸易将是他们的业务重点。然而，EV计划已于2019年10月10日宣布终止。——译者注

③ 美国时间2015年8月10日晚间，谷歌宣布将为自己创建一家名为"Alphabet Inc."的母公司。所有谷歌股票将自动换为同等数量与权益的"字母表"（Alphabet）股票。谷歌成为"字母表"的全资子公司。——译者注

④ 指"谷歌月球X大奖"，是一项由X奖基金会发起、谷歌赞助的太空竞赛。竞赛征求团队让自制的探测器登陆月球，在月面移动500米，并回传数据和清晰的影像（包含图片和影片）至地球。竞赛的最后期限曾多番延后，最终定在2018年3月。直到最后期限，仍然没有一支队伍完成发射任务，因此共计3000万美元奖金的得主最终从缺，但主办方X奖基金会在同年4月表示，月球X大奖仍将以无奖金竞赛的形式继续举办。——译者注

当他们选择放弃或部分回收其他一些项目，比如"谷歌眼镜"①时，反而可以获取赢面的最大化。

每一次工业革命都会催生出一个新的富裕阶层。他们在企业经营方式上率先变革，比其他人更懂得让新技术为己所用。这些人对未来怀有更宏大的憧憬，并积极进取地推动现实向未来前进。如今，正在第四次工业革命舞台中央上演领导力的是贝佐斯（Bezos）②，而不再是洛克菲勒；是各色新经济形态企业，而非松下。

你将会从本书获取什么——又省略了什么

如果你想获知如何凭借管理和领导能力在第四次工业革命中脱颖而出，这是一本对症指南。鉴于我们已然置身第四次工业革命时代，这本书将以今时今日商业环境中的新鲜案例和珍闻逸事贯穿始末。多数实例来自全球性大公司。这些公司通常历史资本雄厚，在加速成长和日益科技化的时代，仍然选择直面管理上的挑战。由此可见，所举的这些例子不仅适用于老当益壮的企业，也适用于新近成立的实体。这样行文的目的是，促使读者不断追问自己这样一个问题："如何把这一点运用到我的公司中？"

这本书将教会你在新环境中做好管理。我们无意探讨各款技术，也不会议论这些技术到底哪里好，更不会深究技术层面的应用。《非凡之路——第四次工业革命》是一本教你如何在第四次工业革命时代大获全胜的书，但愿它没那么枯燥，有趣有料。

---

① "谷歌眼镜"是由谷歌于2012年4月发布的一款"拓展现实"眼镜，它具有和智能手机一样的功能，可以通过声音控制拍照、视频通话和辨明方向，以及上网冲浪、处理文字信息和电子邮件等。2015年1月19日，谷歌停止了"谷歌眼镜"的"探索者"项目。——译者注

② 杰夫·贝佐斯（Jeff Bezos），全球规模的电子商务公司亚马逊（Amazon）的创立者。——译者注

本书的理论基础

书中观点不是凭空而来，而是基于我为全球公司做咨询的经历。我作为企业战略和领导力层面上的顾问，在过去 20 年里，鼓励众多公司拥抱时代变迁，践行前卫的管理模式。后来，借助新加坡管理大学一项深度研究项目，我们的培训工作进一步精进。这项研究不仅借鉴了 50 家公司的经验和做法，还吸纳了以下一批商学领域思想领袖的明智建议：伯尼·贾沃斯基（Bernie Jaworski，彼得·德鲁克管理学院首席教授）、拉金德拉·斯利瓦斯塔瓦（Rajendra Srivastava，印度商学院院长）和迈克尔·格里高利爵士（Sir Michael Gregory，任职于剑桥大学制造研究所）。这当中的见解荟萃融合，创造出"动态能力"这一指数。任何公司都可以根据这个指数进行评估。不仅如此，它还是公司未来业绩的先行指标。为了验证该指数的预测有效性，我们对公司股价表现进行了为期五年的跟踪。大体上，动态产能高于平均水平的企业在五年间的表现至少超过同行 31%，而动态产能低于平均水平的企业在五年中的表现则低于同行 15% 左右。

本书使用指南

对于想在第四次工业革命时代有效领导企业的高管们来说，本书是一本实用手册。

建立动态效能

第 2、3、4 章讲解如何建立三种动态能力，以便能够适应、预测未来，在迅速变化的产业环境中做出及时反应。

能否有效整合这些动态能力决定了一家公司能否保持竞争力。所谓动态能力是一个指标，反映了企业在中期未来脱颖而出的能力。

推动大胆增长

第5、6、7章重点讨论了针对明确的目标愿景，究竟需要具备哪些能力才能推动并保持高增长率。

赢得第四次工业革命时代人才竞赛

第8、9、10章关注第四次工业革命中最重要的因素——人。第四次工业革命时代导致大量岗位的人员失业。人们无论在新技术还是工作经验方面都需要保持终身学习的态度。对于所有想要胜出的企业来说，开发、部署、授权和留住人才都是关键性赛道。

动态优势

第11章聚焦于实践，教你如何在管理中掌握主动权，如何落实领导力，在第四次工业革命时代抢占先机。这一章会提供一份评估问卷。通过填答这份问卷，企业的领导团队可以找出自身薄弱点，列出需要优先发展的事项。

第2—10章的每一节各自聚焦于企业能力的某一特定领域，通过深入考量管理机制、核心领导力、思维方式以及企业文化，找出那些在实现卓越的路上不可或缺的要素。即便本书针对每一个领域都举出了优良范例，集合了50多家全球化企业的经验，但本书的愿景，并非希望读者效仿书中的行为方式和事例，而是期待读者可以结合自身实际处境应用其中的原则和见解，来切实提升自身公司的绩效。

尾　注①

1. https://www.weforum.org/focus/fourth-industrial-revolution (archived at https://perma.cc/9Y5K-LK8Z).

2. Montano, D (1985) Lions or Gazeles? *The Economist*, 6 July.

---

① 全书尾注为原著所加。——出版者注

致　　谢

　　这本书的核心理念固然清晰：如何在第四次工业革命时代蓬勃发展。但创作之旅并非一条坦途。不止一次，我的写作偏移了轨道，开始被各种颠覆性力量牵着鼻子走，又被新兴的科技和商业模式抓去了眼球。谢天谢地，我被引回了正轨，得以在正确道路上继续前行。我在书中对读者肩负着双重责任，那就是：书中的任何内容都必须以强有力的研究做证明，同时以活生生的例子做支撑。落实这些责任的过程并非凭我一己之力，而是得益于许多导师的帮助。这些导师来自两大阵营，一是商业研究领域的顶尖级学术力量，二是在第四次工业革命中摸爬滚打的企业管理者。完成这本书及进行精确研究耗费七年光景，七年间斗转星移，他们当中的许多人已经转换了身份，更换了团队，甚至退了休；唯一不变的是他们始终如一慷慨地支持着我。说到这里，我要格外感激这些企业高管的支持：杰弗里·哈迪（Jeffrey Hardee）、安德鲁·古思里（Andrew Guthrie）、罗兰·皮尔梅兹（Roland Pirmez）、艾迪·德（Eddie Teh）、布莱恩·卢（Bryan Loo）、朱利安·赫马德（Julien Hemard）、希滕德拉·帕特尔（Hitendra Patel）、西蒙·麦肯齐（Simon McKenzie）、姜燠可和杰里米·阿米蒂奇（Jeremy Armitage）。同样，我要感谢以下学者的指导，他们为这本书的质量上了另一层保险：伯尼·贾沃斯基（Bernie Jaworski）、阿努德·德·迈耶（Arnoud De Meyer）、拉金德拉·斯利瓦斯塔瓦（Rajendra Srivastava）、菲利普·泽里洛（Philip Zerrillo）和迈克尔·格里高利爵士。

　　写作此书的过程与众多朋友的悉心鼓励和切实帮助密不可分。他们贡献了智慧、支持，有时也会在需要时帮我从工作中暂时抽离，或是给出一番合时宜的评价。我要特别感谢萨曼莎·王（Samantha Wang）、科林·马森（Colin Marson）、约翰·迪纳（John Diener）、伊丽莎白·贝克（Elisabeth Baker）和格雷厄姆·王尔德（Graham Wilde）。还有两位朋友对我的初稿进行了尽心尽力的审阅，提出了宝贵意见，我向他们致以由衷的感谢。在我天真而乐观地以为我已经接近最终版本，即将完工的时候，是他们不辞辛劳的修缮让我意识到，我离尽善尽美的终点，还有很长的路要走。托比·特罗特（Toby Trotter）发现我似乎是在同时写三本不同的书，而非一本融会贯通的书。他这一委婉评论促使我重新思考。珍妮特·布拉德肖（Janet Bradshaw）从一场事故中受伤初愈，投入精力帮我修改此书。她详细的建议加快了我朝终点迈进的步伐。

来自家人的支持和爱，令人惊奇和动容。对于我长时间的工作、心境上的波动，以及同世界各地的高管与学者无休止的通话，他们都给予极大的包容。他们鼓励我不断精益求精，坚持做到上文中提到的双重责任，决不偷工减料，决不走捷径，同时在生活上为我提供坚实的后盾和温暖的爱护。特别在此感谢我的妻子慧丛（Rachel），女儿雯舒（Hannah）、霖舒（Sophia），和儿子智舒（Jonathan）。

在我过往30年职业生涯的奔波中，会遇到一些令我尊敬的人，他们善意分享的智言慧语令我偶尔停下繁忙的脚步。最终的选择权在我手里，但这些人，也许言者无意，却让我驻足思索，促使我调整了前进的方向：谢谢你，伊丽莎白·萨姆（Elisabeth Sam），史蒂芬·蒂茨（Stephen Titze），还有约瑟夫·富勒（Joseph Fuller）。

我还要感谢那些认可、推介这本书的高管们。他们身为领航者，躬身实践，凭借不断超越的动态能力，引领企业在第四次工业革命的浪潮中激流勇进，突围而出。

目　　录

第 1 部分　简介 / 001
　　第 1 章　今日，为明日而战 / 005

第 2 部分　构建动态能力：在第四次工业革命时代蓬勃发展 / 017
　　第 2 章　觉察与感知 / 018
　　第 3 章　抢占与复制 / 039
　　第 4 章　再配置与再定位 / 057

第 3 部分　有勇有谋地增长：目标导向 / 075
　　第 5 章　目标导向，前瞻战略 / 077
　　第 6 章　两手同利："兼而有之"的心态 / 104
　　第 7 章　持续进化 / 116

第 4 部分　赢得第四次工业革命时代的人才竞赛 / 143
　　第 8 章　培养新时代人才是一场竞赛 / 146
　　第 9 章　用流动性团队部署人才 / 167
　　第 10 章　以人为本的人力管理：关爱义务 / 178

第 5 部分　动态优势 / 197

第 11 章　第四次工业革命时代的卓越表现 / 197

第 6 部分　总结 / 213

第 12 章　促进因素与关键主题 / 213

译后记 / 229

第1部分

简　介

　　20世纪90年代中期，扎根在中国香港的我在摩立特集团做一名顾问，为企业提供管理咨询。有一年，我去韩国首尔出差，在君悦酒店度过了100多个夜晚。这个项目我难以忘怀，倒不是因为床单质量上乘，而是韩国客户公司的高管们的异口同声久久在我脑海中盘旋——"韩国与众不同……在这里，你必须用与以往不同的方式解读数据"。当这一论调在我耳边重复了至少30遍时，我才意识到，"反抗是没用的"。所以，我放弃为我们的分析做任何辩解，而是反问道："韩国究竟有何不同？"

　　答案很有启发性，可以说直接影响了随后20年里我做咨询及经营企业的方式——也最终孕育了这本书。当时，韩国的确不同于那些更发达、更稳定的市场。它发展迅速，难以预测。如果一家公司行动不够迅速，必然要付出明显的机会成本作为代价。战略选择固然必不可少，没错，但我们要明白，再好的战略也难以全面、深切地洞察未来市场。对时代的变化做出敏捷反应也很重要，没错，但不能以牺牲经营效率为代价。2005年前后，西方管理理论界开始引申出一个叫"乌卡"（VUCA）的说法，意即易变性、不确定性、复杂性、模糊性，但其实这类现象早已在亚洲风行了数十年。2002年，一家国际农用化学品公司的管理者语带揶揄地指出："我们的增长很大一部分来自所谓的亚洲四小龙，但哈佛大学没有教我们如何驾驭这些龙!"

在 20 年来的大部分时间里,我主要负责摩立特集团亚太地区的事务。这家公司的创始团队定居在美国马萨诸塞州的剑桥城,亚洲对他们而言,似乎有点遥不可及。这些创始人中不乏一些我们这个时代最受尊敬的管理学家,如迈克尔·波特、马克和约瑟夫·富勒,以及思想领袖,如伯尼·贾沃斯基、罗杰·马丁(Roger Martin)、克里斯·阿格里斯(Chris Argyris)、大卫·坎特(David Kantor)、迈克尔·詹森(Michael Jensen)、汤姆·科普兰(Tom Copeland)、彼得·施瓦茨(Peter Schwartz)等。作为一名年轻的顾问,我并不全然认可我所在的这家享誉盛名的公司,但在快速发展的市场背景下,一些同事帮助我为亚太地区客户解决棘手的问题,我对此由衷感激。我们的工作见证了这片地域上各个国家内经济和社会领域的跌宕起伏。我开始领会到咨询公司的模式框架自有其益处,也逐渐从同事们的商业见解中受到启发。这些见解根植于他们在欧美国家的大量商业对接。不过,我也学到了公元前 6 世纪中国哲学家老子的智慧:知者不言,言者不知。

在不稳定和加速运行的商业环境中,未来很难预测;传统的管理模式可能会使企业的适应速度减慢,或是阻碍企业创造并抓住机会。不确定性和模糊性,竞争对手的成长速度,以及从前亚洲客户特有的变化速率,如今已日益成为全球化的常态,其中内在的驱动因素并非经济和社会发展层面的巨大差异,而是第四次工业革命时代技术、政治和社会层面的变革。

如今,在西方,多数上市公司的市值八成左右由未来预期收益流决定。然而,随着业务、技术、趋势和市场变革的加快,过去和当下的利润越来越难以反映未来的指标。[1] 对于许多公司而言,变化无常成了新规则,而敏捷和适应能力成了硬道理。

在这个快速变幻的商业新常态下,大公司如何创造和保持能量,才能保持适应能力,立于不败之地呢?如何转变经营方式,才能进一步上扬估值？未来情形未知，如何树立对战略的信心？

正如哈佛商学院教授克莱顿·克里斯滕森（Clayton Christensen）所言：

> 不管世界因何种原因形成，它的形成方式意味着，我们只掌握着过去的——至多到此刻的——数据，却要为未来做出决定。如何看穿未来呢？我们需要一则好理论当作望远镜，这是唯一的渠道。[2]

当市场空间不断被打破、重塑，商业不断提速，我们能采用什么"好理论"来透视未来？当稳定的经济环境和监管模式培育出的战略工具愈发不适用甚至过时，雄心勃勃、快速成长的公司又该使用哪些工具朝未来冒险进军呢？

在这个快速演化、高度活跃的环境中，一家业绩优良的公司究竟要具备什么机制，其间的管理者又扮演着什么角色？我对此累积了一些观察，希望能够对观点进行组织架构，这也是我写本书的初衷。有些公司和管理者百战不殆，横跨了一系列不同的市场和商业环境，或高度变化，或稳定平静，均可如鱼得水，我对这样的例子尤为感兴趣。他们如何因势利导，让一切为己所用，而没有让特定环境下的某种主导方法绊住手脚，以至于妨碍了自身在其他境遇中的发展。

不止商业在全球的发展速度加快，价值创造和价值损失的速度也在加快。关于在相对稳定的环境中如何取得成功，或是在本土市场开展业务应当如何考量战略、文化和管理，市面上已有诸多论述。如果你不属于以上情况，那这本书便是为你量体裁衣。作为实践经验、科班教育、一线管理和学术研究的结晶，这本书探究企业如何在不稳定和快速发展的商业环境中长久立于不败之地。下一颗"新星"可能在世界上任何一个地方冉冉升起。

为了把我基于经验的理念确切表达出来，讲清楚如何在快速变化的时代成为一名高效能的企业运营者，我尽可能多地去采访我的客户。我听他们讲述怎样储量蓄能，从而在变幻莫测的环境中立稳脚跟。我也越来越关注这些公司究竟有多少实现了成功，毕竟市场空间复杂多样，不确定因素不可胜数。这些公司没有把总部的方针强加于不断变化的本地市场，而是"思维倒置"——把动态活力的市场环境作为思维起点，去深入思考在一个更加"发达"的市场体系中，新兴状态下的未来究竟应该是什么样的。

我在书中提到的许多公司都是业务范围遍及全球的大公司。这样选择的原因是，我可以把重点放在管理和组织层面通用的工具上，而非某个特定领导者的个性和影响力。基于广阔行业和市场的企业实例，我提出了一个综合模型，用于描述公司如何建立其动态竞争能力，以及在不确定和模糊的背景下，如何茁壮成长，而不只是谋求生存。只要专注发展好动态能力，一个企业便可以获取竞争优势。参与研究的众多公司领导者都对这项能力抱有信心。随后的五年（2014年12月至2019年12月）里，我们对这些企业及其竞争对手的股价进行了跟踪，发现这份信心信而有征。

这本书鼓励对传统的战略规划和组织管理进行改良。诚然，今时今日的公司仍然需要催人振奋的制胜战略，但不同的是，它需要更能适应未来的发展。纯粹的战略主义者会找到慰藉。这本书将教会你如何持续收获动力和势能，将眼下的短期优势变为长期优势，永不停歇地追求更宏远的使命。

第 1 部分　简　　介

第 1 章　今日，为明日而战

未来总是未知，但战略就是做出选择——明确的选择——并对这些选择进行投资，协调企业各方齐心协力。如何做出选择，取决于战略计划如何定义。计划之清晰、沟通之有效使管理层和员工得以具备主观能动性，做出符合战略意向的决策。

使命和愿景固然是战略不可或缺的要素，但并不构成战略本身。计划也不能称为战略——虽然战略的确需要付诸计划，对具体步骤进行优先排序。实现战略从不是一蹴而就的事。采取什么行动？核心理念是什么？这些策略要么是主动抓住机会，要么是对市场被动做出反应。正如迈克尔·波特教授常说的：

> 所谓战略就是做决策；弄清楚什么能做，什么不能做。[3]

正确的战略可以帮你设定好中长期的方向和选择。即便对未来一无所知，但我们有战略帮助做出抉择，引导组织向前发展。这至关重要。尽管一些权威专家热衷于宣扬"战略已死"的论调，但战略从未消亡——并将永不凋零！伴随着商业环境的加速发展、技术手段的不断变革，法规、政策及非传统竞争带来了一定程度的混乱，过去和现在的表现越发不足以成为未来的参考指标。然而，以未来为导向的战略非但没有"死去"，反而愈加受到投资者的青睐。相比那些有着成功历史的公司，那些具有前瞻性的公司显然更能博得巨大的估值溢价。

为了说明这种未来导向的重要性，写书之际，我查阅了几个数据。标准普尔指数所记录公司的平均市盈率（P/E）为 20（如果采用席勒公式计算，则为 28），而市净率为 3。换言之，平均而言，这些公司的可认证资产若以"账面"价值出售，则约占公司当前总价值的 25%，因其余 75% 是基于对未来盈利的价值预估。

有一些管理类的书籍畅销世界，如《追求卓越》[4]《基业长青》[5]以及《从优秀到卓越》[6]。它们回顾性地分析了美资公司之所以"取胜"且经得住时间考验的背后方法论。但到了 2019 年，在这些书里重点提到的公司中，只有极个别公司的业绩超过了标准普尔 500 指数的平均水平，还有几家公司走向了倒闭或是被收购的命运。书中讨论过的方法论，若是置于不同时空或是不同文化背景下，还能发挥作用吗？身为企业的带头人，应当向前看，凝望正悄然铺开的朦胧未来，而不是向后看，试图解释已有的成果。领导者们就是要做决策，并采取行动，唯此才能为公司带来繁荣，为员工带来保障，维系和滋养股东赖以生存的生态系统及其背后所属的社会坏境。

在一切加速成长的时代中，企业不断地在破旧立新，创造出新的市场。它们一边创造机会，舍弃旧的定位，一边抓住并运用行业中的有利形势，所采用的商业模式或许并不长久。2019 年，特斯拉公司虽然几乎分文未赚，却以高于拥有 108 年历史的通用汽车公司的估值，跻身为美国最有价值的汽车制造商。如果特斯拉公司 2020 年能够实现当时预期的利润，它的估值将会和市盈率（P/E）相当，即为 80，而通用汽车公司则长期徘徊在 7 左右。虽然"通用"这个品牌在运营层面始终追求卓越，但没有哪家公司会永远走运，对所有不祥因素形成免疫。通用汽车公司在 2009 年申请破产。[7] 两家公司关键的不同之处便在于市盈率，也就是投资者基于对公司管理层能力的信任，对这家公司的预期估值。投资者要判断的是公司管理者是否能够带领企业在未知和不确定性日益凸显的未来扬帆远航。

锚定未来的战略敏捷性

邓小平用以下比喻来形容中国改革开放初期的现代化进程：

第 1 部分 简 介

摸着石头过河。[8]

这也可以用来解释：当被急速的商业潮流冲击，不确定该迈出哪一步时，那些业绩出色的公司为何依然能够实现宏图愿景。

目的当然很明确，就是要"过河"，但当下的每一步，都需要足够的敏捷度和适应能力。

战略的重要性就在于能够指导决策，为你指出下一步该朝哪儿走，怎么走，什么时候从这颗石头移动到下一颗。何谓卓越的运营能力？即每一步都要确保不会落入"河"中。如果一个行动开始后暴露出不稳妥的因素，便要懂得快速抽身，从每一步中学习，提升前进的速度。

这种战略好比说，一个人的目光随着奔流的河水及若隐若现的砾石游走，却从来没有迷失视线或前进的方向。他知道自己的目标在遥远的河对岸。要达到这样的状态，就需要我们能够觉察什么是正确的选择，什么时候采取行动，从而得以把握住机会，及时做出正确的决定，向下一个方向继续前进。

永不止步，才能保持平衡。要在今时今日的商业中取胜，实现卓越的价值，就要激流勇进，遇石踏石。

丽塔·冈瑟·麦格拉思（Rita Gunther McGrath）在著作《竞争优势的终结》中强调了"短期竞争优势"[9]的必要性，并指明，做到这一点需要"战略、创新和组织变革齐头并进"。[10]

当市场和商业环境不确定且动态变化时，那些主动拥抱未来的企业往往能超越对手。领导者需要做的就是融入团队，并引领他们朝着宏伟、有意义、目标明确的愿景前进。在面向一片模糊的未来时，他们对组织抱有美好的期望。但同时，他们也很清楚，若要有效落实目标，必须应对意料之外的挑战。

一个领导者需要具备什么能力？一要使自己和团队主动适应环境，二要心怀不断学习的欲望。这在第四次工业革命时代尤为关键，因为环境和挑战都充满了变数——这不仅指宏观上的商业环境、政治经济形势、科学技术、经济贸易，还涉及微观上的汇率、组织内部的人力资源等。

最难能可贵的是在不同的立场之间取得平衡——在追求雄心壮志的同时，又能够应对不断演化的环境，做出及时调整。直面不确定性，做出战略决策并非易事，需要领导力和勇气的加持。改变在加快，科技在催生新的工作方式，既要维系客户，又要参与竞争，在这样的境况下，以清晰的战略思维做出结构化选择，变得越来越困难。

这些情况可能会让人们认为情形过于复杂，无法做出彻底的决策，故而会抱着"小试牛刀"的心态，先扔一块石头，看看能激起什么样的涟漪——这也就是迈克尔·波特总结的"小口啄食"①法。[11] 这种方法会致使公司失去方向舵，结果，妥协让步越来越多，而面对那些可能为公司增强长远影响力的领域，却有着投资不足的风险。再次引用波特的话：

> 大多数成功的公司在起步之初，会沉溺于两件、三件或四件碎片化的事务。随着时间的推移，他们会渐渐厘清思路，阐明自身战略。重要的是，其实他们一早就明白了战略的必要性。面对复杂性事物，这是唯一的解药。[12]

我自身的工作经历表明，在组织中工作可以发展和磨炼一个人的能力，使他随后可以迅速过渡到下一个具备短期性竞争优势的岗位。

正如保罗·波尔曼（Paul Polman，联合利华集团前首席执行官）所说：

> 普通企业和优秀企业之间的差异在于一种"和"的兼容心态。我们必须找到和创造一种紧迫力，驱使人们进入一个不同的思维空

---

① 原文"Hund and Peck"也指一种常见的打字方式，每次单独按一个键。——译者注

间……这不仅事关绩效，更事关生存，因为"管理悖论"不止促成高绩效，也有助于培养创造力。[13]

这样的心态是前瞻性的。它承认未来不可知，且负载着不确定性。拥有这样心态的人不仅要克服挑战，更愿意改变自我，拥抱适者生存。让我们展望未来，对未知的挑战满怀期待，用身怀的技能和心态来征服它。

要做到这些，一方面需要汲他人所长（如对各类观点和经验持开放态度），另一方面也要进行快速试验。公司的价值大都归功于对未来价值的预期——然而未来又是那么地扑朔迷离。公司管理层作为风险承担者必须具备强健的适应力，随机应变。他们凝视着未来那团不确定的迷雾，听取、洞察并感知其间微弱的信号。

今日，为明日而战

运动中，有一种技巧，即在球迎面而来时，提前预测球的轨迹，以调整动作截获球只，这被称为"时机预判"，在网球、足球等动态运动中起着关键作用。顶尖级运动员的"时机预判"能力常常出类拔萃，他们似乎比普通人有更为充裕的时间，移步至正确的方位。

对于高速运转的动态市场中的企业而言，这项技巧也同样适用。所谓业绩出色的公司，就是那些能够感知到市场走向，把能力和资产重新配置在正确方位和时机，从而做出正确战略决策的公司。

体育中所需要的预判能力，在商业里被称为动态能力。为了说明这个类比的合理性，我引用了苹果公司创始人兼前首席执行官史蒂夫·乔布斯（Steve Jobs）的一句话。他是动态能力理论的支持者。

> 韦恩·格雷茨基（Wayne Gretzky，冰球史上最伟大的运动员）有一句老话我很喜欢："我总是滑向冰球将要到达的地方，而不是追

逐它曾企及的地方。"我们在苹果公司一直在努力做到这一点。从草创之初就这样做，也将永远做下去。[14]

那么，若要滑向"冰球将要到达的地方"，企业需具备什么能力？2009年，赫尔夫（Halfat）及其同事将动态能力定义为"公司有目的地创造、扩建、修改和整合资源基础"的能力。[15]正如丽塔·冈瑟·麦格拉思所说的那样，动态能力使公司能够从一个"短期竞争优势"转移到下一个。[16]大卫·蒂斯（David Teece）则将动态能力分为几个步骤，分别为支持感应、抓取捕获和重新配置，并指出，要发展和调动这样的能力，其实是关山难越。[17]基于这些理念，我在和企业的合作中，找到了一些具体方法，凭借这些方法，国际化企业能够释放其广阔运营网络中的独特优势，更好地开发自身的动态能力。

> 随着商业发展速度的加快，企业自身有一项能力非常重要，那就是去适应，或是影响周围竞争环境的演变。

所谓动态能力，是指企业在适应未来演变的同时，坚持把握制胜和激励的战略。动态能力使企业能够快速从一种短期竞争优势转移到另一种，锲而不舍。在"穿溪入流"，朝着长期目标奋进的途中，能够从这块"石头"踏向另一块。如图1.1所示，动态能力是三组效能聚合的产物。

- **觉察与感知力**

探索更多可能性，留意微弱的信号，培养敏锐的洞察力；预测市场空间的演变；质疑现有假设；对未来愿景进行细化。

- **抢占与复制力**

借助新兴机会调整产品和商业模式，得以创造和获取价值；做到把

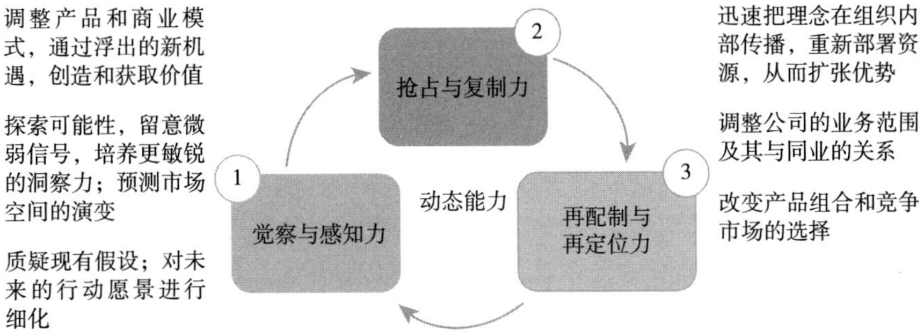

第 1 部分 简 介

调整产品和商业模式，通过浮出的新机遇，创造和获取价值

探索可能性，留意微弱信号，培养更敏锐的洞察力；预测市场空间的演变

质疑现有假设；对未来的行动愿景进行细化

迅速把理念在组织内部传播，重新部署资源，从而扩张优势

调整公司的业务范围及其与同业的关系

改变产品组合和竞争市场的选择

① 觉察与感知力
② 抢占与复制力
③ 再配制与再定位力

动态能力

图 1.1　公司的动态能力是三组效能聚合的产物

理念在组织内部及时传播，且懂得调配资源，从而扩大竞争优势。

- **再配置与再定位力**

调整企业业务范围及其与行业生态系统中其他独立个体的关系；改变对产品组合方式和竞争市场的选择。

要想成为一个伟大的运动员，以上三种能力缺一不可：要"觉察与感知"，去"抢占与复制"，也得会"再配置与再定位"。想弄明白这一点，去看一场拍摄角度不错的体育赛事转播或许是一条捷径，观察你喜爱的运动员在场地上可以朝哪里移动。也许你也能准确预判出，运动员该在什么位置及时出手，打出一个好球，但只有他们肩负着必须发现潜在机会的责任，势必要移动到正确的位置，做出最佳投射。

一个运动员总体技能水平的高下是由这三种动态能力的"乘积"决定的。同样，一家公司业绩卓越，也是这三种能力共同作用的结果——如果其中任何一种能力为"零"，那么不管其他两种能力强弱如何，总体上获胜的能力便为零。

正如比赛中处于巅峰状态的运动员，很少是静态的，在第四次工业革命时代，波动和变化对于企业来说几乎是常态。组织中总会有某个部分在发生变化或调整（例如整合新收购的资产，开辟新的业务部门，与外部合作伙伴建立新的流动关系或改变内部组织架构）。公司在应对大

011

大小小变化上的经验越是丰富,就越能采取及时而有意义的行动。

对于公司而言,一个重要的问题是,"我们今天在做什么?"而答案之关键点是,我们正在为明日更大的成功做准备。这就要求公司在为未来做出正确投资的同时,确保今天保持强劲的竞争业绩。毕竟,如果无法用当下的成果建立起信心和信任,明日或许就是空中楼阁。

向未来航行的重要性不亚于企业本身的价值。在第四次工业革命时代,我们摆脱了传统的资源管理方法,不再通过组织设计来反映细化深耕;相反,我们强调资源的流动性、观点的灵活性,以及对当下和未来业绩的双轨责任制。如果没有正确方向,流动性、易变性是能摧毁价值的,因此了解未来走向至关重要。这就需要整合组织内部各层面的观念,做决策时不受先前市场预测和制胜策略的影响,毕竟,这些预测可能不再有效。每一次积极主动的行动都是学习、探索和实验的机会。因此,一个动态循环起始于"觉察与感知",应用于"抢占与复制",然后在"再配置与再定位"中正式成立。"再配置与再定位"的过程又会反哺催生新一轮"觉察与感知",从而循环往复,源源不断地向前推进。

由于未来的不确定性和模糊性,长期战略有如地基一般重要。它使企业的目光能够超越当前动荡,做出与投资策略更加协调一致的决策,与此同时能精进行动,朝向目标达成更好的绩效。为了成功实现目标,公司须着眼于未来,驾驭不确定性——做出适应和调整——为长期战略服务,而非只关注策略本身。

未来表现的参考指标

投资者对公司未来收益流的预期决定了公司的价值。若一家企业在输出当下业绩的同时,还能为明天的成绩做好准备,我们称这样的企业具备综合能力。当投资者对企业综合能力的信心增强,则对其未来表现的期望也会加大。因此,衡量一家公司动态能力在同行间的高下,是其未来绩效的一个指标。

第 1 部分 简　介

过去，我们过度依赖市场空间的先证经验和已成功应用过的技术。如今，我们朝天平的另一端——未来，做出倾斜，动态能力恰恰反映出这样一个转变。企业的动态能力水平越高，就越能够学习、适应、抓住和创造机会。动态能力的衡量指标指示着企业在多大程度上能够变得更好——不仅在目前已验证的程序和方法上更为熟稔精进，且能取得进一步发展；能够在未知的未来枝繁叶茂，而不只是维持生存。

2008 年全球金融危机是世界经济和股市的分水岭。自全球金融危机以来，不同类型公司的估值差异急剧增大。"独角兽"如雨后春笋般兴起，关乎未来增长和收益的承诺吸引了投资者的视线——即便这些公司尚未产生任何利润。此外，由于采用非传统战略的新型企业成为价值增长的领头羊，人们越发质疑传统战略方法是否一如既往地实用——回想一下之前对特斯拉公司与通用汽车公司的对比讨论。

杰里·波拉斯（Jerry Porras）和吉姆·柯林斯（Jim Collins）在他们的《基业长青》[18]一书中描述了一些历史悠久但始终盛名不衰的公司（许多公司成立于 19 世纪）。正如我早前指出，这些公司中的大多数，自 1994 年以来只能勉强存活，并未蓬勃发展。把它们当作一个投资组合来看，其表现逊于标准普尔 500 指数。按理说，许多股东本可以撤资，将资本投向回报更好的市场，但保守不变的投资行为和一些大公司仍然存在的事实说明了——他们为一笔巨额养老金之类的基金提供了一个稳定的基础。

规模和传统积淀可能是潜在稳定性的一种反映，但并非总是如此。一个著名的例子是柯达公司。这家成立于 1888 年的公司，在 1996 年的最高估值超过 310 亿美元，占美国胶卷销售总额的 90% 以上，但 2012 年，公司破产倒闭。众所周知的原因是，柯达无法适应新时代。可见，公司的年龄和规模都不能决定其生存能力的大小。

我调查了这些公司相对于同行的业绩，结果如图 1.2 所示。那些动态行动能力较高的公司，表现无一例外超越了能力较低者。只是，在快

013

速发展或不平稳的竞争环境中,这种差异被进一步放大了。

图 1.2 显示,竞争优势(绩效优于竞争对手)固然重要,但却是基于单一时间点,并依赖管理层的投入。因此,我进一步分析了这些公司在 2014 年 12 月至 2019 年 12 月这五年的股价表现和同行有何差异。参与调查的公司的股价走势与同业股价走势的比较结果如下:

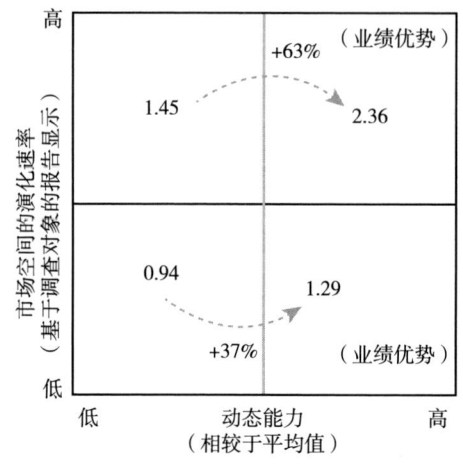

2014年12月至2019年12月的五年股价表现

- 在过去五年里,拥有**高**动态能力(即高于平均水平)的公司,平均业绩超越同行31%

- 过去五年里,**低**动态能力的公司,平均业绩比同行低15%

图1.2 动态能力在不稳定的市场空间中更为重要

a)在过去五年中,**高**动态能力(即高于平均水平)的公司平均业绩优于相关同行 31%。然而,应当指出的是,在这一组研究对象中,实际上有两家公司的业绩低于同行。

b)在过去五年中,**低**动态能力的公司平均业绩比同行低 15%。然而,也应指出的是,在这组研究对象中,有两家公司的业绩超越了同行。

并非所有经调查和访谈的公司都可以纳入我的股价分析,也有一些特殊情况,比如一些公司(如嘉吉公司[①])是私有化公司,而有些公司

---

① 嘉吉公司是美国最大的私人跨国企业,主要业务是食品加工,版图现已扩大至医药、金融、天然资源等。——译者注

（如先正达农业科技公司①）因被收购而在五年内退市。此外，其中两家公司多措并举，显著提高了在此期间的动态能力，从"低"级转化到了"高"级。

这两组公司（高动态能力和低动态能力）在 2014 年 12 月至 2019 年 12 月这五年的股价表现验证了最初的发现，即动态能力可作为未来业绩的先行指标。

正如管理界一句老话，"能够衡量是改进的第一步"。那么我们如何衡量一家企业的动态能力呢？它是三组能力（如上所述）相乘的产物。第 11 章会提供一份问卷，用来评估这些能力的优劣。

尾 注

1　https://www.dynamicadvantage.org/ (archived at https://perma.cc/MJM6-NY2T).
2　Clayton Christensen, Thinkers50 Hall of Fame Interview, https://www.youtube.com/watch?v=m4stHDQMblUUt (archived at https://perma.cc/QYS3-KDGG).
3　Hammonds, K (2001) Michael Porter's big ideas, *Fast Company*, 28 February.
4　Waterman Jr, R H and Peters, T (1982) *In Search of Excellence*, HarperCollins.
5　Collins, J and Porras, J (1994) *Built to Last: Successful habits of visionary companies*, William Collins.
6　Collins, J (2001) *Good to Great*, William Collins.
7　Bigman, D (2013) How General Motors was really saved: the untold true story of the most important bankruptcy in US history, *Forbes*, 30 October.
8　《南华早报》(2002) 摸着石头过河，7 月 22 日，https://www.scmp.com/article/385907/crossing-river-feeling-stones (archived at https://perma.cc/6JZK-84TK).
9　Gunther McGrath, R (2013) *The End of Competitive Advantage: How to keep your strategy moving as fast as your business*, Harvard Business Review Press.
10　Ibid.

---

①　先正达农业科技公司总部位于瑞士巴塞尔，2000 年由诺华公司和农用化学品制造商捷利康公司合并而成，目前是全球最大的农药生产商。——译者注

11 Hammonds, K (2001) Michael Porter's Big Ideas, *Fast Company*, https://www.fastcompany.com/42485/michael-porters-big-ideas (archived at https://perma.cc/U79M-Q34S).

12 Ibid.

13 Lewis, M W, Andriopoulos, C and Smith, W K (2012) Paradoxical leadership to enable strategic agility, *Industrial and Organizational Psychology*, June.

14 Gallo, C (2012) Apple's unique website tribute to Steve Jobs, Forbes, 5 October.

15 Helfat, C E et al (2009) *Dynamic Capabilities: Understanding strategic change in organizations*, John Wiley & Sons.

16 Gunther McGrath, R (2013) *The End of Competitive Advantage: How to keep your strategy moving as fast as your business*, Harvard Business Review Press.

17 Teece, D J (2007) Explicating dynamic capabilities: the nature and microfoundations of (sustainable)enterprise performance, *Strategic Management Journal*, 28 (13), pp 1319-50.

18 Collins, J and Porras, J (1994) *Built to Last: Successful habits of visionary companies*, William Collins.

第 2 部分
构建动态能力：在第四次工业革命时代蓬勃发展

如何在第四次工业革命的动态环境中构建蓬勃发展的能力呢？企业的动态能力是三组效能相互作用的产物：觉察与感知、抢占与复制、再配置与再定位——有了这些能力，一个组织就可以及时适应和调整，从当下的竞争优势位转移到下一个（图 II.1）。

图 II.1　动态能力是三种效能相互作用的产物

第2章　觉察与感知

摘要

　　觉察与感知力：保持敏感，洞察新兴趋势和微弱信号，因为这些趋势和信号将引领市场空间和竞争动态发生演变（图2.1）。一家公司经营的网络范围越广，网络内市场越多样化，感知能力也就越强。然而，这样的能力需要克服固有的倾向，诸如来自企业中心或指定研发团队"一言堂"的主导观念。要理解多样化的信号和想法片段，就需要有"把点连接起来"的能力，即在不同的数据片段和观念之间建立连接。有四个关键机制可以有效提高这种觉察与感知力。

图2.1　觉察与感知：构成动态能力的第一组能力

1. 这种能力其实是指，在认知或选择不存在偏见的情况下，从全世界采集碎片想法的能力。不管有没有人工智能（AI）支持，都要能够对日益增多的创意碎片库进行有效组织和检索。这个道理就是"人多力量大"——"众包"数据来源于每个个体，又高于个体。

> 2. 拥有独特的外部视角，围绕客户和市场空间，获得独立数据，形成新的洞见，同时增强内部的信念和理念。
> 3. 有意识用快速、低成本的实验（如测试和学习）来证明观点的有效性，以便衍生出更多观点。
> 4. 在企业内部要形成一股文化——期待、要求同事们分享更深层次的思考。即便想法尚不成熟，也要让他们感觉到分享这件事是安全的（甚至被赞美），而非感到脆弱或受攻击。也就是说，养成总是询问"还有别的想法吗"的习惯。

滑向冰球将要到达的地方

让我们重温著名冰球运动员韦恩·格雷茨基的那句名言，这句话曾被苹果公司前首席执行官史蒂夫·乔布斯这样引用：

> "我总是滑向冰球将要到达的地方，而不是追逐它曾企及的地方。"在苹果公司，我们也一直在努力做到这一点。

在史蒂夫·乔布斯的领导下，苹果公司激励新一代用户以一种前所未有的方式将技术融入日常生活：个性化音乐（iPod）、智能手机（iPhone）、平板电脑（iPad），流播及音乐、电影的合法下载途径（iTunes），以及应用程序商店里与日俱增的软件和游戏。

史蒂夫·乔布斯总是带领苹果公司"滑向冰球将要到达的地方"，拒绝原地踏步。当然，并非每件事都能取得成功——还记得"小牛"[①]吗？但不可否认，在史蒂夫·乔布斯的领导下，苹果公司成为一个杰出

[①] "小牛"指 Apple Newton，是世界上第一款掌上电脑，由苹果公司于 1993 年开始制造，但是因为在市场上找不到定位，需求量低，于 1997 年停产。

的典范，以高度觉察的能力感知着时代趋势和微弱信号，主动融入未知的未来。

此外，还有一些伟大的管理者，他们同样超越了已有的认知，对未来市场和玩法做出适时想象。他们在冰球到达目的地之前，在潜在的市场评估和数据问世之前，便抢先"滑"到了那里。他们总是先于竞争对手而行动，能够感知世界当下正在发生的事情，这是一种技能（弄清楚时代动向、趋势、竞争者行为、未来的发展速度，等等）。同时，也要能够区分噪声和信号，专注于预期中的景象，并采取果断行动——实实在在地"滑向冰球将要到达的地方"，并有所作为。

1959年，本田汽车公司创始人和幕后推动者本田宗一郎决定尝试将新款摩托车系列出口到美国。当时本田汽车公司还是一家刚刚起步的公司，不仅在日本本土没有多少经验，在日本以外的地区也不具备制造摩托车的资质。本田宗一郎运出了几口集装箱，里面都是小引擎、毫无亮点的摩托车，目标是至少收回制造成本，恢复对市场的主动性。彼时，美国摩托车市场是大引擎摩托车的天下，哈雷·戴维森（Harley Davidson）和凯旋（Triumph）等制造商的每一款摩托车都不乏热情、忠诚的追随者，并在流行电影中巩固了其标志性的品牌概念。

销售团队访问摩托车用户，证实了摩托车经销商和零售商的说法：没有人愿意骑（或被看到骑着）日式小号摩托车。

这个团队当时连几辆摩托车都卖不出去，任务眼看要失败了。但决策小组决心，怎么也要把成本收回来。与其说出于灵感，不如说出于绝望，小组中的一个成员建议在竞争环境下"反其道而行之"。他们决定直接吸引非主流的"摩托车主"群体。

由此，"骑上本田，遇见最好的人"这一口号被打造出来，这与后来在《逍遥骑士》等电影中出现的"摩托帮"反叛形象截然相反。他们绕过了传统的分销渠道，转而直接向零售商售卖。本田宗一郎和他的团队**觉察**到了社会上正在发生的变化，他们**感知**到这些变化将会（或可能会）聚集在一起的方式。他们要做出选择：如何定位，去往何方，这是当时其他摩托车公司都从未尝试过的。

我们不需要回顾过去，只需要去看一些人就够了——那些感知到市场变化信号，力求发现和利用新兴模式、潜在影响以及机遇的人。然而，只有当未来成为过去时，我们才能确切地了解到，他们此前的预测何其精准。

近来，我对18家风险投资公司进行了民意调查（调查范围覆盖全球大部分地区，但我对非洲和东欧的了解并不深入）。这些公司估计，在2017年和2018年，两年里他们共收到6000多份早期融资申请。我认为这个数字并不全面，但也指示了一个大方向——人们正在追求海量新思想。此外，老牌公司也在不断创新，为未来做好准备，推出崭新的产品和商业模式。第四次工业革命正在提高业务的速度，加快创新的步伐——因此，展望未来，感知并理解正在发生的事情，变得日益紧要。

如今各类市场上，全球化公司遍地开花。对应的市场在创新、需求演变和竞争者行为等方面各有特色。如果全球化公司能够对这些差异保持敏感，并能清晰传达不同市场的各类观念，那与网络较小的公司相比，便在觉察与感知力方面具备了一个优势。

企业家或创始人领导的公司往往能够对所在市场的信号保持高度敏感。但是，较小的公司，市场曝光度可能很有限。以前我们常说，市场上存在一种二分法，即小型感知网络往往具有更高的敏感度，而泛感知网络的敏感度会相对迟钝。但如今，这样的二分法正发生改变。随着信息技术的应用，人们很容易从自身活动及其周边行为中收集和查询大量数据。

借助通信技术，管理者和团队成员可以超越彼此之间的物理距离或时区差异，相互交流。科技增强了企业感知和理解微弱信号的能力——让我们得以透视未来的迷雾。

虽然技术对大公司和小公司同样适用，但我的研究发现，技术会不成比例地大大增强全球化大公司的影响力。对于一家大型跨国企业来说，技术更能助其有效地捕获原始数据，并赋予数据以生命力，而不只是让它们从二手数据中得出结论。大公司正在利用技术做优良部署，以提高其敏感度。它们正利用自己在全球范围内的结构优势和规模优势来支撑投资。而较小的公司则可以通过非正式与正式网络讨论的相辅相成（如个人互动和社交媒体、群聊相结合），实现数据的大众化效用，提升自身洞察力。

数据的群体来源：群体比个人更有智慧

对数据做出相应的感知，从数据中得出洞见，和单纯的数据积累是不同的，但两者对于创造和获取价值都是不可或缺的。要想正确感知数据，就要融入数据所根植的大环境（图 2.2）。因此，无论一个人在组织中处于哪个位置，是在研发中心、总部，或是远程销售办事处、生产现场，都应阅览全球"数据湖"，以便获取全面的洞察力。联合利华集团的一位高管将这样的方式定性为数据的大众化。

> 每个人都可以，而且理应攫取和贡献数据，无须考虑或预知这些数据的用途。我们把这样的数据汇集称为"数据湖"。每个有需要的人都可以访问这片湖，查询所需的数据，并追寻自己的看法。[1]

谷歌在互联网搜索行业占据主导地位，故而它每天查询数十亿条搜索信息，这为谷歌本身创造了更多机会——既能发现新趋势，又可以定位到活跃在特定领域的公司和个人。对批量查询的能见度使谷歌在其他公司对机会或趋势做出反应之前，能够率先采取行动，并降低先发制人的固有风险。谷歌往往在新兴的商业模式和技术广为人知之前，就对新兴事物表现出高度洞察力，从而加强了其全球影响力和对未来市场的意识。

关键机制	实例
• 让每个人都参与获取数据和寻找新见解的过程 　○ 舍得为获取数据而投资，持之以恒，不要为"这些数据究竟有什么用"的想法所限制 　○ 破除"竖井"[①]和"分享信息会丧失权力和影响力"的心态 • 积极深入了解客户行为、行为驱动因素、趋势、影响因素和背景环境 　○ 向竞争对手学习，但不要抄袭 • 鼓励每个成员查询数据，并提出新想法 　○ 提供分析工具，坚持投资人工智能	**酒业**：这个地区很大，人们互相分享知识和见解，从未停止学习 **媒体**：我们有一个未来团队，在全球范围内搜罗新想法，并把那些想法拿来分享和讨论，这样发现的趋势和行为活动极具前瞻性。不仅是在未来几年，我们还看到了更远的地方 **重型设备**：我们有极聪慧的小伙子和姑娘，负责观察同行的行动及未来的走向，观察范围从行业内透射到行业外

图 2.2　觉察与感知：群体来源

创意碎片

创新咨询和培训公司 IXL 中心[②]的创始人希滕德拉·帕特尔曾讲过如何使用"创意碎片"。他认为，任何人在任何地方以任何形式都可以且应该贡献思想片段。不能仅根据商业价值来判断创意碎片，因为每个碎片都具备相同的价值，也就是——没有价值。创意碎片可以通过数不胜数的方式组合起来，催生出创新的概念、潜在的解决方案和理念。这些产物则是可以判断和比较的，也可以接受考验，无论成功还是失败。即使失败了，创意碎片仍然存在，可以在其他组合中循环利用。

在我做研究之前以及研究期间，IXL 中心曾是我研究的几个企业的合作伙伴。它对如何提升企业高管和员工的创新能力很有影响力，这正是令它倍受称赞的地方。它不但提供培训，还支持联合咨询，这使它的客户不但实现了业绩加速增长，灵活性也得到提升。

在我采访希滕德拉时，他说：组织中的每个人固然都应该贡献创意

[①] "竖井"心理，指组织中的成员不愿意和协作方分享信息，倾向于从对自己有利的角度出发做事的一种心理状态。——译者注

[②] IXL 中心又称"创新、卓越和领导力中心"，其业务是帮助《财富》1000 强企业、初创企业和创新高管培养创新突破的能力，并在其组织中推动可持续的高绩效增长。——译者注

碎片，但要想让这样的行为法则得到逐步灌输，往往需要在当地市场或公司的实际运作层面进行定期练习（例如作为季度业务回顾会议的一部分）。他建议将创意碎片的"收获会议"作为一项团队活动来进行，通过刺激思考，或是回忆，从不同角度实行头脑风暴。

其中可能包括：

a）其他行业的标志性品牌触发的新想法。

b）选择一个标志性的商业领导者，思考他们可以为你的行业做些什么。

c）快速浏览竞争对手的亮点想法，从外部合作伙伴那里学习，同时思考如何把公司内部方案在其他地方付诸实践。

希滕德拉建议，在这些"收获会议"的开场和结尾，一定要从客户角度出发，反思他们的行为、环境和需求在发生怎样的变化。

其他公司对于数据大众化和创新也有过类似的实践。活跃于全球35个国家的空中客车集团有意从世界各地收集创意碎片，为公司的技术发展指明方向。他们相信，企及全球的触角是一个强大的优势，可以了解行业内各个角落的动向。这家公司有计划地开发了以下几个关键领域，为的就是实现这个愿景：

a）在合作伙伴关系网中分享创意并共同思考："就像拼图一样，我们有一些碎块，他们也可能有其他碎块，拼在一起，就可以产生新的解决方案。"

b）基于同客户的亲密合作关系，积极寻求反馈。

c）通过"放飞你的想法"等倡议，让大学参与进来，在公司外部营造思维自由漂浮的氛围，推广新想法和新概念。

卡特彼勒公司因为设计和制造品质卓越的发电、建筑与采矿设备而声名卓著。它的机器能够很好地保值，面对最严格的卫生、安全及其他方面监管要求，可以说有过之而无不及。然而，借助全球化触角和对网络声音的聆听，公司团队捕捉到了一个重要信号：来自新兴市场（尤其是中国）的竞争对手，正在挑战卡特彼勒对客户需求和客户行为的设想，干扰它与市场的对接度。

在"设计思维"这样的框架内，企业的努力能够得到很好的支撑。这项研究中的许多公司都采用了某种形式的"设计思维"。2005 年，斯坦福大学设计思维学院可以教授"设计思维"。这种方法很快就广为人知，许多公司采用了这一宏观原则，调整了微观流程，来适应各自的企业需求和文化。"设计思维"过程是交互式的，公司内部团队可以很快聚集到一起并贯穿这一过程始终，所以很容易理解和应用。杰克·纳普（Jake Knapp）和谷歌风投的同事们将"设计思维"应用到一个为期五天的项目中，他们称之为冲刺计划："如何在短短五天内解决大问题并测试新想法"。

创新过程（如"设计思维"）的第一步就是了解客户背景及其与眼下这个产品或服务的关系。中国的一些商界巨头也表达过此类看法："忘掉竞争对手，只关注客户。你应该向竞争对手学习，但决不抄袭。抄袭最终会让你走投无路。"[2] 或者用杰夫·贝佐斯的话来说："如果你专注于竞争对手，就只能等到竞争对手有所行动后才做出反应，而以客户为中心可以让你更具开拓性。"[3]

要更深入地了解客户，而不仅仅是了解他们对产品或服务的使用需求，这对激发新灵感、更好地满足客户需求尤为重要。

2002 年，咨询公司摩立特集团普及了"客户画像"这一概念，来描述客户与产品之间的关系。"客户画像"的要素包括（适用于企业对企业"B2B"和企业对消费者"B2C"的环境）：

a）环境（客户购买和使用产品或服务的环境）。

b）期望的体验（客户希望从产品和服务中得到什么）。

c）客户的信仰与产品的联系（客户的情感体验、过往经历等）。

d）客户（或潜在客户）购买产品和服务是用来做什么的。

我的研究表明，无论一家公司采用哪种方法，业绩优异的公司无不是对客户有着深刻的了解。组织内部上上下下所有团队采用的创新技术都在迎合客户的需求，同时在文化上，注重内部协作和外部聚焦齐头并进。

如何对外部环境形成独树一帜的洞察力

高度的感知和理解力是竞争优势的源泉。因此，采取审慎的步骤，找到一个同所有成员公开分享行业内外信息流的专业组织，并与之合作，是尤为重要的。对于企业而言，一个行之有效的途径是与目标较为明确的风险资本基金牵手（如投资这些基金）。其实，这些基金本身也正在寻找那些有可能改变游戏规则、茁壮成长后将产生重大影响的早期企业家。企业与基金的合作关系越紧密，就越可能发现初创企业，因为基金可以分享那些正在审查阶段、尚未得到投资的公司的简报。

还有一种策略是高管们公认能让人大开眼界又精力充沛的，那就是在以创新著称的国际化区域（如新英格兰三角研究中心，硅谷，剑桥、牛津、上海、杭州等地）开展导游旅行。从中你可以有目的、针对性地访问初创企业和一流大学的技术和研究中心。若更上层楼，把公司正在寻求创新性解决方案的挑战目标设为旅行的主题，更将大大发挥活动的成效。

另一个创新方法是利用"创新奥运会"一类的外部平台，将创意从四面八方汇集到一起。比如，在"创新奥运会"这个平台上，每次召集全球120多所一流商学院的MBA学生，组成团队；而每个企业则提出各自需要应对挑战的问题，由3—4个学生团队为其寻找应对方案。经过数周的市场数据收集、资料分析和创意碎片整合，极具创意的方案就诞生了。获胜团队由参与的企业评选。

要想持续产生效益，还可以委托特别的研究机构。基于在线移动面板的研究被证明在发展中市场尤为有效。在这些市场中，传统洞察客户的方法难以实现足够的市场覆盖率和细分消费者的市场渗透率。数据挖掘工具则拥有巨大的能量,随着人工智能时代的到来,已远远超越了人类对巨型数据集进行分析的能力。如果一家公司能够得到大型数据的存储来源,就应将这些数据重新提交给新型分析工具,试着透视背后的机制,特别是与客户行为和需求有关的理念。

开放通道

联合利华集团在获取和分析数据方面投入了巨大的精力。它的首席信息官简·莫兰(Jane Moran)对新环境做了这样的描述:

> 在联合利华集团,我们拥有巨大的潜能来预测未来。这些(人工智能)工具如今有助于消除"竖井",使数据更加大众化,使我们能够简化并自动接收数据……我们正尝试将数据交到员工手中。这确实使我们离自动化决策更近了一步,使我们成为一个以洞察力驱动的组织……"数据湖"帮我们把数据交到能够使其发挥作用的员工手中。[4]

从洞察分析到寻找影响因素,联合利华集团也正利用人工智能来支持更多营销活动。从结构化和非结构化数据得出的见解正通过人工智能得以融合,这些数据来源包括社交聆听、客户关系管理和传统营销研究。它的目的是从大规模营销渠道转变到个性化通信渠道。从规模化的层面来讲,个性化通信的生产成本和本地化成本更为低廉。

人工智能有助于识别新机会。联合利华集团旗下的班杰利公司开发的系列谷物风味冰激凌就是一个例子。它的灵感来源于,联合利华集团发现大约有 50 首歌曲以"冰激凌和早餐"为主题。与此同时,广告商委托其他机构对冰激凌种类进行调查时发现,像"邓肯的甜甜圈"这样的企业已经在为人们的早餐提供冰激凌了。联合利华集团使用人工智能算法对这些数据集进行了筛选,发现在早晨制作甜食是一个商机。两年后,班杰利公司推出了一系列谷物风味食品,包括水果系列和"冷冻片"系列的冰激凌。

人工智能还帮助联合利华集团实现了更高效的广告,扩大了广告的规模、覆盖范围,增强了其个性化,在亚洲推广"Close-up"牙膏就是个例子。通过搜索分析,联合利华集团发现,它的网站上,搜索量第二多的语汇是"学会接吻"。基于这点观察,营销团队在情人节前后为品牌开展了为期三天的活动,在6个主要的亚洲市场铺开。为了确保活动成功,品牌需要与亚洲区文化多样的目标受众产生共鸣。联合利华集团分析了社交媒体数据,实时优化营销资产,创建了与当地文化相融合的内容,在尊重当地消费者的基础上与他们进行对话。这次活动感动了近5亿人,在他们心中"种了草",积极提升了品牌参与度。

联合利华集团的产品"LiveWire"为它的业务职能部门提供了一架望远镜,让它们看到自己的产品和业务线在全球范围内的运作。这架望远镜从前要靠业务分析师从不同来源获取数据才能搭建,但现在通过更简单的界面便可使数据掌握在用户手中,提供针对品牌销量和业绩的观察,将来自内部和外部的销售额和市场份额数据汇集在一起,通过比较交易执行力和创新表现,来说明联合利华集团旗下各品牌是否具有竞争力。

基于全球"数据湖"和自助服务分析的数据大众化,正在改变着联合利华集团的经营方式,也促生了对整套业务行为的新见解。

实验:测试与学习

几乎所有参与研究的高管都认为,市场的多样性有利于企业更敏锐地察觉行业的发展。多样化的视角让企业更容易预见新出现的威胁和机遇,优化参考框架,及早做出好的决策,从而加速知识的创造速度,特别是基于市场实验的方式。先正达农业科技公司的一位高管指出:

真实世界就是实验室。

第 2 部分　构建动态能力：在第四次工业革命时代蓬勃发展

在本地推广商业成果的同时，也要在整个市场网络中保持协调的心态。这有助于公司采取先行实验性的市场举措，诱导新商业模式和市场发现诞生（图 2.3）。

关键机制	实例
● 设定一个行动倾向："实践出真知" ○ 把实验的行为和思维方式贯穿在整个组织中 ○ 建立指导方针和规程，确保通过实际测试和原始模型来考虑提案和选择 ● 不只是原始模型，学习和验证假设都离不开实验 ○ 调查市场、渠道、监管机构和竞争对手的反应 ○ 鼓励快速实验，要么扩大规模，要么快速失败 ● 同时跨地域和跨市场实施局部实验，加速学习 ○ 国家或区域内的高管之间应加强合作，避免竞争	**媒体：** 我们现在做了很多实验，特别是针对新客户的实验和探寻如何为客户提供价值的实验。但几年前可不是这样。发展如此之快的原因在于坚持对内容本身、内容创作方案和商业模式做持续不断的尝试 **娱乐业：** 日本团队的发现让我们看到，围绕客户做实验和研究得出的结论是多么有影响力，毕竟我们自身并不知道如何发展业务。欧洲和美国的方法无法在我们这里因地制宜。我正在全球范围内做更多这样的探索性实验

图 2.3　觉察与感知：实验、测试和学习

面向学习的实验

先正达农业科技公司这家大型农业企业极具创新性，力求推出能有效提高农作物产量同时提升农业和环境可持续性的产品。与许多领先的研究公司一样，先正达农业科技公司也经常关注无商标产品制造商提供的低价竞品。这些无商标厂商通常很少在可持续发展和农艺方面进行投资。

然而，研究实验室虽然在化合物和基础化学方面取得了进展，其发展速度却是有限的——受限于测试和审核相关的监管要求。先正达农业科技有限公司一直有效利用其在多个市场的参与度，加快对产品和应用程序的开发和学习。

一位高管讲述了他们是如何在做出慎重选择的同时，又在各个国家进行多维度实验创新（如重新规划产品系列）的。他们的做法是尽可能地多做实验，这样可以有更多的学习机会，而不仅仅是对业已成熟的概念做小规模实验。

例如，他们会在某些市场对经过验证的产品做新包装实验。把新的品牌和营销方法投入一些市场去尝试，把新产品配方投入另一些市场去验证。他们还在两个不同国家测试了新渠道（上市路线）。

> 跨地区和跨市场进行局部实验，加快学习速度。

通过这种方式，他们得以对新产品系列在各个层面上的效果全面掌握。整合所有从实验中学到的知识，有助于更快更成功地推出一款新产品。一位管理者指出，将许多分散的实验同时进行，也可以令竞争对手更难以琢磨你所做举措的真正目的是什么。

在日本，有一家全球化媒体娱乐公司正设法将自己的影响力扩展到儿童和青少年群体。他们在其他地区并没有开发新盈利流的先例，但还是决定在局部地区另辟蹊径。通过对不同性格烙印的群体实行不同的营销策略，实验结果发现，这家公司与青少年和具备年轻心态的成年人之间有着密切关联。由于这些群体市场具备强大的购买力，可以说这家公司发现了一个大幅增加销量的机会。

通过实验，他们找到了一种方法，既可以陪伴中老年群组一起成长，同时又不会疏远孩子和年轻人，由此取得了商业成功，也对中老年群体建立了新的洞察力。这些成功经验和洞察力可以推及亚洲和全球其他地区，加以利用。

在前面提到的"设计思维"中，团队最好在创新过程中尽早与潜在客户进行互动。与潜在客户接触的明确目标是让他们参与创新过程，而不是为了向他们推销新兴概念，两种目的产生的结果截然不同。

第 2 部分　构建动态能力：在第四次工业革命时代蓬勃发展

做到这一点，或许有一个快捷的方法——针对五到六个特色迥异的潜在解决方案，画出简单草图，并试图向客户解释每个草图背后的思路和意图，随后倾听他们的想法和评论。下一步便是整合所有反馈信息，综合推出一个潜在的设计或解决方案。"设计思维"过程中的最后一步是尽可能快速、低成本地创建一个物理原型，一般来说极尽简化，不需要发挥实际功用。这个模型可以进一步征求潜在客户的意见，从而持续改善、迭代。

这一过程不但易于理解和应用，还能激发团队活力，创造动力，加深与客户的关系及对他们的理解。然而，也有批评者指出，这一流程可能更适合"B2C"类型的环境，而非"B2B"。也有一些其他方面的担心，说这种方法倾向于达成一些"小 i 型"[①]创新成果（即更多递增型的改进），但无助于跨越潜在的更大鸿沟，如技术可行性；况且，横亘于潜在客户和设计师之间的重复迭代过程可能会拖一个很长的"尾巴"。如前所述，谷歌风投及其他组织广泛使用了"设计思维"的一个版本。

然而，谷歌和"字母表"公司的前任董事长埃里克·施密特（Eric Schmidt）这样描述公司决定投资的"大 I 型"创新项目（谷歌称之为"登月计划"）：

a）迎合一种巨大的潜在市场需求。

b）有一些新想法，可以用一种全新的方法来服务潜在市场。

c）具备技术实力和独特能力，很有可能将解决方案变为现实。

"大 I 型"创新的部分途径是尽可能快地失败——首先解决最困难的问题，而不是通过先解决其他问题来做一些小打小闹的积累。这样做也许可以建立新的洞察力和另辟蹊径。

IXL 中心推出的 Eureka 流程[②]其实是一个强大的阶段性创新过程。它

[①] 因"创新"一词的英文"innovation"是以字母"i"开头，"小 i 型"意为较小的创新，下文"大 I 型"意为较大的创新。——译者注

[②] Eureka 是全球最大的研发和创新国际合作公共网络，分布在 45 个国家。——译者注

031

采用"设计思维"原则，但将这一原则嵌入正式的流程中，以确保进展和结果的交付。跨职能团队从搜集来的创意碎片中建立联系，以此提出应对挑战的不同方式。在第一次迭代中，这些潜在的解决方案代表了可选的"赛道"（也就是市场空间），每个团队需要出产5个潜在"赛道"以备选用。

在（内部或外部的）客户进行评估之后，选择一个"赛道"，这个"赛道"或许是5个领域中某一个或多个领域的改进版。在下一次迭代中，团队将产生5个有前景的业务概念。再一次，与客户的互动催生了新的业务概念，并将这一概念推向深入。最后一步是开发业务模型，为团队首选的解决方案创造机会。

与"设计思维"一样，Eureka流程的整套过程也是迭代反复的，不但需要跨职能团队相互配合，每一步也都要接收来自客户的信息。不同的是，Eureka流程将"分散—聚合"步骤形成标准化的固定体系，确保能够取得阶段性进展，并创建创意碎片数据库，捕捉团队萌生的所有理念，让好的见解不局限在这套流程中，在未来也可加以利用。

了解客户的需求，对他们身处的环境怀有同理心是至关重要的。这一点虽然被广泛讨论，但对于许多组织而言，仍然是一个难以企及的目标。组织通常更倾向于向内看，而非向外看。即便一名更接近客户的员工提出了创新的点子，但若与先前既定的"做什么、怎么做"的理念不相符，依然无法得到管理层的支持。

Eureka流程比单纯的"设计思维"更强韧、可靠。在这个流程里，有几个团队在相互竞争。我曾经见过一个相当稳健的流程，其间有五个团队在并行工作，每个团队都要找出5个"赛道"和5个业务概念。即使所出产的25个业务概念全部被客户拒绝，整个过程也并不白走。他们可以后退一步，重新审视25个"赛道"；或许下次更保守一点，瞄向离自己更近的目标；也可以有意尝试更大胆的冒险。

这种方法降低了最终解决方案的不确定性，毕竟客户参与了整段开发过程，也保障了在投入大量时间或资源之前，能及早放弃糟糕的想法。我经常把这种方法描述为"预备—射击—瞄准"。

"预备—射击—瞄准"

与传统的"预备—瞄准—射击"路线不同,"预备—射击—瞄准"路线先一步"发射出"更多概念。"预备—瞄准—射击"则适用于在精准发射前,你清楚知晓自己的目标。

如果一个产品或服务完全原创,那么在推出之前,都不会出现可用的市场运营数据。然而,"预备—瞄准—射击"会给人带来准确性的幻觉,也会减慢新想法的发布速度。在发布新想法前收集市场研究数据,又是否能够预测市场行为的演变?

当新产品的研发、服务或商业模式的创新进行商业化发布之后,势必尾随更多的创新、细化和调整。学习和发现是市场研究最重要的形式。测试和学习是为了能够更多地进行测试和学习,以及在各循环周期内,不断扩大业务规模。

"预备—射击—瞄准"是我本人喜欢的概念之一。它与我在大概 30 年前从国防承包商那儿接手的一个项目异曲同工——制造弹药,并提高舰载火炮的精度。我当时的想法也很简明,虽然船舰在海洋里乘风破浪,但还是要提高火炮的发射速度。一旦炮弹飞行,向旋转炮弹上的小型雷管发送微波信号,大概率是可以将炮弹重新定向到目标上的。"预备—射击—瞄准"比"预备—瞄准—瞄准—不停瞄准……啊,目标移开了"要有趣得多(就创新和商业项目而言)。

善于质询——突破原有思维

什么样的企业环境可以迎接挑战?答案是:当企业以其感知能力、洞察能力和行动能力立足,确定不会被政策和文化缚住手脚时。某大型企业集团在中国香港总部的高级执行官总结了他们目前面临的挑战:

> 我们有超过 30 家运营公司,大多数活跃在整个(亚太)区市

场，还有几家业务遍及全球。综合来看，经验可谓丰富，洞见可谓深切。在这样的投资组合中，数字化给我们带来的扰乱或者赋能会对所有地方、所有人都产生影响，只是时间早晚而已。我们的规模和业务范围本应赋予我们优势，但事实上，却并非如此。如果每个公司只着眼于自身小范围的事务，只考虑什么对自身业务最有利，就会重复错误，反复学习，事倍功半；而另一方面，如果集中控制，协调各方，则会行动太慢，因为要不断排出当下的轻重缓急。在总部，我们无法及时对所有运营公司的看法做出反应，但个别运营分公司的提议和当地市场方案又未必有那么重要。

解决这一两难困境的办法，是营造一种勇于迎接建设性挑战的文化，这至少在一定程度上有所助益。培训和以下正规做法可以加强这种文化：

a）营造多问"为什么"和"如果"的纪律文化。

b）鼓励新成员发表观点。

c）赞美灵光一现的想法——正如彼得·德鲁克（Peter Drucker）曾经指出的，"没有什么比拥有一个伟大的想法更危险的了"。

要鼓励相互脱节的专家（如利益集团）结成网络，利用精力、洞察力去做出运营规划和战略决策。原先的群体应保持灵活性和适应性，注重分享见解和经验，留心不要屈服于"小集团思维"，也不要采取"一刀切"心态（即期望一种方法或解决方案在任何地方都适用）（图2.4）。

美国国际商用机器公司（IBM）指定了自己的思想领袖，其职责是在各自领域贡献业界领先的洞察力。这些思想领袖不仅在企业内部和外部发表论文，也从IBM知识系统中收集见解和信息。正如一位高管所指出的，知识收集需要以全球化的方式来成就："对于思想领袖来说，立足于演变最快的市场是一个优势，因为我们需要与本身就具有先驱开拓性的客户建立联系。"

在过去10年里，许多研究人员和作者分享了在虚拟团队中高效工

关键机制	实例
● 营造对假设和实践勇于提出建设性挑战的文化 　○ 建立问"为什么""如果……会怎样"的行为准则 　　○ 鼓励新成员发表观点 ● 促进相互脱节的专家组和利益群体结成内部和外部的关系网 　○ 确保合作和沟通，同时克服"小集团思维" 　○ 创造更多视角，映射不同背景 ● 在组织内部打造创新的心态和能力 　○ 为创新、分享和合作提供条件，多加鼓励	**科技业**：对于思想领袖来说，立足于演变最快的市场是一个优势，因为我们需要与本身就具有先驱开拓性的客户建立联系 **娱乐业**：从前，只有专家才能了解数据或特定数字，我们会对他们发出感叹："哇，你真聪明。"而今，人们自己就能获取所有数据点，观察真正有价值、可以为团队提供新见解的趋势。觉察者，是新定义的专家

图 2.4　觉察与感知：善于质询——突破原有思维

作的好处、困难与改进措施。我的研究并不是对这一系列成果进行重复、扩展或驳斥，然而，一些重要的课题确实浮现了出来。

我们反对"小集团思维"，并非单单出于对虚拟协作的考量，即使是实体协作团队，也无法避免"小集团思维"的影响。"小集团思维"由一些行为准则推动，这些行为准则表面上可以提高互动效率（我们"同舟共济"，懂得如何进行虚拟协作），但对多样性的市场（商业环境）敏感度很低。

远程工作在某些方面会相对便利，但也限制了大家的讨论，特别是在团队成员各执己见的情况下。这样就会减少收集和贡献创意碎片的机会。一家大型运输公司的高管这样认为：

> 我们的业务遍布全球，因此经常接到视频或语音电话[*]，请我们分享对客户趋势和竞争对手行为的见解。总的来说，我们会尽量去总结发展模式，确认协调好的方案，并排列优先顺序……我们不会花太多时间分享对其他人来说可能不重要的事情……在这些电话中，看起来每个人只是提供一个单向的新信息，很少有横向维度的讨论……我们彼此都认真倾听对方。问题是，最终往往会由总部去确认和协调一个方案，而这一方案在投放到许多市场上的时候，会

显示出局限性。

* 这家公司使用视频、语音等技术来支持虚拟协作。

分散管理

从这些例子中我们可以看出,即使是拥有全球影响力的老牌公司,也会掉进组织和"小集团思维"的陷阱。纾解这一困境的办法,至少在一定程度上,是将高级领导层分散到各个市场,而不是将整个管理团队安插在集团总部。联合利华集团将其全球首席运营官派驻亚洲,确保对这一关键增长性市场保持洞察力和静水深流的影响。渣打银行在英国伦敦、中国香港等地和新加坡等国都设有高级领导人员。

> **案例研究**
>
> **施耐德电气**
>
> 施耐德电气是总部位于法国的国际化配电设备制造商,营业额超过 260 亿美元。然而,出于这家公司的分散管理结构,首席执行官让-帕斯卡·特里科尔(Jean-Pascal Tricoire)驻扎中国香港,而分布在欧洲、亚洲和美国的高级管理团队的数量也大致相等。特里科尔在接受采访时说:
>
> 企业决策应该贴近客户……做决策应基于在当地看到的业务现状……管理者和员工零距离接触,就不至于处在象牙塔中。有了我们这样的团队,一个人可以在他的老家尽到职责,例如我司中国业务负责人就曾掌管国际业务线。我们的高管需要管理跨国团队,这些团队在决策时可以形成平衡的世界观,同时兼顾到当地实际情况。[5]
>
> 分散的模式依赖于通信技术,让管理者能随时保持联系。他们的移动设备上也配备了提高生产效率的工具。

如果想把脱节的专家们汇聚成全球化网络，产出价值，一种途径是创建外部合作平台。2000年，宝洁公司当时新上任的首席执行官A. C. 拉弗利（A. G. Lafley）着手实施一项重整公司的重大变革。他知道，只有在全公司范围内彻底挑战传统方法，推动增长，才有可能实现他的目标。

这就需要在每个市场和每一类产品中推广有重点、有聚焦的战略，并实施严格一致的后续行动。公司的规模和业务范围需要重新定义，复杂流程和官僚作风要转变为集中的市场力量和创新优势。"大I型"创新——能够创造重大新价值的创新——通常发生在不同团队的工作交叉点上（内部的或外部的）。

扩大内部研发部门规模既不是一个好的选择，也不可能带来预期的增长。因此，宝洁公司推出了"连接＋开发"模式，这个平台在全球范围内寻求同外部个人和机构的合作，旨在找到与宝洁公司核心战略相吻合的好创意，并借助宝洁公司内部实力来实现这些创意。"连接＋开发"模式成功的关键在于建立并利用了大型全球网络。

领导力特质：觉察和感知

收获创意碎片

第四次工业革命时代一项至关重要的技能是把眼光投向团队之外，清楚世界正在发生什么。在一个企业中，懂得观察外部环境的成员越多，企业感知变化的能力就越强。尤为重要的一点是，要了解客户的需求和行为是如何演变的。除了对数据进行深入的研究和分析以外，团队内的每个成员都应该贡献创意碎片（即对行动或方案的观察）。只有企业给员工以明确的鼓励，并建立相应的流程和纪律，才能收获员工的创意碎片。例如，在周例会上，从每个人分享留意到的新事物开始。许多创意碎片在分享时可能看不出和企业有什么相关性，所以不必判断单个创意碎片的价值——随着越来越多的片段萌生，团队成员开始加入各个节点，其重要性就会随着时间的推移而浮现。能够识别出世界上突然闪现的行为并立刻采取行动跟上，这就是竞争优势的源泉。

数据驱动，数字化赋能

要有良好的感知能力，就需要对突现的数据持开放态度，积极防范凭借对趋势的先入之见和对行为的解释来诠释数据。这就需要在公司建立一种文化，坚持讨论相关的、近期的、可以放在时代背景中理解的数据，挑战可能由优先权、惯例或职位权力引发的偏见。理解正在发生的事情不仅取决于看到正在发生的数据，还取决于与其他人共享和组合这些数据。数字分析（和机器学习）有助于从多个来源收集数据并进行查询，但这也需要高管们学会正确发问。第四次工业革命时代的高管们需要证明他们有能力高效地使用技术。高管们要不断更新自身技能知识，跟上当前工具的发展。

实验：测试与学习

随着商业发展加快，创意（创造性思维）成为一项关键技能。创意可以连接各个节点，也就是那些看似毫无关联的数据和信息，从而创造出新的洞察力，经由行动产生意义，收取实效。单纯一个想法是没有价值的，除非付诸行动。领导者需要投入最少的成本和最短的时间，尽快进化出"测试—收获反馈"的条件反射。目标是在快速循环中进行测试和学习，以便能够为决策提供足够信息，形成更宏大的计划。加快"想法—实验—反馈"周期，有助于增强动力和敏捷性。第四次工业革命时代的业务步伐加快，市场空间越发多变，创造力和行动带来的溢价也在增加。采用"预备—射击—瞄准"的文化模式，即"洞察—在实验中精练"的步骤，就可以增强势能，激发组织活力。

心态：好奇心

好奇心是什么？是一种向他人学习的欲望，一种对不确定性惊喜和新鲜事的期望。培养好奇心，就要培养倾听、学习和拥抱变化的能力，培养构思的能力，培养将创意碎片珠联璧合的能力。要承认创意是需要探索才能获得的概念，并需要后续快速实验来验证，才能加以提炼或舍弃。

第 2 部分　构建动态能力：在第四次工业革命时代蓬勃发展

第 3 章　抢占与复制

摘要

　　第二种能力是抢占与复制，意即快速对新兴机会（或威胁）做出明确反应。比如，当业务网络中的某项提案吸引了人们的注意力，要能快速将理念和知识信息传播到类似的市场或业务模块。相似的方法或许能有所助益。拥有分散网络的公司需要尤为努力，才能确保知识和经验得到快速转移和应用，而人员流动对这一点最为有效。拥有分散网络的公司或许有更多的机会将他山之石为己所用，获取的收益可能也会成倍增加。

　　使抢占与复制能力脱颖而出的管理机制有：

1. 人员流动，获取专业技能。复制（或应用）一个成功的创新方案（如从一个地点或部门复制到另一个地点或部门），最快的方法是让造就初创应用或新概念的人员在组织内部形成流动。这会最大限度减少交接，促进知识共享及对新环境的适应。反复应用也强化了经验，进一步加快了成果显现。

2. 组织设计要集群化，不要划分区域。当一个组织的设计和政策强调"同一团队"的概念时，人员和知识的流动最快。如果员工过于拥戴某个区域或业务板块的利益，就达不到预期的流动性。团队化正在取代孤岛，与共同主题（如市场动态）相一致的新型组织设计也正在取代由地理单元定义的传统方法和矩阵。

3. 塑造未来。随着市场空间波动加剧，机构/公司对人类未来的塑造力越发受到关注。这也激发了股东活力，吸引了投资者和高素质人才。随着企业势能累积，生态系统中的其他成员也被吸引进来，媒体关注度随之倍增，一切都进一步增强了公司对人类未来的影响力（图3.1）。

图 3.1　抢占与复制：构成动态能力的第二组能力

组织可能很难建立抢占与复制的能力，但这是构成动态能力的基石。为了说明这一点，我分享一家客户的独特经历。这家客户是政府机构，负责本土安全；它十分依赖于情景规划。像许多组织一样，它有时会请顾问来支援，有时则不请顾问。在 2001 年 9 月 11 日纽约世贸中心遭受毁灭性恐怖袭击之后，我的一位同事参与了这家机构的一项审查。其中要回答一个关键性问题——为何没有人预测到这种形式的攻击（用飞机瞄准重要高层建筑）？当相互指责的声音平息下来后，其中一名工作人员拿出先前列出的情景预设清单，其中一个场景就描述了"一架被劫持的飞机可能袭击某高价值目标"。大家听了不禁倒吸一口凉气。当然，该情景预设没有指明具体细节，比如在哪个城市，哪些建筑可能会中招，也没有写明会有多起袭击同时发生，但的确存在有关这一情景的描述。很明显，清单证明了组织具备觉察与感知力。但同样清晰的一点是，我们更需要"抢占"这份感知，面对觉察及时采取行动。

上一章中，我们从传奇冰球运动员韦恩·格雷茨基身上学到一些智慧，我想再借用他提出的另一个明智观点："如果一个球你连接都不接，就100%错过了它。"放弃才是最大的失败。

如果什么都不做,即便拥有最敏锐的感知理解能力,拥有超越其他公司的洞察力,也是毫无价值的。如果不"接球",或者不投入资源、时间和精力去践行想法,就不会有任何价值产生;非但不会在竞争中取胜,事实上,还可能会输给他人。

让人员流动起来

让人员流动起来是一种高效的机制,既是为了让知识流动(再应用),也是为了促生新的见解。尽管通信技术和知识库已取得长足进步,但这些并不能取代人们在物理层面上的接触。当物理距离接近时,知识的流动性会更大,创造力也会更强。打破条条框框,鼓励人们跨界工作,对效率也有助益,可以释放一些原本被困住的"产能"。

现如今,许多组织仍然按照弗雷德里克·泰勒在1911年出版的《科学管理原则》[6]运作。他们为什么要采用百年之前的原则?因为大多数人一生中所经历的组织统统是采用这样的方式。

在学校里,我们将教师划分到特定的学科部门,这些部门与行政、生活辅导和招生等职能部门分开。大多数学校并不具备以学生为中心的组织方式。同理,一个以客户为导向的组织会注重员工的入职培训,观察其成长和经验积累,有意适应不同个体的学习和发展速度,随后把他培养成一个杰出的人,看着他迈向世界。

更确切地说,我们通过一个按部门和职能划分的系统来培育孩子/员工,在这个系统中,他们持续受到干预主义经验流水线的影响。

这就是"科学管理",大多数人都习惯于将世界和组织分割成一个个条块。这种方法是为内部效率而设,但并不能产生效果最大化的综合性经验。

如果期望通过提高内部效率来优化组织,那么组织设计便围绕自身成本驱动和限制因素来展开,而非围绕不断变化中的市场需求与客户期望。

弗雷德里克·泰勒提出，通过优化和简化工作，生产力将得到提升。以下是他的建议：

a）仔细研究工作流程，确定执行特定任务的最有效方式。

b）根据员工的能力和内在驱动力来匹配适合他们的工作，并训练他们以最高的效率进行工作。

c）监督员工的工作表现，提供指导和监督，确保他们使用最高效的工作方式。

d）把管理者和普通员工的职责区分开，这样管理者就可以把时间花在计划和培训上，从而确保基层员工高效完成任务。

"科学管理"这一理论适合在组织内部培养特定部门的专家。典型例子可见于许多国家的军队。军队各部各司其职，具备特定专业技能，命令和沟通贯穿指挥链条的上上下下。只有最高级军官才能俯瞰到所有资源——如何部署、重点是什么。而每个具备特定专业技能的部门都经过精密训练，为的是在各项挑战前，都能完美地履行其法定职能。

这种方法虽然会培养出强大的专家，但反过来，也会滋生文化孤岛，抑制沟通和相互理解。在数据、见解的传播与分享方面，虽然各种媒体和手段层出不穷，但人类行为的"真相"仍然是——实践出真知。这个道理并不新鲜，生活在公元前313年至公元前238年的中国著名哲学家荀子曾有一句箴言："不闻不若闻之，闻之不若见之；见之不若知之，知之不若行之；学至于行而止矣。"没有比一起躬身实践更能拓宽理解、整合理念与催生新思想的了。

人员的调动程度的大小决定了组织的适应能力。要阐明的一点是，这里的人员流动性指的是同一个项目之下，团队内一伙儿人的聚集和分散。这将有利于员工之间直接交流，应用知识与洞察力。这种流动性让团队能够应对组织面临的多样化挑战与机遇（图3.2）。

第 2 部分　构建动态能力：在第四次工业革命时代蓬勃发展

关键机制	实例
● 加速人员在各个团队和地点之间的流动，以便快速应用知识与经验，增加洞察力和学习深度 ● "消防桶桥"①模式和"空降医生"②模式均可随着工作技能要求的变化或人员调动而灵活调整，从而解决问题，或消除能力限制 ● 可快速组建流动团队，从整个组织中汲取所需资源。各成员都了解团队在"这家"公司的运作机制，从而最大限度提高效率	**酒类行业：** 供应链……我们在越南有些"空降医生"，因为驻扎在那里的成本很便宜。有五个人驻扎在越南，他们不面向当地汇报，而是面向全球。有一名经理需要一位"空降医生"，便直接去全球总部，说"我需要两名'空降医生'"……他所在的地区并未被囊括在内 **金融行业：** 我们最终会调动资源、人员，并将他们分配到适合的项目中。实际上，我们一直都在做这件事。说到底，这是我们终归要做的事。我们说："X，你知道的比任何人都多。那就成立一个三人团队，搞清楚我们在 Y 国究竟可以干些什么。"

图 3.2　抢占与复制：让人员流动起来

"消防桶桥"VS"空降医生"

为了追求更大的灵活性，大多数公司都采用具有灵活性的管理方式。这使它们能够适应外界需求的波动，并拥有更好的劳动效率。当需要增加人力资源时，就可以通过现有团队加班来增加劳动力产出。或者，劳动力可以由公司内部劳力或短期合同劳务来补充。这一模式与泰勒的"科学管理"是一致的。甚至有时会出现这样一种情况：企业冒险降低对固定内部人力资源的投入，增加了对短期（甚至是"零工时"③）合同工的依赖。亚马逊和微软等大型企业常因这种工作方式受到批评，因为这些员工的收入和就业权利都十分薄弱。

目前，提高员工灵活性的措施包括"消防桶桥"和"空降医生"，

---

① 在手动泵消防车出现之前，消防人员通过互相接力传递水桶来灭火。后来"消防桶桥"这一术语被各行各业引申出"将物品从一个地点运送至下一个地点"的含义。——译者注

② 《空降医生》是一部澳大利亚电视剧，后将"空降医生"的形象引申为"乘飞机去看远方病人"的医生形象。——译者注

③ "零工时"指雇主雇佣员工却不保证给其安排工作的合同情形。签订"零工时合同"就意味着，员工只有在工作要求时干活，须随叫随到，做多少工作拿多少报酬。有些"零工时合同"要求员工必须接受雇主提出的工作时间要求，不过，大部分"零工时合同"都不包括带薪病假或其他休假，也没有裁员津贴或养老金。——译者注

均为摆脱泰勒"科学管理"的阴影。你可能会在地铁三明治商店观察到"消防桶桥"的概念。你的三明治是按照一定的步骤制作的,这些步骤本身并没有变化。然而,根据需求强度不同,可能会有更少或更多的员工参与三明治的制作流程。如果一个人的工作流程拖了三明治流水线作业速度的后腿,那么这个人两边的人可能会开始承担这个人正在执行的一些动作。在这个例子中,任务被科学地定义。在特定的生产单元中,个人可以灵活地覆盖所有任务。有多少人在线上工作、他们做什么任务,取决于需求强度和其他在线人员的工作效率。

"空降医生"模式将两种工作人员区分开来。一种是从事"一切照常"活动的个人;一种是根据周期性的或随叫随到的需要,(从另一个部门、公司某部,甚至更远的地方)"空降"而来的专家,他们负责提供内部顾问支持。在某些情况下,"空降医生"可能作为集团管理的资源,代表公司或向公司总部报告情况。"空降医生"也可能拥有专业技能(如生产、供应链、法务相关技能),当被派往某个运营部门时,他们应当分享洞察力与知识,当然,他们也有机会从该运营部门的具体情境、面临的挑战和员工的想法中学到东西。如果一名内部顾问具备恰如其分的动机,便不仅可以做到先前提到的"增强组织灵活性",还可以促进知识流动和增强公司的敏捷度。

一起来思考一个例子。一家欧洲啤酒公司将分部开遍全球,各驻在国运营团队和多个区域及全球的"空降医生"团队相结合,覆盖供应链、生产专门技术和产品创新等职能。此外,这家公司的各驻在国财务和人力资源有着全球报告渠道。总结来看,这种组织形式既允许一定程度的本地化,同时又维持着全球标准和全球控制。"空降医生"通过参与市场,获得一定程度的学习,随后再度应用于其他地方——换句话说,抢占并复制。

该公司这一抢占与复制机制颇有成效,例如:

- 在欧洲成功创新包装形式后,迅速将新包装形式(薄型罐)引入亚

第 2 部分 构建动态能力：在第四次工业革命时代蓬勃发展

洲市场（最初是引入越南，这是聚集亚太地区酿酒商的一个重要市场）。
- 成功将调味啤酒（单车客啤酒①的一种）引入亚洲，应用欧洲非传统类啤酒消费群体的成功增长模式来开发此类啤酒。

这些亚太地区市场的成功并不依赖于本地创新，而是得益于人力资源的流动。通过把在欧洲新方案中担纲的人员流动部署到当地市场团队中，形成合作，这家公司便抢占并复制了在其他地域取得的成功。

适应性团队

谷歌和思科②等公司开创了进一步提高人员流动性的人力资源管理模式。这些模式的核心是认识到，团队是公司的绩效单位。团队可以短时间或长时间聚集在一起。个人可以是某一个团队的成员，也可以同时横跨几个团队。

2004 年，谷歌创始人拉里·佩奇（Larry Page）和谢尔盖·布林（Sergey Brin）提出了一项行为准则，即每个员工 20% 的时间（每周最多一整天）可以花在自己选择或创作的激情项目上，只要这个项目与谷歌相关，目标是提高创造力和热情。公司内部有一个平台，任何人都可以在上面发布他的项目，也可邀请其他人加入自己的团队。在这个平台上，员工可以浏览现有的项目以及所需资源，选择性贡献自身智慧。

鉴于 20% 的模式很容易被那些并未对个人主导项目投入什么精力的员工滥用，整套系统首先建立在一个信任机制上，即相信员工会在项目期间保持生产力，并通过组织文化来实施方案。这反映了一个明确原则——鼓励团队合作，并为团队和公司的业绩做出贡献。谷歌自视为一家以数据驱动的公司，所以通常还有一些指标可以跟踪个人绩效和协作贡献。这些指标不仅提升了对组织的洞察力，也让反馈更加清晰，促进

---

① 一种苏打啤酒，发源于德国柏林郊区。——译者注
② 思科公司是一家跨国综合技术企业，开发、制作和售卖网络硬件、软件及通信设备等高科技产品及服务。

了相互信任，强化了团队原则，避免了系统沦为控制的工具。

还有一些著名的公司也采用了这种立足团队的方法，齐心协力提高资源流动性、员工参与度以及创新效率。这些公司有乐高公司、美国联合技术公司、联合利华集团和日本航空公司。我强调这四家公司，是想说明，这一方法不受限于行业板块或是国家、民族。

立足团队的方法可以给组织的整体绩效带来显著改进，包括直接的（如提高敏捷性和创新性）和间接的（如快速识别在传统组织中容易被忽略的表现优异和表现不足的人才）。飞农公司[①]首席运营官约翰·迪纳指出：

> 我越来越认为，我们所做的每一件事都适合采用这种立足团队的方式。在我改造团队和全方位提高效率的时候，我一直坚持建立"冲刺框架"[②]。

第9章将更深入地探讨团队与团队合作。

脱离区域限制的集群管理

一些市场之间具有相似的需求或竞争动态，如果可以在这些市场间快速传播理念，并学以致用（即发挥抢占与复制的能力），便可获取竞争优势。然而，地理上接近的市场并不一定就具备相似的市场动态、发展阶段、文化或监管框架。将具有相似情形和动态的市场作为一个集群进行管理，有助于加速相关洞察力开发、流转和再应用（图3.3）。

---

① 飞农（AgriProtein）公司是一家农业和生物技术公司，利用昆虫将食物残渣转化为可持续产品。——译者注

② "冲刺框架"用于开发、交付和维护复杂产品，包括研究、营销等环节，是一个可重复的固定时间框。在这个时间框中，一个团队以迭代与增量的方式交付工作，每个迭代称作"冲刺"。一个"冲刺"时间不超过一个月，通常是两周。最终产生一个具有最高价值的"成品"，并建立度量周期，度量产品效果与计划的差别。

关键机制	实例
● 在需求或竞争动态相似的市场之间快速传播并应用洞察力 ● 由于通信技术和虚拟协作的进步,进行跨地域市场管理时,便不再一定需要物理距离靠近,而离得近的优势也随之减小 ● 如果把动态类似的市场进行集群管理,企业在网络中抢占和复制洞察力、行动的能力就会增强 ● 公司通过减少(或完全撤除)全球总部,可实现效率提高	**农业**:转型后,地方与全球建立起联系,区域性的限制得到消除。如今,我们更多着眼于"领域集群",而过去,按照地域范围,我们划分了4个区。资源已按照"领域内"和"领域外"来定义和管理 **快速消费品行业**:我们以11个国家和领域的集群模式来运营。全球和各集群的领导负责决定那些适用于每一个集群内国家的产品组合。集群制还可以指导品牌激活、投资和渠道管理,再由当地管理团队来选择具体的产品组合,负责产品激活和运营

图 3.3 抢占与复制:脱离区域限制的集群管理

按客户类型划分集群

先正达农业科技公司是全球农药行业的领导者,作为一个以科学为基础的组织,它具备强大的传统根基,产品主要定位为:通过化学配方来治疗作物疾病。后来,他们发觉,有必要重新调整组织,改换定义结构——用作物类型及其生命阶段来定义产品。这种方式不仅为农民提供了更好的服务,还加强了驻在国员工和全球总部团队之间的思想交流,加深了对农民需求和产品有效性的理解。毕竟,全球化团队有助于分享世界上气候相似、作物类型相同的区域里有关开展工作和解决问题的经验。地方—全球之间的交流增加了,机会产生了,各区域功能与人员配置也重新得到关注。引用一位高管的话:

> 按照"集群"概念来划分,我们有19个"领域集群",而过去只有4个按地理概念来划分的区域。这样的改变加速了知识流通,利于我们更快地对市场发展和竞争对手动向做出反应。对资源的定义如今更加简单明了,也可以按照"领域内"和"领域外"的划分来管理。

所有全球公司都面临着一道熟悉的难题——到底是允许区域业务存在灵活性和适应性，还是在全球范围内保持一致性和控制度。解开这道难题的一种方法是"锚定灵活性"。先正达农业科技公司的一位高管用打网球的比喻来描述这一概念：

> 每个球员都知道比赛规则、场地大小等——这是全球组织为所有国家的所有团队领导者制定的规则。但在这一套规则体系内，各国家队可以自行决定比赛中采用什么战术、什么策略，以及何时发出怎样的一击。

一家大型饮料公司的高管对组织变革表达了类似观点：

> 我们现在有11个以国家和领域划分的集群。全球和各集群领导负责决定那些适用于各个集群内国家的产品组合。集群制还可以指导品牌激活、投资和渠道管理，再由当地管理团队来选择具体的产品组合，负责产品激活和运营。由于集群内的市场具有相似性，集群法则（而非地域法则）有利于更加专注，集中更多力量。

按市场动态划分集群

参与本研究的几家公司将其在全球参与的市场分为发达市场和发展中市场，划分的依据是——就动态相似的市场而言，协作和信息互换究竟可以得到区域管理层面多少支持。发展中市场集群包括非洲、亚洲、中东和拉丁美洲的一些市场；但这些区域可能也存在发达市场，如日本的发达市场与澳大利亚—新西兰市场形成产业集群，而并非与地理位置上更靠近的中国市场。这种集群的目的是增加相关信息和知识的流动，追求最大的运营效率。

某酒精饮料公司的全球高管讲过一番故作幽默的话，却传达了一条

第 2 部分　构建动态能力：在第四次工业革命时代蓬勃发展

重要理念：

> 我（在全球总部）担任国际职务之前，最后的任务之一是关闭地区总部。在过去几年中，我们一直在弱化地区办事处的职能，以致它们的责任几乎只剩下告诉运营公司该把空调调到什么档位。其他每一项决策都被转移到了国内或全球总部那边。

塑造未来

采取审慎的行动来影响市场演变的方方面面——包括客户行为、监管机制、竞争动态和分销渠道。引用林肯的话："预测未来的最好方法就是创造未来。"

- 把从任何一个市场经验中提取的理念在全球范围内广泛应用，力求影响其他市场的演变：或先发制人地缓解负面动态，或再现前人取得的积极成果。追求市场中最有利的竞争结构，这种结构可能是寡头垄断产业链中的三到四个玩家节点。
- 根据各领域法律框架，积极游说监管机构，塑造最有利于贵司竞争地位和独特优势的未来市场条件（图 3.4）。

世界上最大的金融机构并不总是家喻户晓，然而它们管理着几万亿美元。运作规模使它们能够对多国经济体产生巨大影响，但同样，由于监管和技术上的变化，它们面临着高度的流动性和极具模糊性与不确定性的环境。鉴于这些机构的地位和规模，它们往往既是受人尊敬的谈判伙伴，又是政府财政部门和各国央行的有效说客。公司的高层人员十分注重利用其全球网络，把好的见解从一个区域分享到另一个区域。一位高管指出：

> 我们可能比制定国家政策的人拥有更多的经验和见识。我们见证过如此多的试验、改变和政策调整，也经常受邀发表看法，或

至少能获得一个对话的机会。这既是一种责任，也是一种优势。然而，随着环境的变化，我们也需要摸索前行，一步一个脚印，随时随地保持学习和分享，整合新的见解。

关键机制	实例
● 有意影响市场演变的行为："预测未来的最好方法就是创造未来。" ● 把一个市场的经验推广到全球，以寻求影响其他市场的演变 ● 让监管机构和竞争对手参与进来，促进行业结构演变，同时使客户受益 ● 赢家通吃的方式主导着市场空间的演变 ● 建立生态系统联盟，从整体上提升客户价值。转向基于平台的竞争	**半导体行业**：在一些市场，我们有机会把市场从满足需求转向创造需求。这种现象在许多发达市场都发生过，但在较年轻的市场，这一变化要靠我们来帮助实现。对于我们来说，这是一个优势，毕竟本地许多竞争者可能尚未有足够的资源和合作生态系统，难以在"创造需求"这一市场上形成有效竞争 **金融业**：我们非常积极地尝试与监管机构合作，在不同的市场上对行业发展产生影响。通常，在特定问题上，我们会成为为数不多的行业专家

图 3.4 抢占与复制：塑造未来

影响政策法规的制定

在研究中，制药公司尤为重视对所在医疗领域的药品采购、用法相关行为和政策产生影响。他们是否能做到这一点也预示了它们随后引进新型专利配方的速度和顺序。

同样，重型设备制造商指出，他们极力鼓励发展中市场遵守事关机器操作员健康安全以及气体排放的管控条例。发达市场的机器已经遵守了更严格的监管法规，但当地的竞争对手可能还没有按照这些标准来运行。

企业去游说政府代表、司法人员、政策制定者和法律制定者的活动，在世界各地、在历史上的各个年代都有发生。每个地区都有自己的规章制度和实践形式。在某些国家被视为非法贿赂的行为在另一些国家却是可以接受的。有时，赋予本土公司一些资源渠道和影响力，是以牺牲海外公司为代价的。一些海外公司及其所在地政府认为这种做法是不公平的贸易方式，尽管他们在本国领土上也可能是类似做法的利益既得者。

第 2 部分 构建动态能力：在第四次工业革命时代蓬勃发展

> 抓住今天，创造明天。外部环境的未来取决于多方行动和多种因素，包括公司自身的行动。我们现在所做的，决定了我们为之竞争的明天。

"赢家通吃"策略

如果在某种情形下，人们相信，只要一个竞争者占据主导地位，他就会获得不成比例的高额利润，那么被称为"赢家通吃"的策略可能就会流行起来。例如，"网飞"和"迪士尼+"，"Xbox"和"PlayStation"，安卓系统和苹果移动操作系统，"优步"和"来福车"。在许多行业里，尤其是初创时就以数字化定位的行业中，那些掌控主导平台的巨头与其他参与或迎合平台的竞争者，在规模和市场的影响力上存在明显差距。"赢家通吃"战略的目标着眼于：一家公司不仅对平台具备所有权，且持续主导着市场空间的演变。

这种现象并不新鲜，也不局限于数字化领域。20 世纪 70 年代和 80 年代，贝泰麦卡斯录像机（Betamax，日本索尼公司旗下产品）和家田录像系统（VHS，日本胜利公司旗下产品）在家庭视频录制领域曾展开一场大战。[11] 同样，星巴克咖啡公司在美国的策略是，在重要的十字路口和购物中心密集地铺设分店，让竞争对手没有立足空间。在成熟的行业里也可以看到"赢家通吃"战略，大公司收购多家小公司，以获取长期、稳定的行业地位和高额利润，烟草行业就是一个例子。

从战略上讲，"赢家通吃"的目标不是团结起来实现更大的效率或形成规模优势，而是独家主导行业未来的发展方向。这将是一家渴望增长的公司，做好了承受长期亏损的准备，并倾入大量现金持续扩张，对未来的盈利并无全然的把握。

"赢家通吃"战略在网络平台业务中尤为明显，在这种业务中，只要占据了较大的覆盖范围，就可以实现更宏大的规模。在过去，互联网的能效很难与物理技术网络（如铁路和电话等）抗衡。但如今，优步科技有限公司或爱彼迎民宿的普及率随着其平台上挂出的汽车或房产的数量增加而增加。然而，网络能效越来越难以持久。挑战者同样会用巨量的资本部署自己的网络来进行竞争，有可能导致旷日持久的消耗战。看看中国的打车服务就知道此类竞争有多惨烈了。

"赢家通吃"是一种增长战略，依赖于充足的廉价资本、比对手更为雄厚的储备，以及快速而持续地扩大业务规模的能力——直到其他参与者被迫让步。一旦成为平台"赢家"，对用户服务的价格就可能会上涨，其他增值服务和收入流也会增加。"赢家通吃"战略要求对未来有预见性。如果我赢得了规模竞争，那么我就可以在市场空间中决定未来的竞争规则。

合作：结盟，并维系联盟

系统性思维，出现在企业以集体形式抱团行动时。虽然彼此之间存在竞争，但大家的行动方式造就并维持了一种有利可图且相对稳定的行业结构，这对所有企业都有利好。

保持三家或四家同行在市场上相互竞争，其实是非常稳定的竞争结构之一，可以使所有参与者都能获得高于预期的回报。这种稳定性不是缘于大家公开共谋，而是由于企业相互之间都能够读懂彼此的行为意图，从而都能采取相应行动，最大限度地实现自身利益，包括力避自我毁灭的竞争方式。如果其中一家公司的规模明显小于另外两家，则这个结构可能会更为持久。

这个结构中规模较小的公司可能会成为更具创新性的公司，因为它致力赢得市场份额，但如果其创新型提案被证明是成功的，则很容易被其他公司模仿，而其他公司则可以利用自身规模更大的优势超越这家小公司。这类寡头是怎么成熟起来的呢？从前，可能有许多规模较小、盈利能力不足或产能过剩的公司进行联合与合并。当寡头形成垄断后，为了自己的生存空间，就需要对潜在的新进入者设置一定程度的障碍，比如某个地区内的许可证要求（如电信供应商许可证或正式银行牌照）；或采取类似集体行动的市场回应，通过联合行业结构中的每一家企业，去抵制各自所面临的新"入侵者"，以这样的攻击性防守来巩固自己的地位。

高管们经常提到一个意识——在竞争激烈的市场中，若有多方竞争者以不同方式参与竞争，那盈利就会变得十分困难，这反映出寡头垄断结构无论是对消费者还是对公司的盈利能力都具有好处。当他们思考当下市场的吸引力时，同样会思考采取（或避免）什么行为能够增强或保持这一结构的吸引特性。例如，制药公司会考虑某种疾病治疗领域有多少竞争者，而酒商则会考虑某个消费者群体或某个饮料类别中的竞争强度等因素。

案例研究

农业门户联盟

另一个例子是农业门户联盟（Ag Gateway Consortium），这是一个由200多家企业组成的非营利性联盟。[12] 跨行业协作使所有成员的愿景达成了一致，可以和谐共享数据，更好地满足并塑造客户的需求。这个协作方案横跨全行业，以"农业数据应用编程工具包"（ADAPT）著称。

农药商先正达农业科技公司和机械商约翰·迪尔公司都是这个联盟的重要成员，此外联盟还包括许多软件公司、设备制造商等。ADAPT和农业门户联盟的目标是提高农民的生产力，改善农田和农业用水，实现"精准农业革命"，这与行业所有人的利益相一致。有了ADAPT，"制造商可以仍旧使用他们的专有软件，也可以设计插件，允许企业系统在专属格式和通用数据模型之间进行转换"。先正达农业科技公司的一位系统架构师解释说："ADAPT相当于一个翻译员，让种植者得以和世界对话。"[13]

先正达农业科技公司大力提倡种植者在最佳时机，以正确用量使用产品，从而达到最佳的使用效能。这不仅可以减少浪费，也能最大限度地提高农作物产量。然而，为了达到这样的精准度，必须实时对机器、土壤条件、天气和农作物生长情形等进行测量，并借助数据分析来指导产品应用。同样，约翰·迪尔公司关注的是制造出有助于做决策的智能机器，帮助提高农民和农田的整体生产力。

如果要形成有效运作，就需要整个联盟协同发展以下能力：

- 机器优化——利用物联网、精密技术和无线移动数据网络，最大化利用机器，提高生产率，延长正常运行时间。
- 物流优化——借助机群管理，并发展机器对机器的通信，远程管理物流和机器使用。
- 农业决策支持——借助方便的监视器、传感器和无线移动数据网络，方便快捷地访问机械、农艺等数据，这对于在决策中先发制人十分必要。

为了让建立创新网络这件事汇集更多势能，约翰·迪尔公司向第三方开放了自己的计划。开发者可以借助约翰·迪尔 App 中的机器监控资源，将远程机器数据集成到自身的应用程序中。在约翰·迪尔应用程序界面，开发人员能创建 App，来提供机器位置、燃油油位和其他数据（如土壤湿度和天气等）。通过分析、汇总数据，联盟中所有成员都可以提升洞察力，生产力也随之提升。例如，可以分析不同收割机的燃料使用情况，及其与机器性能的相关性。通过分析来自数百个农场的数据，对操作进行微调，从而达到最佳生产水平。

领导力特质：抢占与复制

急速扩张

企业如要赶上第四次工业革命的时速，重要的能力之一便是创新。推动创新，需要战略、能力和纪律三方面的综合实力。我想暂且不谈

第 2 部分　构建动态能力：在第四次工业革命时代蓬勃发展

"蓝天创新"的概念；一项创新若想形成掷地有声的态势，就需要准确识别出社会上的某种需求并迎接它，正如谚语所说，"需求是发明之母"。创新战略要求定位什么才是重中之重，如优先事项、产出规模和时间框架。团队在创新管理方面的发展和思维能力是孕育创新力的土壤。全球创新管理研究所提供了一个合适的框架。[14] 单有技能是不够的，还需要调配时间和资源投入，使其与战略保持一致。在建立和执行指标的过程中，创新准则会自然而然孕育出来。指标既包含先行指标，如所认证的团队成员数量或启动项目的成员数量；也有过程指标，如关键节点上的合格率或过去三年因创新带来的收入占比。

个人责任

高管和团队需要把创新和相应行动方案从公司的一个区块推广到另一个区块。这时，可能不得不超越组织界限，从合作中获得预期利益。在管理层干部中，每个人都必须有强烈的主人翁意识，才能使整体业绩达到最佳水准。成员应该把热切的目光投注于整个组织，再进一步寻找各自关注的领域，思考是否可以引入创新和理念，以及本领域的创新和理念可否推己及人，推广到其他同样可以获益的领域。如果创新应用仅仅是由少数高管集中驱动的结果，那么企业发展的潜在能力就得不到充分调动。在第四次工业革命的商业活动中，高管们需要鼓动起公司每一个体，让他们都对创新的传播、应用和改进肩负责任。成员应当为彼此负责，确保每个人都与这样的企业文化保持一致步调。

跨界合作

为了让新想法在组织内部流动起来，个体必须善于跨越边界，在多功能的团队中工作。那么，团队的有效性将取决于所有成员能否共享一个总体目标（例如将创新和理念应用到绩效改进中），同时又发挥各自专长和独到见解。团队成员需要相互尊重，对彼此观点充满好奇。为了加深成员之间的相互理解，大家应坦诚分享思维过程和内在的支撑逻辑，而非做出防御性姿态；如果其他人并不了解为何会有这样的见解或观察，要接受这一事实。如是合作，就会有新的发现，比如找到扩大收益的方法，随即，愿景或许也会发生调整。

心态：紧迫感

紧迫的心态就像一个高能量发动机，推动企业将创新和理念付诸应用，来提高公司绩效，也就是在整个组织内快速广泛地分享和应用知识。考虑到动态环境的模糊性和不确定性，高管们可能更倾向于等待更多数据收集和分析，以降低决策风险。然而，这种等待的心态必须与采取行动迎合未来发展的紧迫感相权衡，以便能够抓住机遇，塑造市场演变。因此，"预备—射击—瞄准"的方法可以保存势能和活力，并增强适应性。

第 2 部分　构建动态能力：在第四次工业革命时代蓬勃发展

第 4 章　再配置与再定位

摘要

　　第三种能力是再配置与再定位。这种能力反映了企业的运作模式，并说明为了提高绩效，值得做出哪些改变，无论是循序渐进式的提高还是一鸣惊人的飞跃。这种能力是一种质疑的能力——质疑公司现有做法以及做法背后的原因，检视实践、资产和项目是否仍在朝着正确的方向运作；反思这些实践、资产和项目是否仍需要由公司自身来执行，还是适合委托他人；如果还是要在公司内部执行，那么如何做出改进，才能收获更高的绩效（图 4.1）。

　　再配置与再定位这一能力所需的管理机制如下：

1. 定义新的市场空间

　　"蓝海"指那些尚未出现竞争对手的市场空间，公司可以在这里规划自己的路线，并依照自己认为合适的方式配置产品和活动。然而，在无人涉足的"蓝海"水域航行，对管理者来说也需要极大的勇气，需要的是探索而不是开发。这可能需要懂得如何管理环境（运营、供应链和渠道伙伴），需要对市场反馈更加敏感，提高适应和调整的能力，并对意外和竞争对手的出现做好心理预期。

2. 滑翔好过直跳

　　大公司可以借助产业规模来降低风险，同时灵活调整业务范围和产品组合。它们进入新市场探索时，竞争手段是极体现实力的，并不会破坏或牺牲其核心业务。同样，在减少对其他领域的投入时，它们可以保持不慌不忙的步调，维持现状；在此期间，慢慢积聚价值，保持战略灵活性，而非突然退出，以免把平台拱手让给新兴竞争者。

3. 有选择地复制

在动态变幻的环境中，二元选择会让风险敞口进一步扩大。如果全球供应链的设计是为了瞄准海外供应商的大订单，便容易受到国际贸易争端、供应商生产中断、币值波动等因素的影响。有选择地复制和模仿可以提升灵活性，有助于降低风险。例如，对产品的品牌范围、价位范围做出一定择取，可以规避市场过度倾向于高端产品或经济型产品所造成的影响。

图 4.1 再配置与再定位：构成动态能力的第三组能力

再配置与再定位

让我们以网球运动员为例。第一组能力——觉察与感知——使球员能够预测球的移动方向和速度，凭直觉判断对方球员的移位。第二组能力——抢占与复制——使球员能够及时做出如何回击的决定。这第三组能力则确保球员能够移动到正确方位，不仅是指球场内的正确位置，还意味着正确的战术配置或身体姿势，从而执行期望中的完美一击。一个具有高**动态能力**的公司可以通过平稳的滑翔实现快速位移，在冲击一刻完成最理想的动作，然后为下一个定位做准备，始终保持动态的运转。

究竟有哪些因素会影响第三种动态能力机制再配置与再定位呢？在深入探究这一问题之前，让我们先来考虑两个有关适应性思维的例子。W. 钱·金（W. Chan Kim）和勒妮·莫博涅（Renée Marborgne）在《蓝海战略》这本书里，对他们的基本方法做出了解释：

"蓝海"战略以较低的成本开拓市场新空间，同时追求差异化，在此条件下创建新的市场需求。它旨在创造和占领暂无竞争硝烟的市场空间，便不会为竞争所烦扰。"蓝海"有这样一个底层逻辑：市场边界和产业结构并非既定，而是可以通过产业参与者的行为和信念来进行重构。[15]

霍尼韦尔国际公司的首席执行官戴夫·科特（Dave Cote，2002年2月至2017年3月在任）带领公司进行了一次果敢的变革，包括收购和退出大约100家公司。他改变了公司的模式，使之实现了自己的三大优先目标：能效、节能和安全。他说，我相信把赌注放在多项业务上是正确的做法。[16]他还认识到，多个小规模交易可能比大规模交易更安全，正如他所说，"一笔大交易一旦失败，可能会毁掉整个公司"。[17]

在科特的领导下，霍尼韦尔国际公司的收购潮是成功的。平均来说，霍尼韦尔收购一般按照12倍的市盈率来操作，收购后盈利平均提升3倍。这一进步在很大程度上归功于科特对收购计划的不懈跟进与关注。对于超过5000万美元的交易，他在交易结束后的30天、60天和90天，分别对整合计划的进度进行审查，在随后的至少一年内，按季度进行审查。[18]

这些轶事正是再配置与再定位能力关键机制的真实写照。

定义新的市场空间

新市场空间

许多高管对所谓市场空间的定义进行了拓展和全新厘定,从而找到,或说创造出了"蓝海"这个概念。在"蓝海"中,他们更注重塑造客户需求,而较少关注竞争对手的行动(图 4.2)。某媒体集团的一位高管表示:

> 我们正在拓展新的业务领域,且收购了 A 公司和 B 公司的全球业务。你可以说它们的业务和我们类似,说这只是一种扩张,但它们也使我们进一步相信自己做的是一款消费产品和体验型业务——这样一来,就更好地定义了我们对自己的认知——并非仅局限于媒体和娱乐。另一个好案例是我们购买的多渠道(流媒体)网络公司 C。

关键机制	实例
● 为跻身其中的竞争空间赋予全新定义,不局限于行业和部门 　○ 关注目标客户的一系列需求 ● 不断探索相邻领地,调整产品,完善商业模式;循序渐进,勿望一蹴而就 　○ 探索新机会,将相对无关紧要的职位清理掉 ● 营造选择机会,识别出哪些潜在的市场机会是可以逐步探求的,未来的扩张需要多少成本,而退出又需要付出多少代价	**媒体:** 我们通过收购其他公司的全球业务拓展我们的业务领域,这也更好地定义了我们对自己的认知——并非仅局限于媒体和娱乐 **IT 业:** 过去几十年来,我们一直以销售硬件而闻名。但如今,服务器只占我们不到 10% 的业务。我们现在的主营业务是基于云计算。我们以 380 亿美元的价格收购了 ** 公司,这加强了我们的力量,但并没有限制我们。对高价值创新的投入促使我们对业务不断推陈出新——要么有机地培养一项新业务,要么收购其他业务;有时,也会剥离掉那些不符合自身形象的板块

图 4.2　再配置与再定位:定义新的市场空间

第 2 部分　构建动态能力：在第四次工业革命时代蓬勃发展

探索潜在的"蓝海"时，公司很好地发挥了现有核心资产的作用，给探索和拓展新空间提供了优势。全球覆盖的业务不仅能够洞察更多机遇，还为尝试新机遇（通常对核心业务产生的风险较低）提供了更广阔的市场范围。

可口可乐公司一位高管讲述了他们如何利用规模优势在咖啡价值链上实现扩张，通过后向整合①获取更大价值：

> 我们过去是采购烤好的咖啡豆……现在是回到供应链，几乎从（未经烘焙的）绿色咖啡豆入手……目前已经能做到自行管理不同环节，有时候甚至连绿色咖啡豆都是自己采购，而不再委托供应商……如果我们没有对结构和文化做出调整，就永远想不到可以重新配置供应链，更不会看到机会。[19, 20]

一家医疗器械公司的高管回顾了他们在全球范围改变业务组合所带来的利好：

> 这就是一个全球化公司的优势，我们可以以一定规模和大量学习进入一条新业务线，但不必耗费倾巢之力。通过剥离大量旧业务，投资新业务，企业正迈向一个巨大的转变。

杰夫·贝佐斯通过收购全食超市，调整了企业地位，重新定义了市场空间，这也可以被视为亚马逊的变形计。尽管交易规模为130亿美元，但相对于亚马逊而言，也不过是一笔小数目（交易时，亚马逊的市场资本约为9500亿美元）。

史蒂夫·乔布斯也曾说：

---

① 后向整合通常是指一家企业与其上游供应商进行联合的商业行为。——译者注

有人说，"给顾客想要的东西"。但那不是我的方法。我们的工作是在他们想要之前就弄清楚他们将会要什么。我记得福特汽车公司的建立者亨利·福特（Henry Ford）曾经说过："如果我问顾客他们想要什么，他们会说想要一匹更快的马！"人们不知道自己想要什么，除非你展示给他们看。所以我从不依赖市场调查。我们的任务是读懂那些还没有写在纸上的东西。[21]

在史蒂夫·乔布斯的带领下，众所周知，苹果公司以定义新市场空间、创造人们想要而不自知的产品而取得卓越成功。史蒂夫·乔布斯的确是"蓝海"航行的高手，即便不见得他的每一次创意都能取得成功。在定义新的市场空间时，他观察用户的行为，弄清楚他们在做什么，倾听相似产品下的用户评论和意见，来获得洞察和理解。正是这种与直觉相结合的洞察力，将领导者和企业绩效表现分出优劣。

构造实物期权

实物期权①指公司管理层根据不断演变的经济、技术或市场状况而做出的扩张、变更或缩减项目的决策。美国"投资百科"（Investopedia）网站称，管理者运用实物期权价值分析（ROV），对继续还是放弃一个项目做出机会成本评估，进而做出决策。[22]根据分析，企业可以预见在未来某个里程碑节点所做的选择可能会出现什么结果。

"投资百科"还解释说，投资一个新型制造设施可能会带来一系列实物期权，包括引入新产品、整合运营或根据不断变化的市场条件做出其他调整。在决定投资新设施的过程中，公司应当考量设备所能提供的实物期权价值。[23]

一些制造业公司及电信运营商描述道，为了应对市场演变的不确定性，他们通常会从构造实物期权的角度先迈出一小步。如果条件日益有

---

① 原文"Real Options"，亦可译为"现实选择权"。因管理学中，"实物期权"指以期权概念定义的现实选择权，故本书译为"实物期权"。——译者注

利,便会在现有基础上加快规模扩张;如果情况转向负面,便会推迟该项目或退出这一领域,不致遭受太大经济损失。

一个人可以抱着了解更多动态的目的来参与市场,并始终以审视的目光看待选择权,思考是否需要调整重心或航向。只有迈出第一步,未来才有更多可能。

实物期权在经济层面上说明了灵活性所具备的价值,因此在高度不确定的情况下,决策将不仅仅取决于现金流预测中净现值(NPV)计算所反映出的"执行"或"不执行"。

案例研究

一家跨国医疗器械公司

这家公司正在考虑是否有必要在缅甸设立办事处。当时,缅甸的市场很小,但当地拥有近5500万人口,其中许多人接触不到高质量医疗服务资源。随着缅甸与世界其他地区贸易和政治关系正常化,可能会衍生出巨大需求——这个速度可能相当快。因而,与有意愿的当地分销商合作是一个不错的选择,不仅能提供一个市场立足点,也能规避直接涉足现行贸易和政治环境可能带来的问题。如果市场开放,公司还会考虑如何才能为参与未来市场打下基础,并产生竞争优势。企业需要判明这些选择背后的成本及前方的优势潜能。

为了搭建思维框架,他们使用了简易的决策树与实物期权法。最终,他们敲定了两种有限投资,如果市场开放,这种投资可以迅速扩大规模,但如果政治和贸易环境恶化,投资也可以随时撤出。选择之一是小型分销商,这家公司会为分销商提供培训和优惠贸易条件,使他们能够将资金用于设施升级。另一个选择是与卫生部门建立培训伙伴关系,旨在支持贫困农村社区。这两种选择均无须注入资金。随着时间的推移，这些行动的谨慎精明之处将越发凸显，而与此同时，二者都在建立良好的信誉，加深企业对当地经营环境的了解。

滑翔好过直跳

不畏重建

"不畏重建"是"弗格森公式"[24]的格言之一。"弗格森公式"包含八条管理格言。亚历克斯·弗格森爵士（Sir Alex Ferguson）曾是英格兰超级联赛顶级足球俱乐部曼联俱乐部的杰出经理人和教练。在这项研究中，几家业绩不错的公司是重塑业务组合的高手，可做到无缝衔接。这些公司在管理交易（包括收购和撤资）、整合新业务、分离旧业务方面练就了强大的能力（图4.3）。

关键机制	实例
● 依照未来愿景，规划投资组合（业务线、产品、地理位置、客户群体） 　○ 这样的投资组合能否为未来提供强大的平台 　○ 投资组合是否符合战略路线图及任务/愿景 ● 培养专业技能，包括识别、谈判、收购和整合新产业，以及从现有业务部门中衍生新业务 ● 让企业懂得为退出业务做好准备，在退出前收割业务成果，将战略优势最大化 ● 对企业遗留资产中的关键人才予以保留使用	**科技业**：出售了遗留资产中的核心硬件业务，专注于现有软件，并在云服务和人工智能领域，开发重要的新业务部门 **快消品业**：在8年时间里买卖了40多家公司；以往的核心业务线虽然与公司品牌一致，但并不符合公司新使命及成长战略，因此也被全盘出售 **工业产品**：7年内买卖约100家企业；专注于整合新收购业务，力求达到卓越水准，推动盈利能力显著提高

图4.3　再配置与再定位：滑翔好过直跳

我研究的多家公司都具备一个优势，那就是全球化网络，这使它们看到更多潜在机会。例如：

- 谷歌利用其全球影响力，把尚不为人知的极具吸引力的团队和公司纳入麾下。谷歌在搜索领域的主导地位给它带来了大量的现金流。谷歌借助这些积累，进军内容创作、教育、自动化交通等领域。除此之外，谷歌也有能力收购机器人和人工智能类公司。它最近收购的公司包括开发仿真机器人的日本团队夏福特（Schaft）和韩国HUBO机器人公司。谷歌还收购了美国波士顿动力公司（Boston Dynamics）和美国的一些初创企业。
- 2013年，欧洲宇航防务集团（EADS）宣布其新战略，并再次创建了新品牌：空中巴士国防与航天（Airbus Defense & Space），明确表示将专注于商务航空和国防航空。空中巴士国防与航天的战略之所以得以迅速实施，主要得益于该集团的全球网络对锁定收购目标及确定出售公司的时机起了很大作用。一位高管指出，我们能看到全球市场正在发生的变化，因此无论在任何地点，都能触及合作伙伴，并探索合作；正是这种触及，造就了不同凡响。

退出前，先收割

最成功的公司在退出一个不再重要的市场时，通常不会选择突然放弃，而是会执行收割战略。收割可以阻止竞争对手站稳脚跟，维系住客户的信任，保持公司与客户的总体对接。几家跨国公司强调，它们力求在需求较低的市场或群体中继续投放产品（和资产），来延长产品寿命。收割有助于企业打造出一个"战斗机品牌"，一款新型优质产品便可以借此立足，取得发展。收割较之放弃的另一个好处在于，它可以避免威胁性竞争对手占据重要市场份额。

收割带来的利润和收入可能减少，但却是可持续的。因此，重要的是要有一套正确的财务业绩指标，能够与战略目标相适配。麦格劳－希尔集团就是一个成功的收割案例，正如普华永道在一篇文章中所述：

> 2011年，麦格劳－希尔是一家媒体和信息服务供应商，业务

广泛而分散，受到激进投资者的抨击。公司领导层意识到，他们必须卖掉那些不匹配的业务，尤其是大型教育出版业。但他们没有仓促解散公司，而是制订了一个多年计划，重组成本，构建新的管理层……并改变运营模式。当资产剥离到来时，反而有力夯实了公司根基。在此基础上转型的公司增加了230亿美元的市值。[25]

精致地模仿

相似但又不同

企业高管面临的一个两难困境是，如何在不确定、不断变化的市场环境中，既追求整体效率，又保持灵活性。企业需要抵制"一刀切"的倾向。那些成功的全球化公司是如何做到这一点的？（图4.4）

关键机制	实例
●有意（在产品、服务、市场占有率和能力等方面）找到相似的替代性选择，来提高企业的适应能力，同时认识到过度投入成本的害处（如产能过剩） ●设计具有一定冗余度的供应链（如双重或三重组件供应渠道），以便在环境易变（如汇率波动、物流延迟等）时，仍然保持稳健供应 ●在内部保持能力，在外部寻求支持，提升人力资源灵活性；对于在公司内轮岗的关键人才，要与其保持沟通联系，以便在未来需要时，他们能够及时返岗	农业：维持两种进入市场的模式：一是传统的药品入市方式，即以化学手段研发针对特定疾病类型的产品，另一系列是对应作物特定生命阶段，研发新产品，由作物团队来运营 金属业：我们决定建立全球供应链，但必须更加灵活——可以在国际网络中协调，并将以前几个半独立的工厂利用起来，来增加选择

图4.4　再配置与再定位：精致地模仿

如前所述，瑞士农业科技公司先正达于2000年通过合并诺华公司和捷利康公司两家农企而成立。从2012年开始，先正达依据农作物品类重新组建了团队，并研发了一系列针对农作物特定生命阶段的产品。

无论先正达服务哪个国家、哪种文化或气候，所面临的农民群体需求都是纷繁多样的。先正达找到了两种行之有效的商业途径——传统的化学/疾病模型，以及新型作物/生命阶段模型。这两种途径是令服务涵盖客户多样性需求的最优解。

> 在产品组合中，将产品线/服务线维持在特定种类范围内，以便捕捉到客户需求本质上的变化。

卡特彼勒公司在独立品牌下开发系列低价产品的过程中，不得不抵制诱惑，在新品牌和传统品牌之间寻求平衡点以维持集团整体效率。卡特彼勒公司认识到保持灵活的重要性，便投资开发了备用的供应商网络，这使他们能够适应币值波动，或因政治、恐怖主义、自然灾害造成的供应中断。卡特彼勒前董事长兼首席执行官吉姆·欧文斯（Jim Owens）说："在我们这一行，谁最擅长管理供应链，谁就最有可能成为最终胜出的那一个。这是成功的一个条件。"[26]

一家全球资产管理公司的一位高管表示，需要灵活处理与其他国际金融机构在各个地区的相互关系：

> 有时，我们是竞争对手，但最常见的情况是，我们彼此互为供应商和客户。在某些地方，我们可能是全球同行的服务供应商；而在其他地方，或其他时间，又可能是这些全球同行提供同一类服务的客户。所以我们总是依据具体时宜，适应和利用彼此的优势。

由于不同市场在发展动态和需求变化方面都存在差异，就需要对其采取类似但差异化的平行策略。我们的机会是拥有不同的备选方案，它们之间相互补充或替代。例如，在线零售和实体店互为补充，通常都必不可少。意外事件和市场波动可能会使一种模式在某种市场状况下，比另一种模式表现更优异。多样化的解决方案保障了公司的灵活度，使之在任何一种情况下都可制胜。随着时间推移，公司将推出新的业务解决方案，以满足新出现的需求和情形，但也会保留现有产品。现有产品最终或许会被收割掉，也可能不会。平行模式虽然赋予了企业灵活度，却无法最大限度地提高效率。通过维持替代性的、具有潜在竞争力的产品或供应链，企业在经营环境中适应动态条件的能力得到提升。这导致业务部门在某种程度上相互竞争，因为它们要争夺相似的客户。以下是一些案例。

随着备用解决方案、产品系列、采购方案不断演化发展，随之而来的挑战便是，如何管理其间蕴含的复杂性。如果不加以关注，多种选择和替代方案的复杂性将大幅降低效率，消耗生产力，扼杀公司业绩。因此，关键秘诀就是要"有选择地"复制——精致地模仿，在可选性增多带来的好处与模仿复制所承担的系统成本及后果之间做权衡。一个简单的原则是，在面对每一个新引入的市场复制时，都要坚持在一个同等或更大的步骤上做简化，去除成本、提高速度、减少停工时间等，即降低复杂性，从而寻求平衡。

案例研究

某国际聚丙烯编织纤维制造商

聚丙烯纤维和织物行业的这家企业颇感自豪，因为他们的工程质量较高，还可根据每个客户对性能的要求进行个性化生产。得益于这样的表现，几年来，其产品种类如雨后春笋般激增，相应地，这家企业总是承诺客户，只要再下回头单，都会倾力满足需求。这家企业交付给客户的产品，质量堪配业界的高溢价，且其工厂规模为全球一流，但它几乎没有盈利。我帮这家企业详细审查了它为每个客户提供不同服务或产品时的全部成本（采用基

> 于活动的成本核算法）。罗列出现有成本细节后，他们和客户逐个进行了沟通，并向客户提供一些更高价格的订单选项。客户明白，价格上涨是因为现有产品线和订购模式的成本升高。或者，他们会为客户提供符合其新型核心产品范围的替代产品选择。大多数客户选择切换，因为他们将享受到较低的价格和更短的订单交付周期。这家企业重新配置了业务资源，设立了专门定制店，并安排主要生产团队负责核心产品。由此，企业整体效率获得飞跃式提升，产量也相应增加，不仅大幅扩张了市场份额，也恢复了健康的盈利模式。

上面的例子虽然并不一定要从第四次工业革命的角度来审视，但对于这家公司完成第四次工业革命变革起到了关键作用。工厂的专项部门为新产品和新工艺提供了新的试验环境。事实证明，这不仅对我的客户有效，对客户的客户也有效，使大家能够协同创造，在快速试验中建立更深层的合作关系。

内部和外部人才

人才管理机制并不属于本书讨论范围。然而，研究的确发现，人才管理受到的关注度和活跃度日益提升，有时也涉及公司首席人力资源官（CHRO）职位的晋升。

在动态程度高的公司中，成功所需的技能经常会受到检视，也就常引起关于人才应该保留在公司内部还是放在外部的热烈探讨。首席人力资源官报告说，内部人才的招聘、开发、保留和管理方式越来越灵活多变，势能满满。人力资源分析让人才和绩效管理发生着重大变革。

多位人事部负责人还评论说，内部人才管理形式的剧烈变化，也影响到公司吸引外部人才的态度和机制。比如，企业更依赖短期和长期的个人承包商，聘请更多形形色色的顾问和临时管理人员，并外包支柱职能和服务。此外，还有人提到"内包"①的方式——与专家签订合同，支持企业内部创新等举措。

适应能力强的公司已经接受了这样一种观念：优秀人才可能会在公司内轮岗，随后在外部做事——然后可能又会回来，这取决于公司和人才在特定时刻的价值排序。当重要的人才游离于公司正式架构之外，或是被聘为承包商、顾问或指导教师时，企业需要付出刻意的努力与他们保持联系。动态能力较高的公司会与关键性人才建立合作关系，而非剥削人才，在认识到人才任期不确定的同时，促进人才实现自我发展，给予他们更多福利。

领导力特质：再配置与再定位

简化：降低复杂性

随着公司发展和适应能力的提高（如创建更多选择、精致地模仿），便会形成复杂性增加的风险。复杂性（包括组织、运营或产品线）会减慢业务发展速度，降低绩效。因此，管理者必须积极寻求简化，在追求更强适应性的同时减少复杂性。例如，随着职位简化，产品种类或服务范围可能会缩减。由于经验会随着既定流程累积，管理层级也可能减少。在探索新选择时，团队有能力用结果来证明可行性，而不再需要获得试验许可。若要将降低复杂性的责任深入推进组织内部，可以通过减少可用资源，从而迫使人们选择保留、合并或放弃什么。若想进一步了解这个主题，可以阅读西蒙·柯林森（Simon Collinson）和杰伊·梅尔文（Jay Melvin）的《从复杂到简单》[27]一书。

说服力和影响力

动态组织中的个人需要与他人积极合作来实现变革，合作经常会跨

---

① "内包"是外包的一种应变措施，是指将外包功能完全交给企业内部的另一部门来执行。选择"内包"的主要考虑因素是沟通成本和核心技术。

第 2 部分　构建动态能力：在第四次工业革命时代蓬勃发展

越边界，有时在流动小组之间进行。在这样的合作中，职位权力或专业知识往往靠不上，必须以娴熟的说服力和影响力来达成目标。当我们在评估形势和做决策的时候使用"快速启发法"，领导力会更加行之有效。罗伯特·夏尔迪尼（Robert Cialdini）在《影响力》[28]一书中探讨了六种这样的启发方式。他认为，通过利用稀缺性、权威性、承诺制、社会证明、相互吸引等法则，可以显著增强影响力。制定规则体系是另一种可以增强影响力的方法。在结局不确定的情况下，人们对备选方案的选择伴随风险，也受到方案提出方式（即规则体系）的影响。一般来说，人们极力避免潜在损失，而低估潜在好处。因此，如果一个方案从避免损失的角度出发设计，那么它被接受的可能性就更大。这一观点被称为展望理论[29]，由丹尼尔·卡尼曼（Daniel Kahneman）和阿莫斯·特沃斯基（Amos Tversky）创立于 1979 年，1992 年后得到发展。

全球视野

　　全球化的视野和心态有助于形成高效的合作关系，与各地团队达成清晰明确的沟通，并吸收来自全世界的信息和见解，弥合文化差异。想要理解并能恰当应对全球各地的环境，是相当不易且微妙的一件事，这时候全球化心态尤为重要，不但有助于理解大环境，还能够协助你做出适当反应。全球化思维使公司在运营和战略层面做出更明智的决策，例如，及时捕捉稍纵即逝的机遇并加以利用，在全球化标准和本地条件之间做出更好的权衡，有助于对全球供应链和外包支持进行重新配置和管理，将知识跨国界传递、融合并应用。对于正经历第四次工业革命的公司，全球化思维尤为重要，因为这些公司亟须拥抱世界各地的观点和见解，做出有洞见力的选择，乃至精准行动。每个人养成全球化心态的方式各有不同，但最重要的就是一手经验，特别是当面对复杂挑战时。在这种情况下，成功的获得需要管理者对细微差异和当地细节情况心中有数，并与当地员工（及外部各方）密切协作。这些挑战不仅会让高管们接触到不同的文化、社会和政治背景，也会让他们了解或多变或稳定

071

的、形态各异的市场。

心态：适应性

为了提高公司再配置与再定位的能力，高管们需要意识到，绩效的优化不仅需要坚持清晰明确的战略抉择，还须保持适应未来发展的能力。一方面，将已确定的核心战略发挥出最大效能；另一方面，也要拥抱低成本（或无成本）的其他选项。当对最先进市场的现状有过密切观察和体验后，便能决定是要调整，还是适应。

尾　注

1　A similar set of comments is reported in the *Diginomica* article 'Unilever teams up with Microsoft to deliver AI-assisted decision making to users' by Derek du Preez, 24 May 2018.

2　Jack Ma speaking at the Gateway 2017 conference, https://www.inc.com/kaitlyn-wang/jack-ma-alibaba-tips-for-success.html (archived at https://perma.cc/TSN3-N33U)

3　Tabaka, M (2019)Amazon's 4 Keys to Success, According to Jeff Bezos, Inc, https://www.inc.com/marla-tabaka/jeff-bezos-says-these-4-principles-are-key-to-amazons-success-they-can-work-for-you-too.html (archived at https://perma.cc/UJX5-KPQZ).

4　Du Preez, D (2018)Unilever teams up with Microsoft to deliver AI-assisted decision making to users, *Diginomica*, 24 May.

5　南华早报 (nd) 施耐德电气选择全球管理架构, https://www.scmp.com/business/companies/article/1070667/schneider-electric-opts-global-management-structure (archived at https://perma.cc/U5F4-ZN7B).

6　Taylor, F W (1911)*The Principles of Scientific Management*, Harper and Brothers.

7　Prahalad, C K and Doz, Y L (1987)*The Multinational Mission: Balancing local demands and global vision*, Free Press.

8　Fang, L (2014)Where have all the lobbyists gone? *The Nation*, March.

9　Drutman, L (2015)How corporate lobbyists conquered American democracy, *The Atlantic*, April.

10　Fang, L (2014)Where have all the lobbyists gone? *The Nation*, March.

11 Smith, C (2018)Betamax vs VHS and three more hard-fought high-tech format wars, BT, https://home.bt.com/tech-gadgets/tech-features/betamax-vs-vhs-and-three-more-hard-fought-high-tech-format-wars-11363979948999 (archived at https://perma.cc/FJ3F-RUUL).
12 https://www.aggateway.org/ (archived at https://perma.cc/F27Q-K2E5).
13 Ehlers, M (2017)New technology will merge farm-management data, *Thrive*, https://www.syngenta-us.com/thrive/research/farm-management-data.html (archived at https://perma.cc/KK4R-UJK5).
14 https://www.giminstitute.org/ (archived at https://perma.cc/3BSM-CEA2).
15 https://www.blueoceanstrategy.com/what-is-blue-ocean-strategy/ (archived at https://perma.cc/ML9J-X86P).
16 Tully, S (2012) How Dave Cote got Honeywell's groove back, *Fortune*, May
17 Ibid.
18 Ibid.
19 Morton, A (2016) The Coca-Cola Co moves into coffee bean market in Brazil, Just-Drinks, https://www.just-drinks.com/news/the-coca-cola-co-moves-into-coffee-bean-market-in-brazil_id120802.aspx (archived at https://perma.cc/KW4U-JQ6V).
20 Laursen, L (2018) Here's why Coca-Cola is buying Costa Coffee for $5.1 billion, *Fortune*, August.
21 https://www.applegazette.com/steve-jobs/steve-jobs-quotes-the-ultimate-collection/17/ (archived at https://perma.cc/BWT9-8VBG).
22 https://www.investopedia.com/terms/r/realoption.asp (archived at https://perma.cc/2E3D-U2KL).
23 https://www.investopedia.com/terms/r/realoption.asp (archived at https://perma.cc/2E3D-U2KL).
24 Elberse, A (2013) Ferguson's Formula, *Harvard Business Review*, October.
25 Kent, A, Lancefield, D and Reilly, K (2018) The four building blocks of transformation, *Strategy + Business*, Winter.
26 McKinsey (2010) McKinsey conversations with global leaders: Jim Owens of Caterpillar, November.
27 Collinson, S and Melvin, J (2012) *From Complexity to Simplicity: Unleash your organization's potential*, Palgrave Macmillan.
28 Cialdini, R (2008) Influence: *Science and practice*, 5th edition, Pearson.
29 Kahneman, D and Tversky, A (1979) *Prospect Theory: An analysis of decision under risk*, Econometrica.

第 3 部分

有勇有谋地增长：目标导向

想要在目标明确的愿景下，大胆进取，冒险实现增长，就需要设定一个有意义且有激励性的目标；要培养一支能够灵活思考和行动的管理层团队，设法走出进退维谷的困局，兼得看似矛盾的目标。所建立的期望也好，所设定的机制也好，都要能促进持续的进化和变革。

第 3 部分着重探讨以下内容：追求高速率的增长需要具备哪三个因素；在实现对多数人都有意义、有激励作用的目标时，如何在为众人提供支持的同时实现快速扩张；克服随着市场和竞争环境的演变而层出不穷的挑战；无论是在组织内部，还是在生态系统不断演化的关系网络中，都需要无间断地调整和适应。以下三个必需要素体现在领导团队的态度和行为上（图Ⅲ.1）。

1. 目标导向

通过追求有意义的目标，不断强化大胆的期望，来树立一种前瞻性的战略姿态。要关注发展潜力，而不仅仅是概率。

2. 左右开弓，兼容并举

管理者需要既能独立思考，又有集体思维，以灵活的行动克服、解决或化解进程中所包含的困境；对于当下的假设、限制与行动，要保持科学的质疑态度，发动团队的力量，一同去探索、检验，主动挑战，从而找到新的前进道路；左右开弓，采用"一山容二虎"的思维方式。

3. 持续进化

建立组织可持续发展的信念和机制；采用新技术，调整流程和结构，完善业务范围，调节方向，将绩效水平提升至新高度。

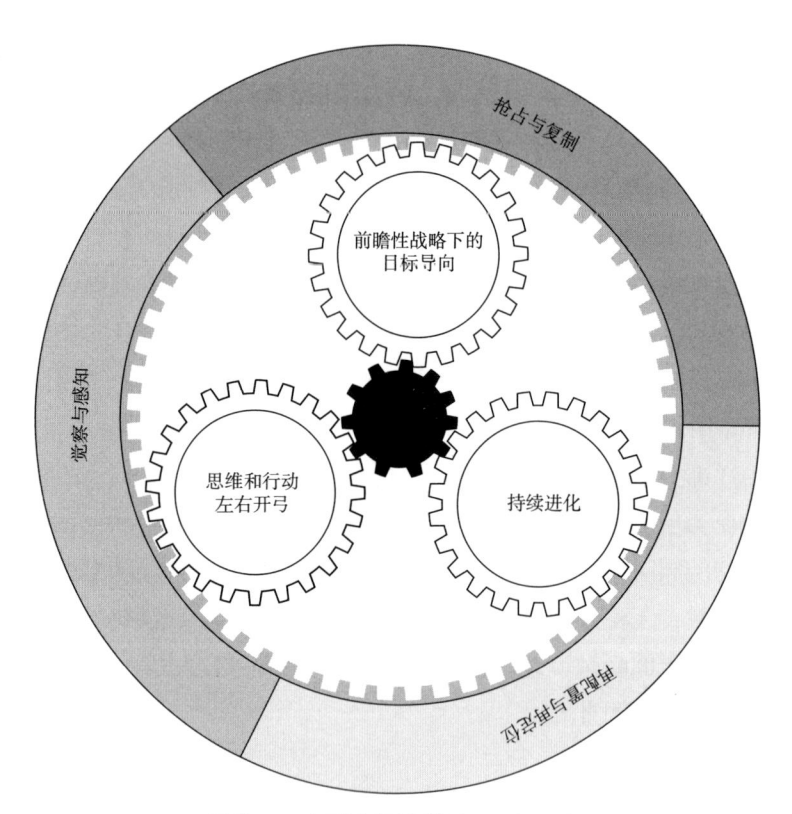

图Ⅲ.1 有勇有谋地增长：目标导向

第 5 章　目标导向，前瞻战略

摘要

第四次工业革命正在进行。是否及如何采取行动或做出反应是每个领导团队必须自己决定的事情。无论他们认为自己是"羚羊"还是"狮子"（见本书前言），无论他们是怀有塑造未来的雄心壮志还是仅仅维持生存，这都是在战略层面要回答的问题。如果一家公司向未来前倾，凡事预先打算（采用主动迎接第四次工业革命时代变化的战略，并采用第四次工业革命时代的管理机制和领导方式），那么它就会在同行中脱颖而出。做到这一点的公司，其竞争优势和相对股价变动（五年期间）这两方面都优于同行。

到底哪些管理机制才能驱使领导团队采取向未来前倾的战略姿态呢？

1. 目标导向

如果一个组织以对社会产生积极影响的价值导向为荣，并真诚付出，便会吸引、留住顶尖人才，激发他们全情投入。他们会比同时代的其他组织更安稳地渡过难关，也会在信托指数上有更好的表现，会吸引专注于道德投资的投资者们。价值导向并不能取代对利润的追求，要想"助人"，须先"自助"。

2. 关注可能性而非概率

在技术的引领下，商业发展不断加快，环境动态度越来越高，未来也更加难以捉摸。随着"泡沫危机"和"黑天鹅事件"的出现，突如其来的中断渐渐被人们习以为常。应对内在不确定性的解药便是前瞻性。许多有远见的人物，例如林肯、彼得·德鲁克和诺贝尔奖得主丹尼斯·加博尔（Dennis Gabor）都对这句格言身体力行："预测未来的最好方法就是创造未来。"

3. 采用适应性战略规划

虽然周围环境瞬息万变，但依然要做出战略规划及选择，并在这些选择的基础上进行投资，部署资源，从而做出有竞争力的制胜举措。然而，如果不能充分认识到内在的不确定性和模糊性，就无法进行战略分析和抉择。领导者需要在正式的（如定期的）和非正式的（如偶发性的）计划步骤之间，在展望未来但不拘泥于预测机制方面，做出权衡。

目标导向[①]

在未来 25 年里，那些没有转为目标导向型的各类组织将退出社会舞台。我知道这种言论具有挑衅意味，但我相信，事实终将如此。

在第四次工业革命时代，投资者、员工、消费者和其他利益相关者对公司在社会中承担的角色和发挥的作用抱有"日新月异"的期望。那么当企业面对这一现状，就需要看到，自身存在的价值是为了社会整体的利益，而不仅仅是为了股东、客户和员工。

目标导向意味着什么？

亚里士多德对"目标"下过一个很好的定义。简言之，目标聚焦于外物和社会意义，而非我们自身。它关心的是整个社会，而不仅仅是利益直接相关的个体（股东、员工和客户）。正如亚里士多德所说："你的才能在哪里，世界的需要在哪里，那么你的使命就在哪里。"

当我们厘清目标的含义是什么的同时，也同样要明确目标不是什么。目标不是一个短期的倡议或提案（如"服务日"），也不是靠一个人

[①] 本节还有一位共同作者，桥梁研究所（http://www.bridge-institute.org/mac-mckenzie/）的西蒙·麦肯齐（Simon McKenzie）。——作者注

或一个部门就能达成的，它需要嵌入整个组织；它不会妄想利用一种新科技就能解决所有问题；它不会危及你公司的财务健康。

一个清晰而有意义的目标（事关组织为何而存在）是这个团队进一步塑造愿景、战略和目标（组织所做的事情）的基础。明确组织的价值观（如何行事）也很重要（图 5.1）。简而言之，你的目标就是你的北极星，你的价值观就是你行走的土地。

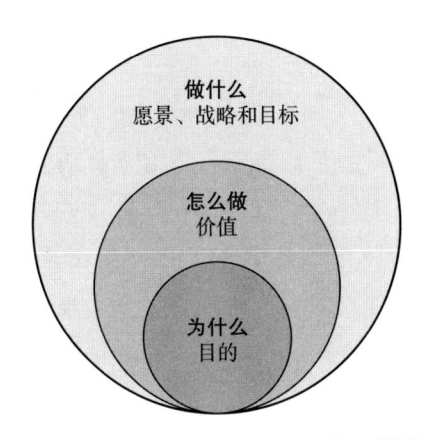

图 5.1　目标导向：为什么、怎么做和做什么

无论你已经形成目标导向，抑或它正在形成的路上，它带给你的好处都是深远的。其中一点是，目标驱动型公司的财务表现要好得多。根据《自觉资本主义》[1]一书的作者拉吉·西索迪亚（Raj Sisodia）的说法，过去 15 年，美国目标驱动型企业的总回报率为 1681%，其标准普尔 500 指数为 118%。

目标亦能激发创新，同时可消解短期主义的影响。桥梁研究所的西蒙·麦肯齐讲道：

[目标]是最大的动力（甚至比报酬更加重要）；它吸引并留住

了最优秀的人才，提升了品牌形象，增强了幸福感，让女性更有力量。平均而言，女性更倾向于目标导向型组织，因此更有可能加入此类组织。[2]

简言之，以目标为导向的组织能够在多种不同衡量标准上，超越那些缺乏目标的组织。

案例研究

美国西南航空公司

美国西南航空公司的创始人赫伯·凯莱赫（Herb Kelleher）建立这家航空公司的目的是让人们有飞行的自由。围绕着创造友好、可靠、低成本的航空旅行这一目标，该公司已然成就了了不起的业务。至 2018 年，公司连续 45 年实现盈利。

不只是美国西南航空公司取得了令人难以置信的好业绩（表 5.1），凯莱赫最初的行动也激发了一场目标导向的行业运动。这场运动势必引领那些有远见卓识的公司改变对待员工、利益相关者、客户、供应商以及不同社区和国家的方式。

表 5.1　美国西南航空公司股票价格与道琼斯工业指数的比较

项目	1999 年 12 月数额 / 美元	2019 年 12 月数额 / 美元	增长率 /%	年复合平均值 /%
美国西南航空公司股票价格	10.7	54.6	510	8.5
道琼斯工业指数	1421	3221	227	4.1

找到目标并牢牢嵌入

组织要找到自己的目标,就需要找到以下三个问题的重叠点:

a)人才和优势:公司的潜力在哪里?

b)激情:是什么激励着组织的核心灵魂人物?他们最关心的是什么?

c)社会需求:哪些问题是社会需要且公司有能力解决的?组织内部人员追求对世界产生什么样的影响?

鉴于认可和参与是至关重要的,所以需要从组织高层开启这一发现探索的过程,在领导小组和关键利益相关者之间进行结构化讨论。在组织做出一系列选择并提炼出目标本质之前,这个过程需要集体参与,兼容并包。随后需要了解组织自身能够为世界做些什么。这涉及对整个行业生态系统的研究,包括适当接触非政府组织、政府、民间社会行动者、顾客和供应链伙伴(图5.2)。

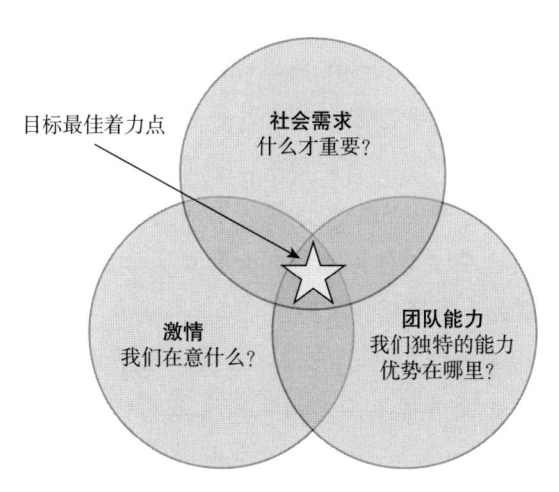

图5.2 目标的最佳着力点

这些过程所产生的信息将综合形成潜在的使命和目标描述。这些使命和目标描述需要在全球范围内进行测试，以确保描述所包含的语汇和含义表述在全球传播时不会引起误解。所有这些基础工作都是必不可少的，组织随后需要对这些基础工作进行归纳和支持。

一旦组织发现了自我，下一步就是目标激活。

激活目标

在激活目标时，必须遵守如下一些关键原则：

如要真正启动和嵌入一个新定义的目标，这个目标必须首先是可以驱动增长和盈利的，也可以促进组织的长期可持续性发展。能够以新目标为视角来评估业务的各方面，是一条重要原则，因为目标理应为所有关键战略和运营决策提供支持。

> **案例研究**
>
> **卫宝品牌**
>
> 据统计，全球已有600万名儿童在5岁前死亡，其中许多儿童死于本可预防的感染。用肥皂洗手，尤其是上完厕所后，可以减少至少40%的腹泻和30%的呼吸道感染。卫宝品牌"帮助5岁前儿童成长"的洗手习惯养成计划于2013年启动，旨在降低儿童死亡率。该计划产生了重大影响，据母亲们的反馈统计，儿童腹泻发病率从36%降至5%，还有26%的儿童养成了在饭前洗手的习惯。该计划已在印度等国家推广。简单的低成本干预措施已被证明可将儿童死亡率降低44%。
>
> 从这个案例我们可以看出，只要找到了目标的最佳着力点，就可以激发企业的优势（如销售肥皂）、企业的激情（如提倡洗手），并解决社会难题（如降低全世界儿童的死亡率）。

构建一个故事来激励员工和其他利益相关者是这段旅程中不可或缺的一部分，但故事需要依据上述指引来完成和实现，否则目标将变成一件可有可无的事——虽然你也很难找到反驳它的理由，但它不会对日常业务产生任何界定或动力。同样重要的是，如果只打出目标的旗号而不采取与之相符的明确行动，便可能会在业务发展中产生信誉问题。越来越多的证据表明，光打雷不下雨，实际上弊大于利。

领导层的倡导力是十分关键的一环，特别是来自行政领导层和首席执行官的倡导和支持。每一位员工都需要知道，目标为何会成为企业长期商业成功的核心要素。这是一个教育和激励的过程，不仅仅是大家坐在一起交流和推广品牌，而是要将目标和组织内部的多个层次维系起来。最终，在目标和一线团队成员之间，要形成一条清晰的视线——这个目标对我所在的职位意味着什么？为了实现这个目标，我能够做些什么？

对雇主而言，提高组织的吸引力和声誉无疑也是重要的好处。在整个组织的决策过程中，这些应该是最优先被考虑的因素。

案例研究

CVS 药店[3]

2014 年 9 月，CVS 保健公司成为第一家在所有门店停止销售烟草产品的全国零售连锁药店。因为它追求的愿景是帮助人们获得更好的健康状况，售卖香烟无疑与这一目标相冲突。

尽管这一决定造成了 20 亿美元的年销售额损失，但由于企业量身打造了创新型业务，例如扩展药房福利管理部门及提供医疗服务业务，这家药店巨头的总销售额在随后几年实现了增长。这表明目标的力量有助于构建创新型企业。

这家企业从一开始就证明了激活目标的重要性，并把这一目标嵌入每一个决定，以极大的勇气去推动目标落地。[4]

强劲的动力和推行变革运动的意识是成功的关键要素。对于被激活的目标，如果能在初期就拿出重要的、清晰的实例来佐证，便十分有利于建立良好的信誉。而信誉是最有力的平台，在这平台上，组织可以构思自己的故事，凝聚、吸引更多成员一同参与。

形成目标导向的关键步骤

想要激活新的目标，需要做到如下三件事。

1. 建立一个管理团队

管理团队的职能是什么？他们可以负责激活目标，确保整个组织集中精力，保持目标一致。他们负责公司层面的议题（比如，董事会和执行领导团队根据目标、报告、公司政策等因素做出决策）。管理团队还将决定用什么指标衡量目标的达成。一个强大的管理团队需要掌握适当的权力、信誉和专业知识，才能做出明智的决策。管理团队应带动重要职能部门和业务部门中的每个成员，让他们在世界各地都对激活目标负有践行的责任。因此，确定合适的管理团队成员是需要考量的第一步。

案例研究

8个岛屿

尼柯伊岛[5]和小木菠萝岛[6]这两个私人岛屿隶属一个群岛。那个群岛有8个岛屿，致力于在全球旅游业的版图中达到可持续发展的最高标准。

群岛的管理者设定了一个令人向往的目标和愿景，足以在企业运作层面成为世界的灯塔，那便是让地球村变得更加美好，还要雇佣最弱势的群体，从深层改变他们的生活，为他们提供经济机会。

他们在每一件工作中不断激活自己的目标——无论是将作物种植可持续化，还是发展员工。群岛与非政府组织合作，最大限度发挥在当地的积极影响。他们制定的成功标准围绕文化、环保、社区和商业展开。

> 这个故事表明，目标无论是对小型组织，还是对全球性跨国公司而言，都同样重要。

2. 激活业务和职能中的目标

每项业务领域的目标若想得到激活，都需要经历同样的过程。以下是每个领导团队需要预先履行的六件事：

a）识别重大机遇——新目标会带来哪些可能性？我们可以扩大哪些现有的业务活动？

b）流程、目标、文化和绩效的一致性——这些要素如何相互匹配与吻合？激活目标对未来战略和组织文化意味着什么？

c）确定成功的标准——做到什么状态才算成功？怎么知道我们成功了？

d）转变心态——如果要成功，心态上需要什么样的转变？

e）有目标性地建立伙伴关系——需要培养什么样的企业和社会伙伴，才能实现我们的目标？

f）确定所需要的速胜模式，并加以庆祝——什么样的速胜模式可以产生动力，建立信誉？如果要在组织当中施行两三个实验，什么样的实验值得做？这样的实验相对我们的目标来说，是一个速成模型，且风险较低。

授权给组织内的一些团队，让他们将较大的目标机遇付诸实践并发扬光大。这就促使相当一部分领导和员工能够参与其中，并深受鼓舞。这也有助于深化高管层的目标导向，培养远见卓识的领导力和系统思维。

3. 向整个组织推送目标意识

由此，我们可以与整个组织保持互联互通，激励成员参与，如制作短片、分享新目标、围绕目标讲述令人沉浸的故事，让所有员工了解情况并参与其中。每一件事都会即刻让每一位领导者和员工感受到他们自身与此事的相关性，并在短期内采取行动，在他们的岗位环节上为目标添砖加瓦。

把这些关键步骤都严格履行好是十分重要的。同样重要的是，在行动的过程中，要实事求是。近期研究表明，一味推崇"包装目标"的公司实际上得不偿失。例如，公司若是针对一项社会问题开展广告活动，而没有在组织内部自上而下地推动目标实施，员工将清楚地看到所推崇的价值观与现实行为之间的脱节，加之明显的诚信缺失，他们随后要么越发游离于工作，要么终究离开。

案例研究

可口可乐

可口可乐的历史可以追溯到1886年，其卓越的市场营销在全球享负盛名，这赋予了他们信心及卓越的运营能力，带动了强劲的增长和盈利。到1998年，公司的市盈率达到了近60倍的峰值[7]，股票交易价格超过每股42美元。然而，市场在多年来从未停止过改变，到1999年，高糖碳酸软饮料转向健康替代饮料的行业运动正如火如荼地进行。可口可乐公司最初难以适应市场的变化，动态能力水平不足。

1999年，可口可乐公司继续依靠卓越的营销能力和对核心产品系列的关注，创造了新的销量纪录（165亿箱），收入较1998年增长5%，达到198亿美元。不过，报告也显示，其净盈利下降了31%。

为可口可乐公司奋战30年的老兵、时任董事长兼首席执行官道格·达夫特（Doug Daft）在1999年的年报开篇写道：

在世界范围内，可口可乐公司以其历史成了一个伟大的品牌，承载着庞大的消费热情和创新。更重要的是，可口可乐的发展史向今天的我们揭示了这家企业的几个核心属性，即保持"恰当的留心、恰当的培养和恰当的应用"。这些属性对于21世纪的我们也同样重要。[8]

到2000年3月，可口可乐公司的股票价格降到每股22美元。接下来的10年中，可口可乐公司不得不重塑自身，清醒认知市场环境的变化，做出新的尝试。2007年，其业绩明显回升，当年年底，股价终于突破每股30美元，但到2009年2月，再次暴跌到每股20美元出头（图5.3）。虽然这场崩溃不免有市场整体情绪的影响，但人们仍然怀疑可口可乐公司能否在长期业绩上发生根本性扭转。不过，这也引出可口可乐一个重生的时代，说明企业需要优先考虑长期事业，从而做出审慎选择，建立与时俱进的使命感。于是，2010年，可口可乐公司提出了2020年目标愿景，"今天的我们必须为明天做好准备"。

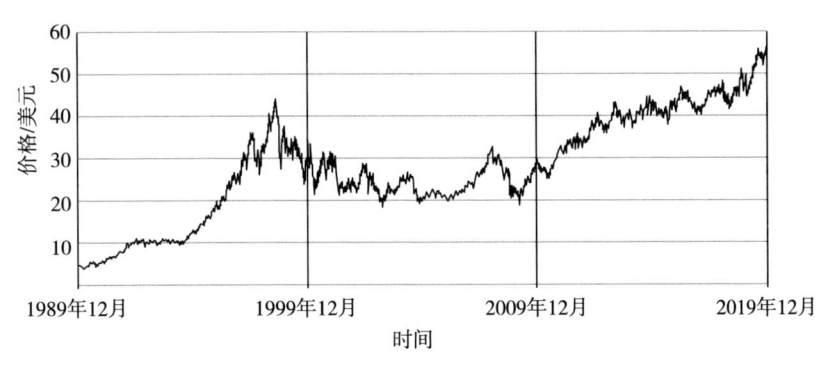

图5.3 1989—2019年可口可乐公司的股票价格

我们的使命

所有的路线都以使命为出发点，将使命在路线中延续。它体现了我们作为一家企业的宗旨，也是衡量我们行动和决定的标准。

- 刷新世界……
- 激发乐观和快乐的时刻……
- 创造价值并有所作为[9]

可口可乐公司为品牌的重生规划了一系列社会倡议：

·"5 by 20"计划：到2020年，为全球公司价值链中的500万名女性实现经济赋能；让可口可乐成为第一家对大自然用水进行100%"水回馈"的财富500强公司。

·2013年，公司增设了"行动框架"，通过与供应商、瓶装商和其他利益相关者合作，化解农业供应链中的劳工权益风险（童工、强迫劳动、土地所有权）。目标是到2020年时，在28个国家完成倡议。

·2018年，可口可乐公司宣布启动一项新举措：最迟至2030年，将使用掉的包装100%回收。[10]可口可乐公司总裁兼首席执行官詹姆斯·昆西（James Quincey）表示："对包装的回收是全世界的共同课题——我们和所有公司一样，有责任面对这一课题。"通过构筑"没有浪费的世界"这一愿景，我们正在对所生活的星球和我们产品的包装进行投资，让这个课题成为过去时。[11]

自重生以来，可口可乐公司为股东创造了巨大的价值（图5.4），并在符合公司宗旨的社会问题上发挥了积极影响（说明：2012年股票实行分割）。从1999年公司业绩和股价暴跌，到拥抱新愿景、新思维和新经营方式，可口可乐公司花费了10年光阴。如今，他们已踏上了新一轮的10年轨道，问题是能否再开采一个

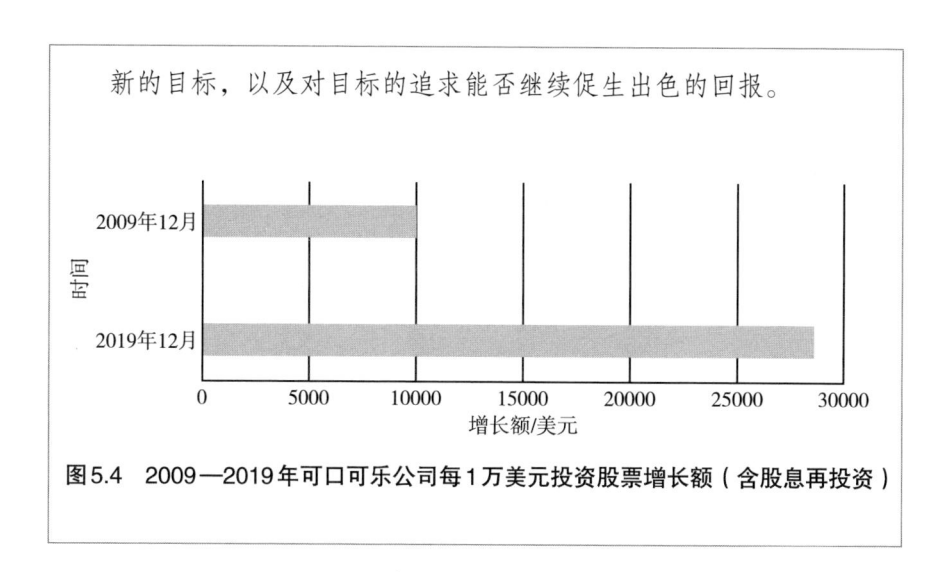

新的目标,以及对目标的追求能否继续促生出色的回报。

图5.4 2009—2019年可口可乐公司每1万美元投资股票增长额(含股息再投资)

关注可能性而非概率

当公司的领导团队充满动力去大胆追求鼓舞人心的使命时,便会以前瞻性的策略积极融入发展中的未知。他们坚信,自己已经锁定了一套可以达到成功的战略。

无论是什么样的公司,当高管们在步步为营拔高业绩的时候,都需要企业相应具备一定的前进动能。有些人之所以能具备更高水平的动态能力,特别之处在于,他们对现状不满,渴望能够"青史留名"(Put a ding in the universe,源于史蒂夫·乔布斯对"苹果"使命的描述)。

管理团队为公司设定的动态程度,实际上机能性地体现了一家公司所处的市场空间(有些行业发展迅速,如云服务行业;而有些行业则更加稳健,如铁路运输业)和战略姿态(例如成为行业的"探路者"或是"追随者")。

以下这些公司便是找准了战略姿态的典范:

- 总部位于印度的全球电信公司塔塔通信公司正处在一个"富有活

力"的行业。它采取了一种前瞻性的战略姿态。
- 相反，总部位于德国的全球稀有金属运营商和供应商贺利氏公司的业务相对"稳定"，并未将自己的战略定位为前瞻性的。
- 另一方面，总部位于美国的可口可乐公司所属行业虽然在发生清晰的变革，但变化又是相对"稳定"的。不过，可口可乐公司仍然采取了前瞻性的战略姿态。

> 行业或市场并不能决定战略姿态——这是企业领导层的事。

数据显示，前瞻性的姿态是企业建立动态能力的重要依据，也是超越竞争对手的关键所在。提高公司的动态能力，依赖于对本书第 2 部分讨论的三种元能力进行培养和投资。只有当领导层对未来保持前瞻，才会有动力去践行这些能力。

设定大胆和激励性目标的公司往往具备前瞻性姿态，也能发展出更高水平的动态能力。执行官致力于使命必达，目标会对他们产生驱动力和吸引力。与公司使命相关的目标自然对未来具有倾向性，引领高管和工作人员奋力实现具有社会价值的目标，而不是仅仅满足于阶段性的业务成果改善。

在为组织制定有意义的社会目标时，要把团结的重点放在目标上，而不是每个人的思想上。领导层完全可以在组织内培养起百花齐放的技能和观点，以便在追求统一目标的旅途中，将多彩的想法和思维方式结合起来。赛诺菲巴斯德公司的质量创新主管席琳·席林格（Céline Schillinger）也有共鸣：

> 当我们基于目标发起运动，组织中任何环节的成员都在齐心协力地创造变革，并为此感到自豪。你会看到公司内部涌现出令人惊

叹的天生领导者，他们把同事也带动了起来。这样程度的投入和精力是前所未有的。对于公司文化和业绩而言，这无疑是一笔极好的人力资源。[12]

但仅有目标感或使命感是不够的。组织必须采取行动——向前看，面对未来，承担风险，脚踏实地，付诸实践。正是这些行动和成就构成了公司源源不断的活力源泉与前瞻性战略姿态。

对调查数据的分析表明，目标感的强度与动态能力水平之间存在显著相关性。正如一位农业领域的企业高管所言：

>   几年前（高管团队）开始摸索定义一个合适的目标，这个目标一旦确立，将成为我们这个组织的使命，也将更加团结和激励团队的成员。这件事花费了大约 18 个月的时间。不过后来，我们还是决定集中精力应对迫在眉睫的全球挑战：粮食短缺问题。因为在这个世界上现有耕作方式所依赖的土地和水资源，根本无法为预计增长的人口生产出足够的粮食。如今，这个问题对我们的业务而言是重要的、有意义的、息息相关的。这一目标不仅鼓舞人心，也能引导大家更加努力地履行当下所有的任务。当然，如果能成功解决这个问题，就能推动公司向前发展，为股东创造更大的价值。

组织的目标，使管理者们在面对纷繁多样的市场环境和条件时，仍能保持行动一致。正如一家酒类公司的高管所说：

>   从表面来看，全球化战略注定要失败，因为在尼日利亚的（管理）工具在纽约自然起不到作用。但如果不同地域都围绕一个共同的目标，那就不同了，我们可以在各个市场中分别取胜，只要协调

一致——保持灵活！

有些组织的目标源于公司的起源以及创始人的价值观。对另一些组织来说，制定目标是近来才被采取的一种方式。之所以采取这种方式，部分原因是，在市场发生根本性变革时，人们发现以短期财务业绩为导向的方式存在弱点。

透视不明确的未来

随着商业发展速度的加快，人们对动态不稳定的业务环境日益泰然处之。此时，高管们在状况未明时仍能进行良好管理的能力就变得更加重要。模糊和不确定的环境并不适合"科学管理"原则，反而与这个原则所针对的条件是完全相悖的。那么，在未来不明确、环境模糊不定的情况下，领导人如何能够果断做出明确的战略选择呢？

要回答这个问题，关键的一点是，那些动态能力高的企业，在高度模糊和不确定性的环境中，非常重视"觉察与感知"这一核心能力。高管们通常会考虑其他情形与备选方案。

情景规划

情景规划是战略规划的一种工具，它的出发点是这样一个共识：未来未知，但我们必须做出正确的战略抉择。重要的是，情景规划关注预测的可能性，而并非概率。事实证明，情景规划是一个非常稳健的过程，因为它不是单一线性的，人们会就各解决方案的优点进行讨论。所以，情景规划不是由"战略团队"单独进行的。相反，它是一个互动的研讨过程，直接对接执行团队。基于这些原因，情景规划对那些善于对不确定的未来保持前瞻的公司尤为有价值。

许多传统的战略规划方法都是"线性"的——由对问题或目标的陈述，导出解决方案，并制订行动计划。整个过程分为若干步骤进行，我们试图用数学方程来解决问题——收集数据，进行分析，映射关系，从先行经验中提炼出模式，估算概率，比较不同选择下的潜在风险和效益预估，最后提出建议、做出决定。

这种方法的缺点是，由于没有未来相关的数据，我们只能做假设，而我们认知的模式来自过去的经验。这些经验与未来动态可能并不相关。非线性规划和决策过程作为另一种选择，越来越有用。

非线性战略规划过程则有多个阶段，每个阶段都会对备用方案做初始扩展（发散），随后会形成一项选择或非常有限的个别选项（集中），以备未来使用。

- 每一次发散都为未来提供了多种可能性，这就需要进一步思考，把更多个体纳入团队，从他们各自不同的观点中集思广益。这一过程提供了挑战现有主流思维和假设的机会。
- 每当要集中做出选择的时候，就需要针对"为什么"、针对动机，进行辩论和讨论；这一过程使潜在假设更明晰，有助于在不确定的未来验证假设的相关性。

非线性战略规划过程的一个优点是，需要从一个"发散—集中"阶段依次进行到下一个"发散—集中"阶段，每一个阶段的输出（即"集中"过程中所做的选择）是下一个"发散"过程的输入。类似地，在上述"发散"步骤完成之前，不能进行"集中"选择。这可以减少线性规划过程中常常占支配作用的偏见和先入之见（例如关于未来的假设，或之前曾管用的做法）的影响。在线性规划过程中，无论是可能的解决方案，还是注定不可取的选择，或许从一开始就在脑海中徘徊了。

情景规划先发散考虑所有变化趋势和力量，随后再集中选择大家认为最具影响力和最不确定的因素。如果这些被选定的力量以不同方式发挥作用（通常规划过程中会描述四五种潜在的未来可能性），那么这些力量所致的未来可能性也会产生差异。这一过程的关键部分是高管之间随之而来的讨论，他们会就各式各样的未来可能性进行描述。在这些情景中，没有哪一种具备绝对的可能性。没有一种情况会被指定为最佳情形或最有可能的选项，它们都是简单可行的，每一种都代表了公司所面临的某一类竞争环境。

一旦对各种情景的描述充满信心,高管们会聚在一起,依次斟酌每种情景,并确定一套战略计划,让处于这一情景中的公司占据最佳位置。关键是要从针对情景本身的讨论转为关注与情景相关的战略举措。这又属于发散的一步,毕竟跨越多个情景所产生的战略选择,其数量可能相当多。

因此,下一步便是集中和趋同。高管们退后一步,浏览各类情景下的战略选项,选项之间通常会表现出相似之处。某些战略选项可能会出现在三至四类情景中,有些可能只在一两种情景中出现过;有些或许在这种情景下能够发挥积极作用,而在另一情景中,则被视为消极选项。下面两个例子可供思考:

- 对于一家电信运营商来说,如果监管环境没什么变化,加入基础设施建设是极具吸引力的一个选择,但如果面对更大的竞争,他们便不会倾向于进一步扩大建设,而是希望等到下一代 5G 基础设施准备就绪。
- 我的一位客户从事消费品行业,这位客户就是用情景规划的方式来决定是否、何时,以及如何打入缅甸市场的。客户早期曾在制造业和相关基础设施领域实施过大量投资,所以有能力影响行业的发展,还能够获得极佳的土地资源。然而,如果其所在国的政治或社会状况恶化,这种资源便可能变成一种财务负担,或许也会损害公司的声誉。

情景规划过程

随后,就可以将集中起来的一系列战略选择融合到一整套连贯的战略规划当中。具体做法如下,将每项战略选择分配到图 5.5 中步骤 4 所示的其中一类里:

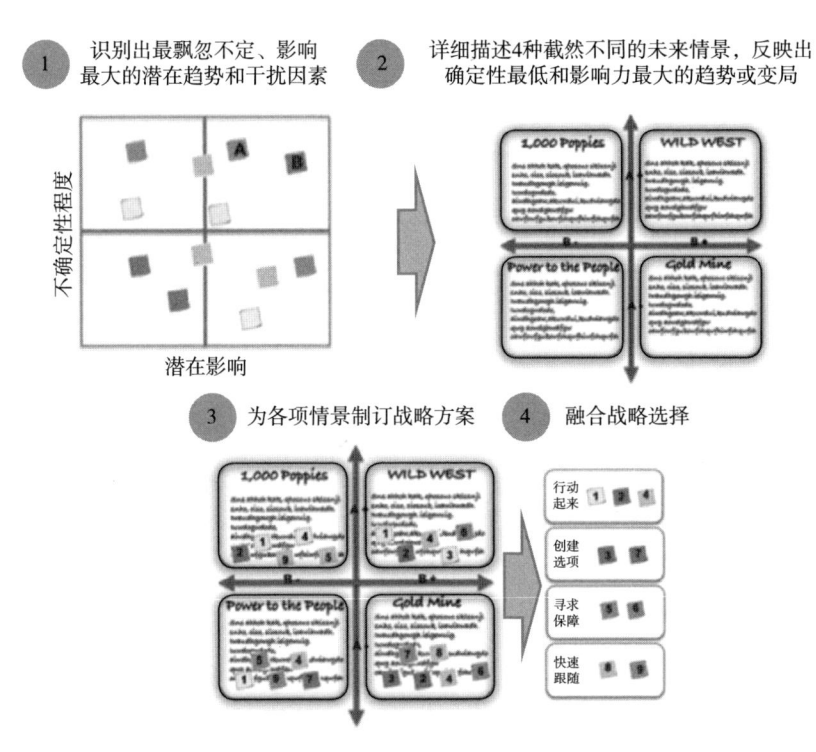

图 5.5 情景规划流程

- 行动起来：这一类是那些在大多数情况下能够以积极方式改变游戏规则的战略选择；或者，这些选择可以给市场带来积极演变，使之更适配己方的"首选"情景。
- 创建一个选项：这里指要尽早做一些主动的尝试，即便所创建的选项只适用于一种情景，也没关系，关键是要及早（在明白未来是否朝着该情景的方向发展之前，就要开展行动）。这个选项是一个低成本的初始动作，如果合适，便可以迅速扩展、放大：
  ○ 那家考虑打入缅甸市场的消费品公司购买了几块土地用于制造业和仓储业活动，但在形势发展更加明朗之前，一直没有在这些土地上建房。这体现了他们对这个国家的关注，也确保了能够得到自己想要但尚未交付的地皮方位。
- 后备保障：这一类选择是为了抵御某种情景下可能出现的竞争弱势，特别是在"行动起来"后被证明是错误的选择，因为实际的未来出现了：
  - 一家传统零售银行将收购三家加密货币初创企业的股份，因此，如果传统银行业受到严重破坏，那这家银行本身也是破坏者的一部分。
- 快速跟随：某些战略选择只有在某种情景实际发生时才用得上。一旦发生，企业便可以迅速采取行动，实施既定计划。为了能够尽快行动，高管们应当留意所跟踪的关键指标，这样才不会措手不及。

情景规划过程对于采取前瞻性战略姿态的公司来说十分重要。因为它们需要在洞察朦胧未来的同时，做出良性战略决策。

适应性战略规划

早在1994年，亨利·明茨伯格（Henry Mintzberg）就注意到许多公司进行战略规划的方式存在重大缺陷。这些缺陷产生于战略规划的过程，以及对未来可以预测的盲目笃信。他精辟地指出，战略规划做得好，便是一门艺术，能够将逻辑推理、数据应用与对假设及不确定性的认知结合起来。好的战略规划不仅能够定义选项，还能帮你做出明确的抉择，部署资源；同时，随着未来发展，也不失适应性与灵活性。只有这样，商业发展速度才开始加快；发展的速度越快，战略规划就越需要对竞争的地点和方式做出明确选择，从而进一步提高适应能力。随着未知的未来更快到来，跌宕的浪潮重塑了市场与企业。至于明茨伯格指出的三个误区，分别是：

a）**形式化**：策略是以周期性的形式化过程来制定的。一旦制定，这个策略就僵化不动，直到下一个计划周期到来。

b）**脱节**：当我们无法预测未来，单凭周期性计划也难以为继，就出现了脱节。因此，应当保持对事态发展做出必要的反应。

c）**预测**：人们总是期望对未来市场、竞争对手行为或销量等做出准确预测，但不可忽略一条常识性认知："有关未来的预测，只有一件事是确定的，那便是，这种预测永远是错误的，除非你能操纵未来。"

形式化误区是许多领导者会陷入的典型困局。在一定的形式框架下，人们可以做到遵守计划中的行为准则。一位建筑采矿设备制造商的高管分享了一则轶事：

一年一度的战略规划会议在中国香港举行，全球总裁也来到这里。我们准备了关于竞争对手市场份额和增长率预测的所有数据，并提出了理由充分、基于事实的分析及对明年的预测。演讲进行到一半时，总裁打断了我们，直言他并不相信我们，说我们不过是在"堆沙袋"，并没有拿出真本事。我们为此辩白，但很明显，他并未听进去。随后，我们的团队尽职尽责地对预测做了调整。几天后，香港之行结束，返回机场的路上，我和他的私人秘书坐在一起，问他为什么怀疑这些市场分析和预测。答案很简单——就在第一天从机场搭便车过来的时候，总裁从豪华轿车往外看，他在脑海里记下了路边多个建筑工地上陈放的所有设备。他的结论是，我们夸大了市场份额，因为他并没有看到我们的设备在工地上有那么高的占有率。第二天回到办公室，我把这件事称为"挡风玻璃调查"。在亚洲，有许多基础设施建设项目，许多项目并不建在主要公路附近，一辆豪华轿车经过时，也无法侧目留意到这些项目。搞明白了这一点，我们的行动计划就变得清晰起来。第二年，我们要求所有客户将要推广的设备放置在道路的视野范围之内，让豪华轿车司机有意绕道，途经项目现场，绕点远路去办公室。毫无疑问，这一年，我们被称赞市场份额获得增长，尽管销售额比预期的还要低一点（这个数字在上一年经历过上调）。

考虑到企业流程需要各环节的响应，领导者容易陷入形式化的误区也就不难理解了。领导者常常觉得他们没有时间、精力或影响力来改变公司政策。一些地区的管理者说，他们希望自己在将来某个时候，能被提升调回总部，等到了那个时候，便会有能力影响变革。而在那之前，他们不愿意挑战企业的现有规制。

也有人指出，在他们所处的国家中，投资组合预测在任何特定时期都会涌现一些"赢家"和"输家"。关键是，他们并不知道孰赢孰输，所以地区层面的数字有望形成一种平衡。正式的预算和规划程序确保了透明度和问责制，这样积极的特性不应被舍弃。然而，随着市场不稳定性的增强，应当多问"还有什么"。这样一来，当某些市场预算计划很快实现时，仍会有更多预期目标有待完成，同时也可以把目标转向那些存有潜在困难的市场。

第二个误区是**脱节**。当管理层没有把精力放在预测未来这项任务上时，就会发生脱节的情况。这种心态在初创企业中比较常见，领导者要么关注内部交付，要么关注外部需求。毕竟，对他们而言，预测所需参考的历史数据或许实在有限。

然而，在一些历史悠久、主导本国市场的公司中，我们也观察到了一定程度的脱节。这些实体在国内市场的主体地位受到保护，甚至达到了垄断级别。即便这类公司有时也会在国外的环境中做一些冒险尝试，但其获取价值的主要来源实则很少受到公开市场的外力影响。银行、电信业、媒体业和公用事业等受监管企业通常都在本国市场享有特权地位。它们可能受长周期及技术因素的影响，但并不受市场动荡的影响（因为受到保护），哪怕这种动荡足以让其他行业的公司陷入危急存亡之境。

多年来（皇家委员会调查之前[13]），随着监管日益放松，行业渐趋整合，金融科技逐步崛起，在其他地区市场的金融机构还在金融危机中挣扎的时候，澳大利亚的银行就获取了超常的利润。这些金融企业利用自身优势，寻求可以保护自己的监管防御机制，把维护既有地位，打理与监管机构、政府持股人、媒体之间的关系放在首位，而不是过度关注未来市场动态对业务的影响。

引用一家亚洲地区银行（总部设在新加坡）一位高管的话：

> 我们知道重大变革即将到来，但不会那么快，可能要等20年左右。监管机构非常保护我们。所以"没错"，必须保持清醒，保持观察和思考，适当做出一些调整，但当地整体的产业结构对我们来说还是有利的。

在特殊情况下，一位领导者（通常来自组织外部）会被任命为这一类组织的负责人，推动企业实现重大转变，扭转长期停滞或衰退的局面。

艾迪·德（Eddie Teh）就是这样一位领导者的典型，他领导了PSA国际港务集团（总部位于新加坡，业务遍及全球）的转型，随后收益大幅增长。这种领导者的行动让我们领略到大公司焕然一新的蜕变之旅。即使是迟钝的实体，也可以因此变得敏捷。然而，这样的领导者往往是"短命"的，一旦紧急情况解除，他们很快就会被解雇，更传统的领导方式再次成为掌舵者的首选。

明茨伯格警告的第三个可能存在的误区便是坚信未来可以预知的执念。业务主管对**预测**行为有深刻的认知，尤其是在向总部寻求投资支持或实施新举措时。一位全球消费品公司高管的事例就很好地说明了这一点：

> 缅甸市场对我们来说非常重要，但现在难以预测。为了让投资方案在内部不受阻碍，我们必须创造一个非常积极的愿景。如果错过了在当地、在国内尽早开展业务并与军方建立关系的机会，那么业务范围将大幅缩减,（主要的全球竞争对手）将获得主导地位。总部或财务部门的人都不想听真话，所以我们只是告诉他们想听的内

容，以便获得投资批准。毫无疑问，迟早我会被拖到真正的权力机构面前，解释为什么我们漏报了一些数字——但到那时，我们已然站稳了脚跟。不管怎样，谁知道呢？或许数字预测会应验——市场前沿是很疯狂的。

巴西的一个类似案例：

我最近签约成为（一家英国领先的服装品牌）位于巴西的代理。这个品牌很有名，但以前从未指定任何人来做代理。在考察我对产品的了解程度以及我的现有业务之后，他们问我，能否保证第一年就有几千万美元的业绩。我怎么知道？他们从来没有在这里销售过，我不知道这一切将会很难还是很容易，也不知道他们内部会优先提供哪些支持，是否会配备恰当的产品支援或培训，但我知道这些疑问将破坏这场交易，所以我只是说"能够"。当然，我会想办法，但他们的态度如此消极，合作的开局就不甚乐观。在某个地方，他们行政部门的某个人可能已经在 Excel 表格中填写了一个框，不知所以然地将其锁定为预测中的一项。

明茨伯格称之为"脱节的误区"的，是那些未能做出并坚持明确战略选择的情形。与我共事过的许多客户都以"保持灵活反应"为借口（即让选择悬而不决），去回避做出明确的选择。如果领导者不能全心致力于关键计划，就不能为公司创造或巩固竞争优势。他们搞出了太多选择，有太多的方案正在进行中。这分散了管理层的注意力，浪费了资源。相比之下，那些取得优异业绩的公司则是通过巧妙融合各项方案，展现出极高的适应性，同时也始终不渝地坚守着战略方向。他们建立并利用动态能力，避开了战略规划三大误区的危险地带（图 5.6）。

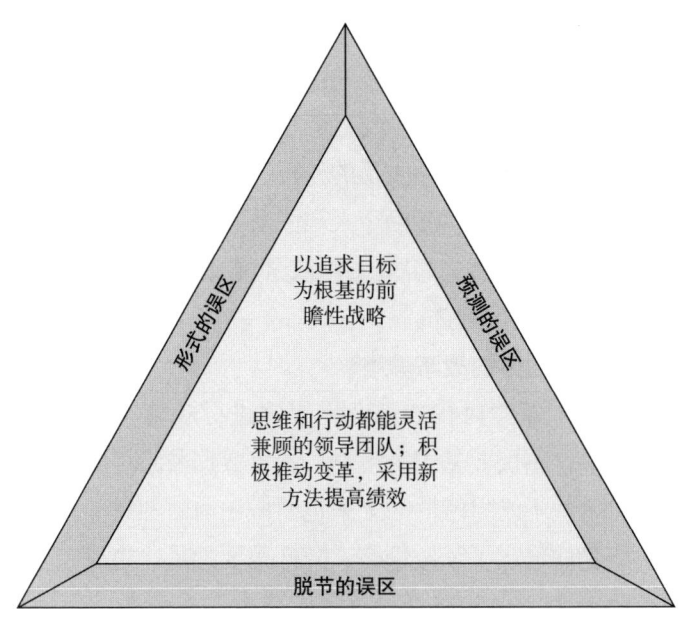

第 3 部分　有勇有谋地增长：目标导向

```
         以追求目标
         为根基的前
         瞻性战略

    思维和行动都能灵活
    兼顾的领导团队；积
    极推动变革，采用新
    方法提高绩效
```
形式的误区　预测的误区　脱节的误区

图 5.6　避免战略规划的三个误区[14]

适应性战略规划——在快速变化和不确定的环境中，仍然需要做出战略规划和选择，在这些选择的基础上，进行投资、部署资源，从而做出有竞争力的制胜举措。然而，如果无法认识到内在的不确定性和模糊性，就无法实行战略分析和选择。领导者需要在正式的（如定期的）和非正式的（如偶发性的）计划过程之间，以及在对未来有认知但不拘泥于预测的前提下，建立一种平衡。

领导力特质：目标导向，前瞻性

领导力之目标感

目标便是对成功的渴望。有了目标，组织中的参与者才能够发挥出影响力，感受到自身的意义所在。领导者需要挖掘出目标深层次的利好点，来激励他人，振奋自己。一个组织要想成为目标导向的，就得让每

101

个人都参与到目标中来，尤其是最受瞩目的管理层和执行部门。行动和决策需要与目的相一致；言行必须在这一过程中得到不断强化。每个执行官都要实实在在、真真切切地与目标建立个人联系，同他人分享自己的故事，以实际行动成为其他成员的榜样，证明个人成果与集体利益可以相得益彰。他们需要切实激励个人与团队朝目标奋进，既能在成功时庆贺，又能在不和谐时解决问题。此外，还要善于让同事肩负应有的责任，懂得把集体利益放在首位。

复杂性与模糊性中的战略思维

在第四次工业革命时代的商业世界中进行战略思考，比以往任何时候都更加复杂，不仅要基于对市场、竞争数据及趋势的分析来做出当下的选择，对承载不同可能性的未来也要做出前瞻性思考。战略仍然是一门艺术，清楚地决定了该做什么，同样重要的是，也决定了不该做什么。然后，就是为所做的选择投入足够资源，求仁得仁。值得注意的是，在第四次工业革命中，由于技术使非传统竞争对手得以分一杯羹，利用其他业务领域的规模优势，因此各行各业和各部门间的边界开始变得模糊，被重新划定，这就增加了复杂性。第四次工业革命时代的公司不仅专注于实现经济回报，还致力于追求宗旨，加强对社会责任的承诺和审视。在这一目标和约束的矩阵框架中，市场空间的发展速度正在加快，这就需要进行多步骤谋划，也进一步扩大了每项选择的复杂程度。

在不确定性中做决策

第四次工业革命时代的商业执行官必须在认识到固有的模糊性和不确定性的同时，做出深思熟虑的审慎决策。他们需要避免受限于过去（或今日）的情形，对紧迫的未来有清晰的感知，不能对形形色色的客户与竞争对手抱着"一视同仁"的随性态度。执行官还要避免在数据尚未充足之际迟疑不决。对所做的选择投入不足，或在一系列广泛选择中分散资源，都会损害绩效。同样，高管们也不能指望团队成员对预测的准确性做出不切实际的保证，他们不得不承担在模糊和不确定的情况下做出决策的责任。罗列、分析可选项等方法有助于将注意力集中在关乎重要决策的假设上，然后通过设计具体的测试和实验，来探究这些假设。类似地，"实物期权"法明确考虑了发展道路上的可能性。掌握这些技能可以帮助管理人员在充分认识到不确定性和模糊性的情况下，培养正确决策的能力。

心态：勇敢

高管们需要有勇气。他们必须有勇气设定雄心勃勃的目标，追求目标，分享自己与目标之间的故事。他们必须愿意并善于讨论蕴含在决策和选择之中的逻辑，敢于接受他人挑战自己的诠释。他们需要负责任地做出决定，同时意识到，不确定性是一直存在，无法消弭的。

第6章　两手同利:"兼而有之"的心态

摘要

灵活兼顾的领导者能够同时追求看似矛盾的目标。例如,在优化当前业务成果的同时,投资新的研发领域或其他活动,从而提升未来绩效,做到远近目标兼顾。一家公司里,能够这样处理"矛盾"选项的高管比例越大,公司的竞争力就越强,长远表现就越好。相反,那些试图根据冲突和分歧将团队(如未来业务团队与核心业务团队)割裂开来的公司,很难适应未来的发展。例如,传统零售商可能认为,在初始阶段完全独立地建立和运营在线业务更简单一些,但随着时间的推移,便需要整合对客户的观察及供应链解决方案,以在线业务改造传统业务,才能保持竞争力。如果零售商已经建立了两个独立的组织部门,那么团队的理念就难以实现融合,各业务部门将分别采取行动,优化各自的那部分业务板块,最终两者的合并将受到限制,或者经历更曲折的过程,这也将损害整体绩效。

灵活兼顾的领导者能够跨越目标之间的矛盾性,让各职位逾越组织内部的边界,发挥所长。

1. 灵活兼顾

灵活兼顾的领导者会同时追求两个(或更多)看似冲突的目标。例如,一边取得阶段性业绩,一边为更好的明天做投资。相反,那些不能左右兼顾的领导者可能会在不同的业务领域之间摇摆不定,可能会提高短期业绩,但损害整体成效。例如,如果公司的收入(或利润)超过预期,他们可能会将超额收入用于具有长期效益的投资(如升级设备);反之,如果公司业绩低于预期,他们可能会缩减投资额度，即便是预算中原本就设定好的，因为他们希望尽力弥补损失，符合对这段时期的业绩预测。而灵活兼顾的领导者会持续投资于对未来的改进，同时也致力实现当前阶段的目标，无论在当前市场中面临的境况如何。

2. 集体胜利

集体胜利就是指，同事们有意识地做出对集体有利的选择，即便他们意识到，这样的决定可能会对自己产生负面影响。这可能涉及借调关键人才，不成比例地资助某项目，或其他行为。此外，共赢意味着信息和洞察力的共享，而且大家认识到共享信息可以提高集体绩效，而滞留信息纵然会给个人带来更大的权力感，这种感觉也是稍纵即逝的。

3. 建设性思考

富有建设性的思考是有意接触与你意见不同的人，去理解他们为什么持有这样的观点或得出不同于你的结论。这是一种渴望——渴望探索、检视自己与他人的逻辑、诠释路径和数据资源，以此增进理解，达成学习目标，摒除偏见和盲点，探索新的前路。

在不确定环境中成长起来的高管，能够同时追求看似矛盾的目标，提升公司的动态能力。在团队执行骨干中，这种在思想和行为上都可以兼收并蓄的人越多，其能动性就越强。灵活的领导者会做到：

- 优化今天的业绩，同时投资于更好的明天。
- 在模糊和不确定性中向阳生长，采取和追求明确的战略选择。

"一山二虎"——让思维和行动左右开弓

从最早的管理理论时代起，组织的主导模式就是将团队分成专注于特定任务的小组，其绩效指标拥有最大透明度，不确定的事项和自由决定权的空间被压缩到最低。这一模型是弗雷德里克·泰勒在1911年出版的《科学管理原则》[15]（我在第3章提到过）一书中首先提出的。这就是今天大多数公司内的部门各司其职而不具备多样化功能的原因，也是等级决策和权威优先于自治团队的原因。在今天的大多数公司中，人们倾向于把组织区分为"关注未来"和"关注当下"的两部分，新产品的开发团队或新的风险投资团队被封闭式地保护起来，与核心业务部门分开独立管理。主流观点认为，团队的注意力越集中，他们优化绩效的能力就越强，也越容易推行考核。

随着商业发展速度的加快，不稳定性成为新常态。如果给各团队或个人分配完全不同的目标，就会阻碍适应性和灵活性，这时就需要自上而下地调整组织结构、绩效指标和激励措施。市场空间变化所带来的复杂情况和矛盾必须由最接近问题的个人和团队来接管，在今天取得成果的同时努力适应明天，从而始终如一地追求更长远的目标。正如本书开头所讨论的，与以前的时代相比，在第四次工业革命时代，引航未来的能力比提高当下绩效的能力更有价值。

所有客户都希望获得最佳方案来满足自己的需求，期望供应商能够理解他们的需求，用创新的方式提供服务，而并不在乎自己的业务具体是由哪个部门来承担的。一些高管人员所肩负的使命便是优化互相冲突的目标，他们会前瞻性地对制约因素进行测试、探索，寻求新的前进道路，为他们的客户（内部或外部）寻求结合新事物和现有事物的最佳解决方案。

自20世纪90年代中期以来，管理学文献越来越多地反映出这样一种认知——价值创造和企业绩效创新往往是高管们把两个或两个以上看似冲突的目标进行权衡和管理的结果，他们是被要求这样做的。这种冲突促使他们通过理解复杂性、试探制约因素和对假设提出质疑来解决难题，而不是简单地关注其中某一个，也不是寻求折中的结果。如今，第四次工业革命的高速发展向我们证明了——能够以两全其美的方式思考和行动的高管比例越多,公司的业绩就越好。

> 如果一家企业在日常游刃于相互冲突的业务目标之间,这种业务的比例越大,这家公司的动态能力就越强。

在第四次工业革命时代,快速变化的环境会造成业绩的快速波动,因而,如果一个组织围绕多个不同目标同时展开追求,会越来越行不通。培养各级管理者左右开弓、兼顾并举的灵巧思维(和行为)模式,日益被摆到关键位置,这与欧洲管理与技术学院前院长德里克·阿贝尔(Derek Abell)教授的结论不谋而合:

> 所有管理者都必须能戴稳这两顶帽子。然而,最高层的解决方案并不能把故事讲完。在接下来的阶段也需要二元性。如果认为当下的任务主要由中层管理人员来负责,而为明天备战的任务则主要由高层管理人员承担——这样的固有看法不过是一个陷阱……
>
> 许多员工……更接近客户和供应链伙伴,面对矛盾频现的今明两天的讯号时,会感到困惑。只有那些不但需要执行今天的任务,还要为明天做出改变的人,理解了目标背后的原因,才能将现在和未来这两个议程结合起来。[16]

高管有效处理矛盾态势的能力,即一方面优化"今天"的业绩,一方面为不确定的"明天"做好准备,被称为"双管齐下"。塔什曼和奥莱理(Tushman and O'Reilly)将其描述为,"在优化公司当前绩效(改进常规)和配置新的活动和资产以获取未来竞争优势之间建立平衡"[17]。这类公司的高级管理人员比例很高,他们通常会具备两全其美的思考方式，拥有更高的动态能力。一位全球重型设备制造商的高管指出：

> 我认为这是一个巨大的挑战，因为我们正变得越来越机动，越来越国际化，这对如何发展领导团队，建立全球共识，以及构建同时管理短期和长期需求的理念有很大影响。

多伦多大学罗特曼管理学院前院长罗杰·马丁教授于2007年发表了关于整合思维的著作。他强调了整合思维（在目标冲突的矛盾情形下进行管理）对企业和杰出领导者所表现出的不同影响：

> 成功的首席执行官……具备这样一种能力倾向：同时在头脑中持有两种对立的观点。然后，他们能够创造性地解决这两个想法之间的矛盾关系，得出一个新的想法，新想法中包含其他元素，但优于前两者，这个过程沉稳冷静，不满足仅限于其中任何一种选择。这种思考和综合的过程可以称为"整合思维"（"1+1＞2"的"双首长制"）。[18]

他强调，决定大多数优秀企业及其管理者特质的正是这种训练——而不是任何超级战略或是完美无缺的执行力。[19]

尽管人们越发认识到，双元思维（"双管齐下"的心态）对企业绩效至关重要，但这种思维方式实际上很难实现。传统组织模式（按专门的单元来划分职能和责任）的盛行降低了管理者发展双元思维的机会。先正达农业科技公司的一位高管认为，相互冲突的重要事项只应在最高层处理；不过，他也指出，他们通过培训300—500名高管，来提高对竞争目标和压力的认识。

一家大型饮料公司的高管回顾了公司经历的转型时期，按他的估算，这个转型已经花了超过 10 年时间。随着业务节奏被打乱，慢慢地，公司的产品类型及公司文化均发生了改变：

> 回顾过去，在过渡期间，高级管理团队中出现了相当数量的人员流动。通过实施不同的模式，你可以将组织进行重组。在我们的案例中，这意味着部门数量变少，进而所需的高管人员也变少。如今，时代越发变幻莫测，难以捉摸，需要我们在能力上做出改变。今天的成绩固然关键，但决策的能力、对优先事项始终如一的长久追求也至关重要。今天，当被问及什么才是长期而重要的问题，我们有更多慎重的选择。平衡短期、长期目标仍然主要取决于高管层，因为并不是每个人都有能力实现这种转变。

掌握"一山容二虎"的思维和行动方式并非易事，需要清醒的意识、技术开发、领导层支持、管理冲突目标的绩效指标，还有大量实践。

与大多数执行技能一样，两全其美的灵巧思维和左右开弓的行为模式可以通过培养习得：

- 关键的第一步，是要看到双元思维的必要性与潜在机会。在试图做出权衡或"主观判断"时，要保持清醒；或者最好停下来反思一下，探索那些看似对立的结果之间的关系。
- 另一个重要因素是好奇心以及不断学习的欲望。探索可望达到的明显冲突之目标的假设和限制因素。
- 第三个重要因素是注重整体绩效，目标是化解掉冲突的局面，而不是仅做出一时的权宜之计。
- 练习和反馈——训练自己停下来，反省，运用更广阔的视角。这是很难做到的，尤其是在面对时间或文化压力时还能够做出果断行动。最好的情况是有一位导师可以给你提供帮助。如果没有，可请团队中的知己帮你保持正轨。这样的信号指引能够提醒你腾出空间反思。

就像对肌肉的管理一样,这种对思维的管理也需要训练,所以不要期望马上成为专家。记住行为模式改变的三个基础——动机、机会和能力——并主动要求反馈。要知道你的尝试都是有效的,也要寻求将这样的行为灌输到更广泛的群体中,从而让大家相互支持。

一位全球饮料公司的高管指出:

> 从历史上看,我们这家公司一向奖励那些怀有伟大想法并付诸实践的人。这样其他人看到后也会说:"我想要同样的成功。我也要想出我的好主意。"我们有点"孤胆英雄"的文化。没有人真正有兴趣接受别人的想法,并实现它,因为这并不能真正体现对个人层面的奖励。现在我们的重点是引入新的想法,以及那些我们在其他地方的所见所得,为了每个人的利益,把新鲜事物分享出去,并在彼此的想法和倡议基础上再接再厉——一起变得更聪明睿智。

德里克·阿贝尔教授指出:"用双重策略(双管齐下)进行管理不仅是一种管理模式,更是一种心态。"罗杰·马丁在对照整合思维与传统的非黑即白两极思维时,提出了这一思路:

> 整合思维和传统思维所产生的不同结果再明显不过了。整合思维得出新的选择和解决方案,创造了无限的可能。传统思维掩盖了潜在的可能性,助长了"创造性解决方案并不存在"的假象……从根本上说,传统的思想者更愿意接受世界的本来面目,而整合思维者则乐于接受将世界塑造得更好的挑战。[20]

集体胜利

在同一个团队中，无论输赢，大家都团结在一起，这种统一的感觉是公司的"秘密调味剂"，会让高管们做得两全其美。有两种具体的做法可以奠定这种共同获胜的信念：

- 有一种理解是，分享信息，而不隐瞒信息，才能提高总体绩效。有不止一家公司强调，除非在集体层面上做出重大的协调努力，否则就无法在内部建立信息公开享用的渠道。
    - 先正达农业科技公司的一位高管指出："分享知识和资源非常重要，既要有奉献知识的意愿，也要有接受和使用知识的意愿。我们对此做了广泛而大量的工作。"
- 确保资源的分配或共享是灵活的，同时在总体上认识到环境中的资源是有限的。通过相互支持，让那些被卡住或利用率不足的资源可以更好地为集体谋福利。
    - 一家知名陶瓷公司的高管分享道："新的观点必须被接受，因为'没有任何一个人的聪明才智会超越集体'"；此外，"最好的点子和机会往往存在于部门之间的交界处，甚至存在于与外部各方的合作区，例如研究型大学或我们的供应商"。
    - 一位负责家居用品和快速消费品全球业务的领导者指出："我看到了很多原先的垂直性、"竖井"式、线性的思维开始向伙伴关系思维转变。更多的高管，即便在关键业绩指标（KPI）中没有明确说明，也能够意识到企业文化是为了支撑整个公司。"

集体胜利的另一个例子可以看向谷歌公司。那里的纪律和文化确保每个人都可以在共享云驱动器上存储和访问彼此所有文档，任何人都可以查询全球范围的文档和计划。另外，公司鼓励每个人都着手一些项目，这些项目在公司内部给予员工激励作用，但可能已经超出了他们各自的职责范围。谷歌建立了一个内部平台，每名员工都可以在上面发布设想方案，从整个公司里寻求愿意支持自己的志愿者。

相比之下，一家运输公司一直在寻求转型，想变得更加以客户为中心，提高敏捷性，更有竞争力。这家公司有一个"燃烧的平台"[①]，损失不断。高层领导明确传达了新的方向，要解决掉一块绊脚石，即缺乏强烈的集体胜利的意识。据说整个公司的文化反映了互相尊重的民族文化。经过调查发现，这家企业的"十分尊重"体现在不评论对方的活动、方案或报告。这意味着合作时不越界（因为怕被视为干扰），也不接受对方的问责。为了走得更远，他们必须把"十分尊重"这一概念从狭义扩展到广义，认识到每个人都有责任帮助其他个体，促成集体成功——这就需要跨越边界的合作和挑战。设定高难度挑战，加之对彼此公开的高度扶持，为了共同的目标一起努力——这些已被证明是转型必要的动能因素。

高效能思考

一旦领导者认识到自己的任务是对业务范围做出重大调整，他们就不得不在明确表达自我的同时，平等地倾听和理解他人的观点。高效能的思考方式会带来更深层次的相互理解，以及在前进道路上的相互承诺。这一概念和技巧由克里斯·阿格里斯和唐纳德·舍恩（Donald Schön）在1974年出版的论著中开创。[21]

他们创造了"双循环学习"这个短语。第一个循环是应用既定的决策规则和流程来实现预期目标。然而，在结果不符合预期或无法达成一致意见时，便会进行第二个循环，即对彼此的假设、定义问题的内在方式、预期定义下的结果，或建立既定决策过程的因素进行探索。这里的第二个循环是为了相互学习，实现创造力和创新，将看似矛盾的局面进行重构。"双循环学习"还可以化解同事之间的冲突，提供一种共同的

[①] "燃烧的平台"是管理界的一种隐喻，指以高度紧迫感推动根本性变革。——译者注

语言和方式来探讨差异,共同寻找更好的解决方案。这种方法让理解从狭义走向广义,从静态走向动态。"双循环学习"法不仅适用于单个问题,更可以在整个组织范围内广泛采用,还可能对企业的文化生活产生积极影响,从而促成一个合作性更强的学习型组织。阿格里斯认为,如果"双循环学习"模式要取得成功,高管们需要"模式 2"行为,而他认为大多数人都默认采取"模式 1"行为(表 6.1)。

表 6.1 普遍(模式 1)行为与高效能思考(模式 2)行为[22]

模式 1		模式 2	
监管变量	行动策略	监管变量	行动策略
确定目标,努力实现它们	单方面地设计并管理环境(有说服力,追求更大的目标)	有效信息	设计一个情景,为参与者提供行动的动力源(将诱因高度个人化)
将赢面最大化,输面最小化	对任务具备所有权和控制力(公开声明所有权,捍卫对任务的定义与执行力)	自由、知情地选择	对任务进行联合管控
尽量少产生或表达负面情绪	只顾保护自己(使用暗示性的事物或语言类型,尽量避免可以被直接观察到的行为,忽视对他人产生的影响)	对选择做出内部承诺,并持续检测执行情况	对自我的保护是建立在合作与成长的基础上(用可以被直接体察到的语言方式讲话,对自我的不一致、不协调不能视而不见)
社交美德:帮助和支持	给予肯定和赞美;与别人分享你的感受,从而让他们感觉良好	社交美德:帮助和支持	给予其他人空间,让他们去面对自己的思想,面对潜意识中的设想、偏见和恐惧
社交美德:尊重他人	服从其他人,不会与他人的思考或行动对峙	社交美德:尊重他人	给予他人广阔的空间去进行自我反思与自我检视
合理、明智、清醒	单方面地保护他人免于受伤(阻止信息流通,建立审查、筛检信息的规则,以私下形式进行会议/谈话)	合理、明智、清醒	要为他人的学习和发展付出你的理解和协助,融入你个人的投资。双向保护:支持的同时也要挑战对方

领导力特质：左右开弓的领导者

处于"进退两难"的困境

当高管们能够同时追求看似相互矛盾的目标时，他们就是一个左右开弓、灵活兼顾的领导者——这就会出现一个进退两难的困局。他们需要逼自己坚持解决冲突，同时追求两个目标，决不允许自己陷入非此即彼的折中和妥协。例如，优化今天业绩的同时也投资改善明天的业绩。这是很难做到的，需要有高度的主人翁意识和责任感，去实现看似不可能的目标。主人翁意识是一个牵引锚，防止他们向急功近利的方向偏移，或者只负责解决困局的一面而将另一面假手他人，再或者干脆将悖论的两方都委托给不同的团队，寄希望于不同的解决方案能够形成某种方式的互补（例如主管未来业务的部门和常规业务团队）。强烈的主人翁意识使他们能够探索困境的本质，测试制约因素和内在假设。考虑到降低客户支持成本和制造成本，他们可能会回到将产品系列高效流水线化的解决方案上。在强烈主人翁意识的驱使下，高管会花时间去做需要做的事情。这可能会激怒那些寻求解决方案和指引的人，但他们不会仓促妥协——这种状态可能会延续下去，直到拥有答案。

拥抱新观点

要解决两面（或更多面）的困境，灵活兼顾的领导者需要一种新的思考方式。他们要探究其他人带来的新观点。如果其他人对这一困境并没有确切的解决方案，那么这位两手都抓的领导就要通过调查，努力理解其他各处的经验与当前困境是否相关。他仔细聆听对情境的解释、内在逻辑以及来自各方的见解，随后把在其他地方起作用的"钥匙"拿过来做调试，看能否解开眼前的困境。管理者需要发展从自身所处环境之外看问题的能力，敏锐识别观点相若的情境和人。他们必须能够以开放、探索的心态吸引这些人，才有希望"过滤"出关键的见解。这就要求不轻视他们所听到的信息，也不要轻率下结论，因为的确需要用新的方式来思考困境。毕竟，如果现有的方法足够，也就不会有这样的两难局面了。

创造性、系统性思维

创造性思维是处理矛盾的关键。矛盾本身就是信念、假设以及公司运作制度等一系列因素的结果。一家公司的运作，总有一套内嵌的策略和实践模式。这些策略和模式都是以往随着时间推移，经过渐进的选择和有意识的设计逐步形成的。计划周期、财务控制、组织结构、人力政策——维持这些现状，困境将永不能解决。要走出困境，就需要理解这个体系，看得出改变哪些实践模式才会消除这个困境。此外，需要明确整个系统还有哪些部分需要调整，才能够实现预期变革，同时，要考虑这些调整是否会给其他地方造成负面影响。例如，如果管理者被要求在为明日业绩做准备的同时，也要将今日的业绩最大化，那么应该如何激励他们呢？难道只关注今天交付的结果吗？第四次工业革命正在加速组织内外环境运作的变革。其结果是，越来越多的管理者必须双管齐下，解决矛盾，纾解困境；管理今日成果的同时，也要提高明天的成效。这需要开发创造性的解决方案，还要调整对个人贡献的衡量标准与报酬额度。

心态：问题解决者

兼容并包的领导者必须对两难困境有所掌控，投入时间和精力来理解整个体系，探索新的视角，从而开发出创造性的解决方案。关键就是"问题解决者"的心态；在日复一日的工作中，翻越困境的画面一遍遍在高管们脑海中浮现，推动他们解开谜团。

第 7 章　持续进化

摘要

商业社会正在加速发展,一个企业要建立和维持成功,就必须灵活行动,创造和抓住机遇,也要对环境的变化做出反应和调适。公司势必处于不断的变化和运动中。就像职业运动员一样,管理者不会"原地踏步",而是不断调整。这对传统的变革观提出了挑战。传统的变革观所预期的是经历"解冻—移动—再冻结"这一系列交替的过程。而在第四次工业革命时代,变化是恒常的。人们不应该被困在以职能部门或业务部门来划分的"竖井"中,而是希望在跨职能团队中扮演跨越边界的角色。个人和公司须在波动和变革中悠然自处,不要担心团队因变革带来波动而发生业绩下滑,而要相信:随着新技能、角色、工具和流程披挂上阵,团队能够日益活力充沛,蒸蒸日上。

持续进化依赖于三个关键机制:

1. 为"加速"安排专职负责人

这名负责人(加速官)要采用新技术和新管理模式,提高第四次工业革命时代下的公司绩效。他要了解全球范围内正在开发和使用的技术,以及商业重组模式和流程。起初,企业会通过各种方式来建立这样一个协调点,但随着时间推移,这个新职位就会被永久纳入高管层。这个负责人的使命是改变和改造公司,让公司为未来做好准备。他会设定好变革的节奏,为变革过程中将会发生的各种问题充当信息交换站,他有能力引导资源的重新配置。

2. 变革原则

管理第四次工业革命时代的变革和转化的方法与以往完全不同。首先，必须建立一个人人都理解的原则，这个原则在允许单个团队有行动自主权的同时，也要将大家的努力集合起来。这项原则需要吻合公司对待员工和股东的一贯价值观，要有助于协调团队的努力，朝着共同目标发展。变革原则要一以贯之，利于建立信任、信心和理解，为未来和进行中的改革方案加足马力。

3. 进化路线图

为企业的转化绘制一幅路线图，并保持更新，这将帮助团队保持行动一致，全情奉献和投入，因为它让个人之间能够有对话的机会，哪怕这些个人的职能存在竞争关系。路线图显示了看似迥然不同的计划将如何结合在一起，以及每一步行动对目标的促进作用，这样一来，每个身在其中的人都能够理解各自职责对目标的贡献。

第四次工业革命时代发生了什么变化

除了备受关注的技术上的重大变革，领导方式和管理方式在第四次工业革命时代同样发生了重大变化。在这个时代，一个组织走向繁荣的里程碑便是采用了新科技，或更准确地说，从新科技中获益，例如人工智能、机器学习、物联网和机器人。不过，还有一个维度同等重要，那便是授权和启用第四次工业革命时代的人才。这两个维度之间存在相互作用，最明显的例子便是领导者和管理者对变革采取了与以往截然不同的管理方式。事实上，"转型"一词越来越少地出现在这个时代的管理者口中。人们越来越期望甚至渴求的毋宁说是持续不断的"进化"，无论这种进化是渐进的还是激进的。而这种进化一定是由组织内的管理者和团队来驱动的，不能依靠自上而下的指令。

曾经，一听到"转型计划"这个说法，可能足以让管理人员和员工望而却步。公司高层或许做出决定——公司必须向前迈一大步，举措或许是改变其参与市场的方式，采用新技术或新平台[如思爱普（SAP）系统]，数字化改造，增强敏捷度，或大幅改变成本基础、组织结构，等等。公司甚至设立了专门负责转型的办公室，推动内部改革浪潮，也可能请来外部顾问作为支持。行动从对未来愿景的预期开始，随后设计和执行协调变革的步骤。实现变革后，对绩效指标进行重新调整和培训，将新的程序嵌入组织内部架构（图7.1）。

图7.1　第四次工业革命时代之前的转型计划

经过技术进步的阶段性变化，转型计划规整了人才和流程，为的是利用技术进步，提升组织当下的业绩。

今非昔比，在第四次工业革命中，变革和适应与新技术的采用一样，无处不在；转变不再是偶发的，而是体现出恒定的加速度与敏捷度。我们的研究表明，要获得与此相适的活力，一个组织必须培育这样一种成长文化——让管理者和员工成为变革的催化剂。在这样的组织中，行动的等级结构与传统的变革方法相反，整个组织的管理人员和工作人员都在追求有目标感的使命。他们有准备、有能力，期望找到改善组织业绩的机会。在进化过程中，他们会主动发现、采用并适应新技术。当然，这种有机增长还需要整个组织内部的协调，以及对过程、行为和技术应用的洞察、学习与发现（图7.2）。

```
公司宗旨    人力              流程            科技
和使命  →  管理者和      →  养精蓄锐      →  为取得成果
           员工发现          追求持续          进展而采用
           可以提高          的进化            或调整技术
           业绩的机遇
```

图 7.2　第四次工业革命时代的持续进化

在第四次工业革命时代，技术是无处不在和不间断发展的；能够借助技术实现速度和敏捷度的人，才是让企业脱颖而出的关键（有限）资源。

要想在第四次工业革命时代的竞争中取胜，企业需要实现转型，吸纳新技术，设计新的流程，重新考量人和自动化机器的角色作用。在商业发展速度还没达到今天这么高的水平之前，转型通常被认为是从"状态 A"到"状态 B"的过程。事实上，在 20 世纪 40 年代，最有影响力的早期变革管理学者之一库尔特·勒温（Kurt Lewin）提出了"三步走"的模式，即"解冻—移动—再冻结"，清晰传达了这样一种期望：转型终结于一种固定的（虽然是新的）配置状态。

第四次工业革命时代的商业发展正在加快，并将持续加快，使这个时代十分注重这样几种能力：持续转型、吸纳新事物、利用所创造的能量来获取动态优势。

让我们回到本书前文关于网球运动员的类比。如果我们是初学者，可能会站在球场上，面向网，双脚"扎根"在某一地点，但很难有更多移动。我们只能对迎面扑来的球做出反应。然而，技艺娴熟的球员在球场上可以做到不停移动，以达到最佳方位。让我们对勒温的"解冻—移动—再冻结"模型做一个更新：真正的挑战是停留在"移动"阶段。除此之外，我们还认识到，反应的速度、企业适应的速度也是竞争优势的来源。与网球运动员一样，速度、敏捷和健康的战斗力有时可能会胜过力量和策略。

加速官

加速官通过吸收、采用重塑市场动态的新技术、技能和商业模式，确保组织得到不断适应和发展。加速官的作用是向外看，以便根据对组织总体目标的追求，协调内部变革。这一角色作用可并入首席运营官或首席创新官一类的职位，也可另设专职。然而，其所负责的转型不应被定位为一项单一方案，而应该是一项持续需求，且在不断发展和加速。

- 加速官在进化中扮演着重要的导航角色。他们专注地凝视着未来那团未知的迷雾，为执行团队提供见解和评估。就像领航员在暗夜的大海上漂浮，面对强风和潮汐，不断摸索，靠近岩岸。他专心地读取手中的仪器数据，指导船长调整航向和速度来避开危险，最终找到一条安全快速地驶向目的地的明确通道。
- 加速官凭借对新技术和管理实践方案的了解，成为变革的催化剂。他们负责制定进化路线图，还负责治理、监管进化过程，对任何时期的各项计划都须做好协调。由于新技术和新实践方式对本组织的执行人员来说往往是新奇的，加速官还要尽力提升对外部环境的发展、可能性及其潜在影响的认知和了解。
- 鉴于各小组负责不同方面的转型，加速官还会在小组之间建立协调机制，确保它们可以相互分享习得的经验。如果需要，某个小组的资源也可以被调配用来支持另一个小组。

下一步？

在第四次工业革命时代，公司不断进化，反映出以不稳定的、动态的业务环境为特征的新常态，以及在其间发光发热的高速技术发展。变革过程不会让组织因此而产生焦虑、困惑和瘫痪；相反，变革孕育了热情，企业会渴望更多变化，以及对"下一步是什么"或"还能做什么"发出好奇。利益相关者（包括员工）开始期待变革，被那些面朝他们开放的、崭新的可能性所激励，大家的期望被加速推进了。哈佛大学商学院教授约瑟夫·富勒的最近一项研究[23]发现，员工们渴望变革，渴望更新自己的技能，因为他们明白，这些可以确保公司存活下来，也可以让他们在未来的劳动力市场上有一席之地。

一个关键的推动者，是企业强烈的归属感所在，这种归属感渗透到企业内部，在清晰的变革信条的引领下，推动变革计划的实施与协调。下面的故事说明了以这种方式主导变化的重要性。

案例研究

IBM

IBM花了五年时间来进行一系列连续的组织变革，希望向一组新业务线完成过渡。最新的重组将取消硬件部门、软件部门和服务部门，代之以涵盖研究、销售与交付、系统、全球技术服务、云、沃森①、安全、商业和分析的业务单元。时任首席执行官吉尼·罗梅蒂（Ginni Rometty）说："我们的选择很明确，追求高价值的创新模式，而不是商品技术、产品和服务。对这一模式的责任促使我们对业务不断进行革新，要么有计划地培育一个新企业，要么收购一家原有公司，偶尔也会剥离掉不符合企业规划的业务。"[24]

欧洲一家啤酒公司的全球高管也发表了同样的看法：

没有一种组织模式能在任何时候都发挥效用。更确切地说，你可以想象一个钟摆在不断的运动中，有时更倾向于摆到左右两边，有时更倾向于"中央控制"。保持摆动是很重要的，这样才能在流动中不断调整。

---

① 沃森（Watson）是能够使用自然语言来回答问题的人工智能系统，以该公司创始人托马斯·J.沃森（Thomas J. Watson）的名字命名。——译者注

除了扮演重要的实战角色（探索新技术和技能前景、监管变革路线图、在各项变革计划之间协调），加速官也是一个象征性的任命。加速官所倡导的文化是：变革是永恒的，创造新的可能性是每个人的责任。心态应该保持"永不落定"，不断寻求新的调整与改进之道。

改变要遵循什么原则？

在第四次工业革命时代，变化与转型的方法与以往不同。首先，如前所述，转变不再被认为是属于某个阶段的（从"状态A"到"状态B"），而是一个连续的过程（持续进化）。其次，这个过程不再是被迫忍受的，也不应造成疲劳和焦虑，损害幸福感和业绩表现，而应是积极的，伴随着新的机会和可能性。还有一个关键的区别在于，变革的计划不再是"自上而下"地由权威力量来主导驱动，而是要借力于分布在组织内部各环节的领导者。加速官需要协调整个组织的精力和举措，根据需要调整和重新部署资源。然而，加速官一个关键的作用就是将分散在公司内部的领导者与目标、驱动技术和资源相互维系起来。所有的变革都遵循某种模式，但在第四次工业革命时代，变革和转化是从未停歇的，因此建立一致、透明的变革模式非常重要。如此一来，管理者和员工就可以更自信，对转变过程怀有更多信任。如此一来，既能吸引更多成员参与进来，也能在多措并举中协调前进。

1996年，哈佛大学商学院教授约翰·科特（John Kotter）发表了影响深远的著作《领导变革》[25]。在这本书中，他描述了从"状态A"转变到"状态B"的八个步骤。然而，为了反映商业环境中的加速变化，他在2014年出版的《加速！》[26]一书中更新了这一模型，其中，他描述了一个迭代过程，不同于之前的线性过程，这次是调整后的"新八步"循环过程（图7.3）。

那么有没有一个管理变化的有效模式，既容易理解，又可以被广泛采用呢？有。它的缩写是：CLEAR。随着时代的起伏波动和动态活力日益增强，CLEAR方法中的行为活动将循环往复，而且常会并行实施。

C—连接（Connect）：与组织目标和外部驱动变革的因素建立连接。

L—领导力（Leadership）：具备个人领导力，有效吸引利益相关者入局，能够在组织内部凝聚分散的领导力，共同致力于变革。

E—动力因素（Enablers）：指能够增强势能、克服障碍的资源、策略和行动。

A—一致性（Align）：无论是在组织内部，还是在与外部对接时，战略、运营、组织和文化都能保持一致。

R—强化（Reinforce）：维系成绩，精进变革，为更好地管理变革总结关键经验教训。能够判别"下一步要做什么"，如此，进化便可循环往复。

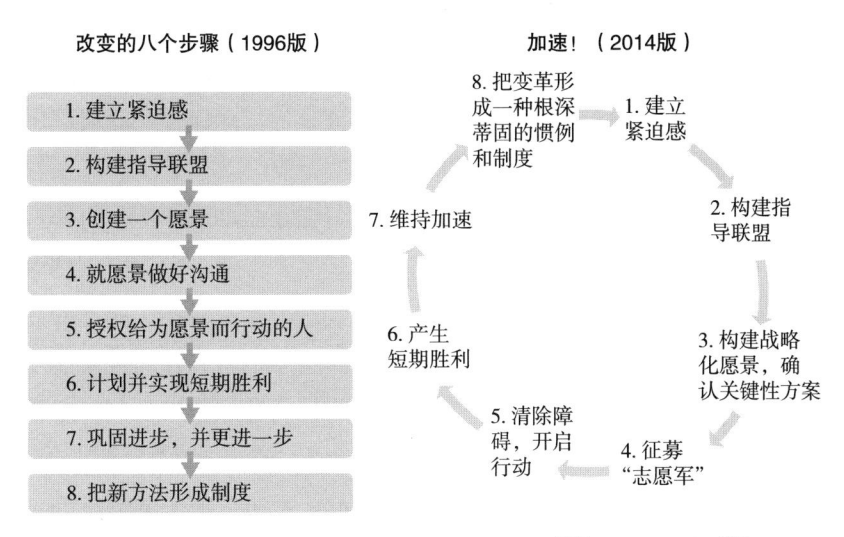

改变的八个步骤（1996版）
1. 建立紧迫感
2. 构建指导联盟
3. 创建一个愿景
4. 就愿景做好沟通
5. 授权给为愿景而行动的人
6. 计划并实现短期胜利
7. 巩固进步，并更进一步
8. 把新方法形成制度

加速！（2014版）
1. 建立紧迫感
2. 构建指导联盟
3. 构建战略化愿景，确认关键性方案
4. 征募"志愿军"
5. 清除障碍，开启行动
6. 产生短期胜利
7. 维持加速
8. 把变革形成一种根深蒂固的惯例和制度

图7.3　约翰·科特的变革管理模式1996版[27] VS 2014版[28]

C—连接

在第四次工业革命的快节奏环境中，有两种类型的连结对于有效进化是必不可少的。它们以追求目标为宗旨，与竞争性市场空间中的变化和进化保持一致步调。

第一个强有力的连接是与组织的目标建立联系。为此，请回答以下问题：如何进一步提高目标的达成度？眼下的这一变革举措是否符合我们的价值观，是否有助于加速实现我们的目标？第 5 章讨论了建立一个明确激励性目标的重要性，目标要足以吸引和动员利益相关者。与目标建立连接为团队和个人提供了动力，也增强了计划之间的协调度。

第二个强有力的连接需要扎根在推动变革和演变的市场力量之中，也就是那些重塑大环境的"风潮"。员工和其他利益相关者需要有信心，相信变革举措将为组织未来的成功奠定基础——"滑向冰球将要到达的地方"。这就需要对公司环境中正发生的变化具备更强的感知力，并能够理解这些变化。这些主题已在第 2 章深入探讨。

- 感知外部和内部正在发生的事情，同时避免噪声过大，或是忽略了正在发生的事情。
- 何谓理解？就是能够区分什么是最重要的，看出潜在影响是什么，并及时决定下一步如何行动。

这些连结须在交流中不断加强，鼓励成功的同时，警醒为什么现状尚不能令人满足和止步。沟通应该建立起多个渠道，渠道之间协调一致，在强化关键信息的同时，对特定的受众进行量身定制。沟通应注重培养一种集体胜利的感觉，让大家感到同属一个团队，在为彼此成就庆祝的过程中，激发出投身下一个加速计划的动力和愿望。那些在组织中取得重大变革的领导者，如杰夫·伊梅尔特（Jeff Immelt）、保罗·波尔森（Paul Polson）、埃隆·马斯克（Elon Musk）和吉妮·罗梅蒂等，之所以能获得广泛的认可，无不得益于他们将沟通这件事做到了行之有效且协调一致。

L—领导力

想要在第四次工业革命时代实现及时有效的变革，需要整合三个层面的领导力：个人、利益相关者，以及组织内部各层级。

- 一个能持续推动企业变革的领导一定是一位具有好奇心、学习激情和探索精神的领导。他要善于提出问题，进行观察，实现突破。第四次工业革命时代杰出的领导者骨子里流淌着梦想家的血液，他们既能追逐愿景，又能积累与组合各式各样的想法片段。莫斯－坎特（Moss-Kanter）把这种技能描述为"万花筒思维"。[29]

- 股东们的领导力对于企业在第四次工业革命时代持续成功进化尤为关键。原因有几个：进化的速度要求领导团队能够洞察复杂、未知的未来；需要不同角度的见解和观点融合在一起，为远景规划和决策提供更精准的信息。第四次工业革命时代的组织需要因势利导，随着未来发展而调整，保持洞察力/智慧的流动是重中之重，股东对整个过程的支持也至关重要，不要把眼光仅仅落在某一个特定的步骤或暂时的结果上。因此，有必要定期为股东群体做规划，以个性化的方式让每个群体都参与进来，提供持久的支持。

- 分布式领导：如本章导言所述，持续变革需要的是从组织内部驱动，而不是自上而下的阶段性变革。持续变革一定需要所有成员的广泛参与和适应，因为这是一个发现和学习的过程，需要整个组织的领导者和团队被寄予希望、配备资源及授予权利，从而除了实施变革，组织还能够发起变革。哈佛大学商学院的尼廷·诺赫里亚（Nitin Nohria）和迈克尔·比尔（Michael Beer）描述了一种类似的方法，我们称之为"理论O"。他们指出："理论O变革战略旨在构筑企业文化，即员工行为、态度、能力和承诺。组织从经验中学习的能力是衡量企业成功与否的一个合理标准。"[30] 如果能向执行各项任务的团队赋予权力，就常常会有发现组织中隐藏人才的意外惊喜——这些人才将会进一步激发组织的活力。

当组织加速前进时，加速官要注重在变革领导力的各项要素之间取得平衡——既要确保股东积极参与，也要确保变革代理人成倍扩充。由此，公司便能大致按照设计好的路线图砥砺前行。

E—动力因素

在面对不可避免的障碍时，动力因素就是那些资源、战术和行动。"先解决最困难的问题"就是这样一种策略，这是谷歌变革原则的一部分。与其忙于解决更容易或影响较小的问题，不如率先跨越最具挑战性的障碍。挑战它们可以孕育新的见解，进而推动其他细碎问题迎刃而解。克服这些困难还可以树立信心，深化对加速计划的责任感。如果最困难的一道关口无法逾越，那么也就不必浪费时间和费用去解决那些细小的次要问题了。

有这样一家陷入亏损并宣布重大重组计划的全服务航空公司。一线乘务员被解雇（这影响了客户服务），幕后操作人员也因裁员而被要求提高效率。这些举措对工作人员来说是难以适应的，但尤为重挫士气的一点是，管理层似乎并未能从飞行员那里获得生产力的提高，尽管飞行员耗费了大部分人事成本。这些飞行员大部分都加入了工会。此前所提出的一些针对管理改革的议案都被他们否决了。在一些人看来，其他员工似乎被迫承担了管理层无力实施改革的痛苦。

另一个常用而重要的动力因素便是实现速胜。如果要产生正向积极的动力，"速胜"必须做到：①迅速实现；②面向更广泛的集体；③明确，令人信服；④具备相关性。

速胜有时被划归为一种实验（例如在发展中市场和快闪概念店推出新啤酒配方），以敏捷迅速的方法从市场或全真模型中多多益善地学习，从而实现迭代和改进。[31] 然而，如果一场速胜的目的是为了解决争议点或是建立除旧迎新的信心，那么，规划、实现和庆祝一场速战速决的胜利可能会比一次实验产生更大的影响。

另一种驱动方式是从公司外部聘请专业代理人，如顾问和咨询委员会。这样的代理人可以为弥合领导团队内部意见分歧辟出一条柳暗花明的道路。无论是面对主题事项，还是针对需要达成一致的过程细节，这些顾问都能给予十分有价值的专业建议，帮助组织加速，而非停滞不前。顾问还能促进组织在步伐节奏上的抑扬起落，鼓舞领导层高效率地对工作做出回应。

案例研究

政府部门

一个与媒体界相关的国家机构认为自身的使命是履行一项关键的社会任务，也能看出他们在实施审慎的财政政策。新的负责人上任后意识到，多年来，自满情绪逐渐在内部生成，一种"我们就是这样做事"的主流文化阻碍了创新。他认识到，如果这个组织能够更加充满活力，注重发展，将对其实现社会目标更有裨益，能更深入地理解、服务和塑造消费者的需求。他们面临的挑战是，如果财政上没有"燃烧的平台"，而生存又受到国家法律的保护，那么将如何发生变革呢？

第一阶段的任务是为即将浮现的未来创造一个新的远景，并在这种背景下考虑：组织是什么？能够实现什么？尽管这种想法激发了一些高管的斗志，但大多数高管仍安于现状，并没有表现出太多热情。这位首席执行官决定，他愿意花一些时间来扭转这一局面。首要任务是汇聚尽可能多的高管。他的路线图从发展领导力开始，激发思维方式的变化，鼓励掌握新技能，让管理者开始以新的方式行事（集体责任制、个人责任制、数据驱动型决策）。

第二阶段的任务是通过线上和移动端渠道创造新的内容传输机会。负责实施这一计划的高管们很快就看到了一个机会，既然

> 将现有内容套入新渠道存在局限，那么不如开始尝试新的互动内容，并对传统内容进行扩充，尽全力理解和接近消费者。这些举措促使他们聘用了一批新的高管人员。选拔这些人员时，他们除了考察技术专长，还考察其是否有主动适应新局面的心态和行为。在此期间，首席执行官重复传达愿景的内容。他还从组织中选拔了适合加入新业务团队的年轻人才。他要求，企业的所有领域，无论是新的还是旧的，都要定期分享已经取得的进展和变化（特别是要庆祝"速胜"）。借助来自外部的支持，他改变了领导小组会议的运作方式，一改以往单向简报会的形式，推崇讨论和辩论。
>
> 　　转型的第三阶段开始涉及组织结构的变化。那些善于管理变革或激励团队的高管们，被赋予了更大的责任，而其他高管的影响力范围则相应缩小，有些人选择提前退休或到别处工作。组织结构的调整可以对团体业绩产生深远影响。组织内部文化和管理人员的行为模式体现出崭新的活力，以及对未来可成的积极期望。这其间蕴含着一种新鲜的自豪感与更大的使命感。

　　明确变革过程的性质也是一个重要的动力因素。变革之旅的速度和性质究竟要怎样设定，需要企业做出选择，并对其进行管理和监测。变革之旅的步速节奏需要设定明确，无论在哪一个变革阶段，都要在看似相互冲突的目标之间达至平衡。

- 变革之旅的节奏取决于评审会议的频率和每一次评审节点之间所要实现的目标愿景有多宏大。对于一些采用快速策略[32]的公司来说，这种节奏是由每一个敏捷项目[33]之间的间隔，以及临时冲刺计划中所包含的活动多少决定的。[34]
- 在进化之旅的每个阶段，都会面临一个选择：是要优先考虑进步的速度，还是先保证让每个人都以同样的速度跟得上变化（或者一小摄人先向前推进，而后再带动其他人）。这期间要考虑的问题是，企业能够接受多大程度的运营风险。在变革过程中积极管理冲突性事项，对优先级做出排序，参见图7.4。

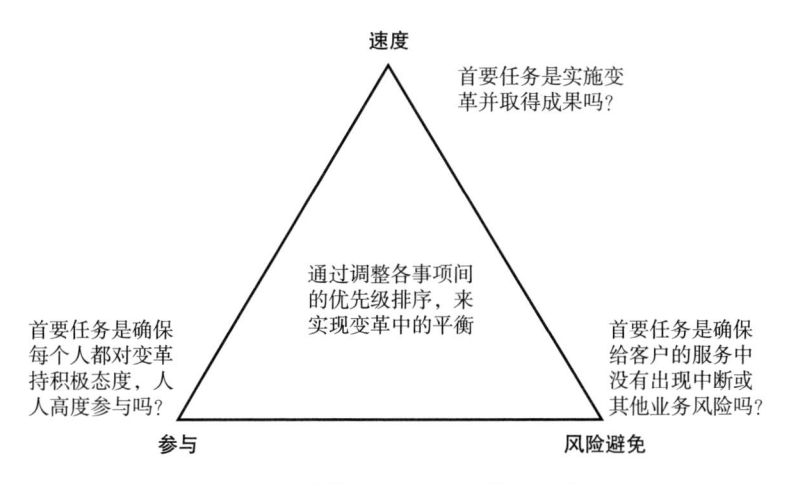

图 7.4 适应性变革中的冲突性事项管理

A——一致性

组织本身是复杂的，同时又是更广泛、更复杂的生态系统的组成部分。没有任何一个变革管理者能够模拟出所有复杂性，并提供一个完美的解决方案，也没有一个变革管理者能够找到必定实现这一目标的途径。同样，在实施变革方案时，组织自身和外部那片更广泛的生态系统也无时无刻不在发生演变。因此，改变的过程就是适应的过程，随时对新的发现和进化做出反应。为了实现或超越预期中的成就，所实行的变革必须与其他步骤和实践有效结合——并且，在适当情形下，带动那些细碎的步骤也发生改进和发展。需要注意的是，在组织内部和外部对接界面的四个领域（战略、运营、组织和文化）里，要注意引导一致性。

- 如何实现战略调整呢？通过反复循环，可以在一连串的战略选择中

129

递进，这是战略咨询机构的策略，也是罗杰·马丁在《为赢而战》（*Playing to Win*）[35]一书中的重点。

- 业务协调需要确保内外各方和各流程之间顺利衔接，特别是要确保在某个领域积累的能力（例如 AI 数据分析）不会在协作、传递过程中（例如做决策时）流失。如果对新的操作流程没有足够的信任感，或倾向于保持在原有的活动水平（以及局限于原有的资源），那么一个领域的收益可能会在邻近的下游领域流失掉。当这种收益的"交接"处于组织间的边界时，此类问题可能尤为严重，因此跨边界时需要有效协作，创建互惠互利的解决方案。

- 组织一致性要求组织的结构、决策权、绩效指标、人才培养和其他要素都与预期成果相吻合。文化一致性同样重要，文化需要管理，以确保"我们这样的做事方式"能够转化为变革所需的价值观与成绩。[36]

一家工业产品公司的高管指出："如今我们越来越少地考虑结构问题，越来越多地思索如何在公司内外部署最相关的人员来应对挑战。在商学院，没有人教过我们这一点，我正在补上这一课，但这种能量与我以往在任何地方经历过的都不同。"此外，正如本书第 3 章所探讨的，通信技术正在减少距离和时区的阻隔，企业往往围绕客户群组织，或聚集在动态条件相似的区域。

- 人才调整。正如马歇尔·戈德史密斯（Marshall Goldsmith）指出的那样，"把你带到这里的东西不会再把你带到别处"[37]。尽管他谈到的是个别高管的行为和心态，但同样的说法也适用于浸润在现有文化中的管理者们。所谓的文化，无论是公开的，还是未阐明的，均是大家互动的规则，它们虽然促成了过去的成功，却阻碍了持续的学习、适应及未来的成功。第四次工业革命时代的组织总是在担心一个问题：我们是否拥有匹配新组织、新运营和新文化的人才。在第四次工业革命时代的组织中，对人才定位、培训、反馈和指导的投资高得离谱（约比其他板块高出20%）。第四次工业革命中的组织也承认，基于数据来洞察个人和团队绩效是毋庸置疑要做的事。在监管团队和个人绩效方面（包括学习构架团队的技巧）进行大量投资（如谷歌所做的），是驱动第四次工业革命时代成功的关键因素所在。

R—强化

在所有变革举措中，所取得的成果都有必要持续下去。随着第四次工业革命不断演进，要接力构建新的变化，踏上更高层次的平台。从一块垫脚石到另一块的动态发展过程中，虽然在每个位置上所取得的卓越绩效都只不过是稍纵即逝的，但掌握变革管理本身便是竞争优势的持久源泉。通过研究一些高管，我们发现了四种截然不同但又相互关联的能力[38]：

a）强化：重点是保持已经取得的成果。具体有哪些行动值得放手一试呢？比如，围绕取得的进展和里程碑开展交流，给予认可和庆祝。当然，承认并讨论失败和挫折同样重要。要充分认识到领导者作为榜样的重要性，领导者的行动、决策、做出的改变，及他们对组织运作和价值观的期望，都具有引领效用。

b）精进：当我们开启"新"的一天时，总不会是完美的，调整是必修课。一位大型建筑设备制造商的高管指出："据说要掌握一项本领，需要10000小时的练习。"因此，学习曲线是至关重要的。持续改进和学习的心态应贯穿于管理层上上下下。大卫·加文（David Carvin）、艾米·埃德蒙森（Amy Edmondson）和弗朗西斯卡·吉诺（Francesca Gino）在他们的文章《你的组织是一个学习型组织吗？》（Is yours a learning Organization?）中指出了三种能力：

——一个能为员工提供支持和帮助的学习环境，让员工感到安全的环境，他们身处其中，可以互相挑战，也乐于提出问题，哪怕是有点儿外行的问题；

131

——公开的结构化学习过程，鼓励实验，让知识和数据处于正规化的收集、综合与分发流程之中；

——具备自我学习意识且能够以身作则的领导者，他们愿意投入时间和精力协助他人学习。

每一项变革计划都需要绵延不断的完善和调整，尤其是在第四次工业革命时代的背景下。这个时代正在迅速发展。这种检视和改进也引发了人们的反思，思考哪些工作做得好，哪些工作做得不好，所采取的变革措施及变革过程是否适当。对这些经验教训的提炼和分享有助于提高组织未来的变革能力。

c）重复：如本章所述，变革的概念已然改变。在第四次工业革命时代中，领导者认为变革不是偶发的，而是持续的。提高业绩努力适应未来发展的周期，不仅循环不绝，甚至，在几位高管眼中，是一个不断加速的过程。

——想要把变革管理好，让变革成为竞争优势的一个来源，便需要培养敏捷应变的思维和技能。最好的天时地利，便是让管理者直接参与变革，并为其提供所需的支持。随后，他们从中习得的经验教训也可提炼、分享给其他员工。

联合利华集团为实现其"可持续生活计划"，在内部发动了变革。他们采取的方法之一是，强调并报告当下的进度离目标和里程碑还有多远，无论是超前还是落后。几年来，联合利华集团坚持把"可持续生活"绩效指标纳入其年度报告和专项年度报告之中。

案例研究

联合利华集团

2009年之前，这家消费品巨头经历了10年的停滞不前，它的低股价使它成为收购者眼中的首要目标。当时新任首席执行官保罗·波尔曼（Paul Polman）明白，是时候来一场彻底的变革了。他推出了联合利华"可持续生活计划"。他们的口号是:"让可持续生活触手可及。"围绕这一使命,他们制定了雄心勃勃的战略目标,将破坏生态的产品减半,同时将收入翻了一番,100%采用可持续供应的农业原材料,帮助10亿人改善了健康和生活质量。公司建立了新的业务和财务模式,为未来描摹了雄心壮志的路线图。"可持续生活计划"挑起人们兴奋的神经,预示着公司在业务范畴和运营方式上的重大转变。

公司的领导层深化合作,追求全球化思维,顺应第四次工业革命时代数字化的潮流,倡导收集、利用数据来提升洞察力和做决策。公司让领导层和高管参与"可持续生活计划",并让他们具备这一目标所需的心态、行为和文化。就这样,一个新型跨职能团队的组织模式建立了起来,组织由此变得更善于锁定和抓住机会,成员的责任感也得到了提升。波尔曼说,本土业务团队是"商业社会的重心……就像一家微型企业一样,对交付成果负有全部责任……它确实是一种不同的运作模式,影响着组织中的每个人。这带来了挑战,也成为我们有史以来较大的变革尝试之一。从根本上改变了我们做生意的方式。"[39]

联合利华集团试图重组业务,大力加强对新公司、新品牌的收购和整合,同时撤销另外一些公司和品牌。到2018年,联合利华集团已经完全或以大比例股份收购了30多家公司,同期售出了另外14家公司的股份。[40]自"可持续生活计划"推出以来的几年里,联合利华集团确立了自己引领可持续发展的地位——换言之,他们树立了战略指导和统一文化的强烈使命感。到2019年,根据联合利华集团的报告,其最重要的可持续生活品牌的增长速度比其他业务快69%,推进了公司75%的增长额。[41]公司还提高了其作为雇主的吸引力,让自己从75家最理想雇主名单中脱颖而出,跻入前10名。

> 2019年3月，首席执行官阿兰·乔普（Alan Jope，于2019年1月1日接替保罗·波尔曼）宣布成立新的领导层，推动组织变革，并解释道："当今消费者日益分散，渠道和媒体环境要求我们比以往任何时候都要更快、更灵活地运营。"[42] 他们把重点放在继续转型为一家更快、更精简、更灵活的公司，很好地说明了从"解冻"到"移动"的转变——这便是公司将要持续移动的方向。

在第四次工业革命时代，变化是一个常量，因此，变革的能力也就成为竞争优势的来源。对变革的期望以及对变革能力的信心是员工的动力源泉——他们对"下一步怎么走"怀有预期，对未来更大的加速度心中有数。能量蕴蓄能量，动力产生动力，生生不息。

进化路线图：规划未来

在路线图上，不仅有直观的步骤和时间框架，还确定了实现转型的流程、治理结构和关键角色。这不仅对实现预期变革成果至关重要，对于持久变革的能力也同样不可或缺。因此，无论是在起步阶段，还是在转型过程中，都应该有"实验—学习—调整"的阶段预设。

加速官拥有路线图，并负责更新和调整。这张路线图好比一个准备赢得网球锦标赛的人的训练计划，它表明了人（公司）在比赛前和比赛期间需要实现的过渡步骤和需要经历的里程碑，详细说明了他们将如何增长"肌肉"（心态、行为、能力和管理实践），以及如何运用积累的力量来应对公司在追求终极目标时面临的每一轮挑战。

当企业以更大的动态能力行动时，就能更顺畅地从一个竞争优势位置转移到另一个。人们必须逐渐认识到，优势本身都是暂时的，只是推动下一个进程的垫脚石。因此，路线图应不断进化，并将以目前未知的方式扩展，从当前计划延伸开来。

路线图是一个很好的工具，可以预见和规划未来的旅程。正如克莱顿·克里斯滕森所说："我们只掌握着过去的——至多到此刻的数据，却要为未来做出决定。"由于没有关于未来的数据，每个人各持己见，而所有的观点都有可能是错误的——在未来面前，我们的确是无知的。作为团结一致且坚定的领导团队，在迈向未知的世界时，需要遵循先前讨论过的两个关键原则：

- 强烈的目标意识（以及对目标的共识）；
- 集体意见和智慧结合在一起。

不过，制订战略计划仍然不可或缺。计划可以集中力量，协调资源配置和投资。正如亨利·明茨伯格所指出的，这个计划需要避免战略规划的三个误区（见第5章）：预测（我们自以为了解未来），脱节（我们不清楚未来，所以只是被动反应），以及形式化（每一个阶段都会制订一个计划，然后遵循，直到下次制订一个新的计划）。

规划路线是领导者制订总体战略计划（路线图）时强有力的一个步骤。这个过程是迭代的，并以工作坊、研讨会的形式进行的，是一个集体互动的过程。在此过程中，参与者讨论不同的观点，发掘出一条前进的路线。大家因而变得更加团结，有共同的期望并对制订的计划形成共同的主人翁意识和责任感。

这一过程将目标划分为几个时间段，管理人员以单独行动和集体合作的方式解决六个核心问题。整个过程既有分歧（如个人的信息输入），也有趋同（以共同目标为优先）。这六个问题分别是：

确定未来的目标后，"倒退"回来，规划当下：

- 我们想去哪里？
- 我们现在在哪里？
- 我们怎么去那里？

战略选择的维度：

- 我们为什么要采取行动？
- 我们该怎么做？
- 我们将怎么做？

随后，为了创建综合的路线图，团队对计划进行优先排序，并保持计划之间的对接（图7.5）。

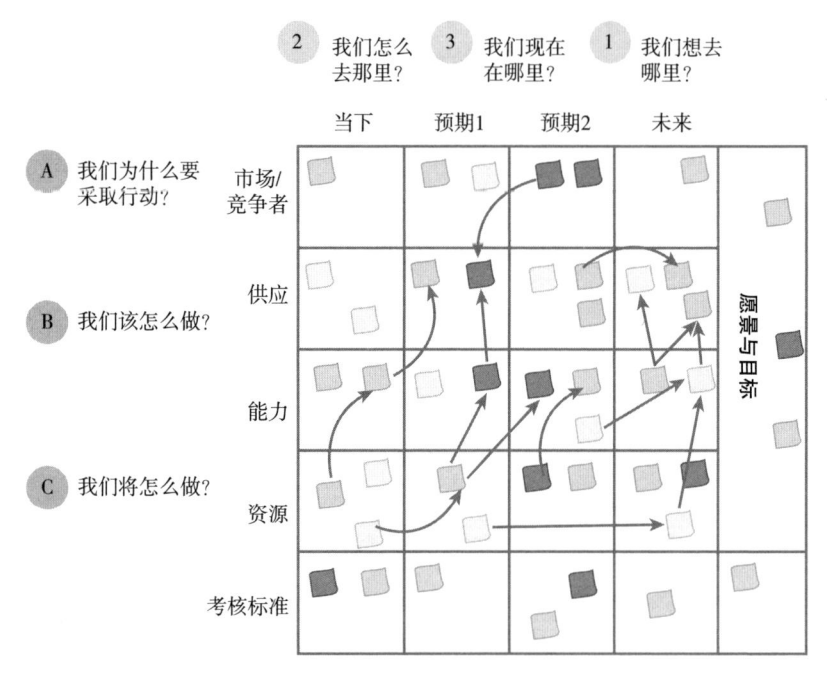

图 7.5 为转型创建路线图

有时，公司需要紧急扭转业绩下降或亏损的状况。这种情况的紧迫性迫使经营者把快速取得成果放在首位。然而，即使在这样的情况下，也有必要在变革管理方面积累经验；仍然要确立加速官的角色，确立变革理论，并为未来发展规划路线。重要的是要在转变的过程中保持最大限度的学习，不仅要让高管和员工参与变革活动，还要确保他们为不断变化和演进的未来时刻准备。凭借更强大的变革能力、持续变革的心态以及实践本领，公司可以避免在绝望中被迫转向的境地。

领导力特质：持续进化

对目标赋予意义，建立关联

对于在第四次工业革命时代运营的公司来说，变化是一种常态。因此，领导者不能将变革过程视为一个过渡期，视为一个因焦虑和不确定而影响绩效的干扰期。变化是新常态。领导者需要保持对组织中更高目标的关注，激励每个人将变革过程的流动性当作一次创造的机会，借此提高自身素养和业务能力，抓住紧急机遇，挑战、重设，放弃过时的做法和制度。领导者需要保持沟通，多问"为什么"改变，以及"如何"用新流程和实践提高绩效。至于在持续加速和转型过程中的具体项目，就是所谓的"做什么"（例如采用基于云的系统、生产力工具或办公机器人）。变革领导者需要为变革过程设定节奏，不要让士气在某一次的方案中被消耗殆尽。领导者需要具备敏锐的观察力，见多识广的头脑也会让他如虎添翼，当需要直接介入或重新分配资源时，要有所警觉，对进展落后的计划及时予以扶持。

组织悟性

组织悟性是有效引导组织以带来积极改变的能力，需要了解决策的实际过程，包括不成文的游戏规则；需要了解非正式的人际关系网络，晓得不同的人如何做出决定，包括表面和潜在的影响因素。第四次工业革命时代的公司由于在结构上具备流动性，且越来越倾向于同外部供应商、合同工和顾问接触，所以会严重依赖非正式的关系网络。为了提高效率，面临变革的领导者必须对这些非正式网络了然于胸，成为这个网络的一部分，并积极利用它。成功的变革领导者很少使用职位权威来实现目标。因为他们知道，要使变革奏效，需要参与者的支持和善意来完善制度、政策和行动。当最初的参与者庆祝并分享从变革中获取的积极利益时，他们就正在通过自己的关系网，向更广泛的人脉圈灌输变革的激情和能量，变革方案便因此汇集了动力和势能。

领导者的影响力

变革领导者必须激发信任。他们需要给他人信心，让他们超越现有常规。一位变革领导者可能与追随他们的人先前并没有什么关系基础，因此无论是存在、举止、行为方式，还是其他一切言行方面，领导者都必须表明自身的能力和可信度。加利福尼亚大学洛杉矶分校的阿尔伯特·迈赫拉比安（Albert Mehrabian）博士[43]研究了"领导者影响力"这一话题，他只把7%的重要性放在说话内容本身，把38%的注意力放在了语气上，其余55%留给了肢体语言。领导者的影响力，即领导者如何表现自己，比他们所说过的话更加重要！具有高度影响力的高管能够适应每一个环境，也能够对自己保持真实和诚实。正如曼联俱乐部的著名教练弗格森爵士所说，你需要"将信息与当下相匹配"[44]。适应环境，知道每种环境适合什么，这一点适用于你的穿着方式、语气、肢体语言及言辞等方方面面。

心态：永不满足

在第四次工业革命之前，人们以为变革是定期或偶尔才发生的。每一次转型过程带来的是压力和焦虑，往往降低了变革过程本身所蕴含的生产力。在第四次工业革命时代，变革是不断发生的，变化为组织和个人的成长创造了新的可能性和机会。在加速官的协调下，经理和员工有了推动变革的动能。"永不满足"的心态崇尚韧性、高适应能力下的弹性、灵活和成长的能力，而不是面对变化或不确定性时的绝不妥协，那不过是一种脆弱。卡罗尔·德韦克（Carol Dweck）教授在颇具影响力的著作《心态致胜：全新成功心理学》（*Mindset: The New Psychology of Success*）[45]中描述了这一点，认为这是一种"成长心态"，而不是"固定心态"：

> 对拓展自己这件事能够坚持下去并怀有热情，甚至（尤其是）

在不顺利的时候，这就是成长心态的标志。正是这种心态，让人们在面临最艰难生活的挑战时，仍能目光炯炯，枝繁叶茂。[46]

尾　注

1 Mackey, J and Sisodia, R (2014)*Conscious Capitalism,* Harvard Business Review Publishing.
2 https://www.bridge-institute.org (archived at https://perma.cc/DC7D-68AY).
3 https://cvshealth.com (archived at https://perma.cc/38HF-C65K).
4 CVS Health (2014)CVS Caremark to stop selling tobacco at all CVS/pharmacy locations, https://cvshealth.com/newsroom/press-releases/cvs-caremark-stop-selling-tobacco-all-cvspharmacy-locations (archived at https://perma.cc/38HF-C65K).
5 https://nikoi.com (archived at https://perma.cc/FR3S-99N7).
6 https://cempedak.com (archived at https://perma.cc/XKL9-4W77).
7 Inkrot, E (2015)Coca-Cola today vs. 1998, Seeking Alpha, https://seekingalpha.com/article/3218856-coca-cola-today-vs-1998 (archived at https://perma.cc/R82Z-PQ3L).
8 Coca-Cola annual report, 1999. Chairman's statement.
9 https://www.coca-colacompany.com/our-company/mission-vision-values (archived at https://perma.cc/5HWV-VHUW).
10 https://www.coca-cola.com.sg/stories/world-without-waste (archived at https://perma.cc/JX3S-672P).
11 Business Wire (2018)The Coca-Cola Company announces new global vision to help create a world without waste, https://www.businesswire.com/news/home/20180119005104/en/Coca-Cola-Company-Announces-New-Global-Vision-Create (archived at https://perma.cc/4FZ3-W682).
12 Borderless (2017)How to successfully transition into a new leadership role, https://www.borderless.net/news/borderless-leadership/how-to-successfully-transition-into-a-new-leadership-role/ (archived at https://perma.cc/EAP9-VZF3).
13 https://treasury.gov.au/publication/p2019-fsrc-final-report (archived at https://perma.cc/LCC2-R9VB).
14 Adapted from Mintzberg, H (1994)The fall and rise of strategic planning, *Harvard Business Review.*
15 Taylor, F W (1911)*The Principles of Scientific Management,* Harper and Brothers.

16 Abell, D (1999)Competing today while preparing for tomorrow, *Sloan Management Review*, 16 April.
17 Tushman, M L and O'Reilly, C A III (2006)Ambidextrous organizations: managing evolutionary and revolutionary change, *Managing Innovation and Change*, 1 July.
18 Martin, R (2007)*The Opposable Mind: How successful leaders win through integrative thinking*, Harvard Business School Press.
19 Ibid.
20 Martin, R (2007)How successful leaders think, *Harvard Business Review*, https://hbr.org/2007/06/how-successful-leaders-think (archived at https://perma.cc/HBR7-GFJ7).
21 Argyris, C and Schön, D (1974)*Theory in Practice: Increasing professional effectiveness*, Jossey-Bass.
22 Adapted from Argyris, C and Schön, D (1996)*Organizational Learning II*, pp 93, 118, 120, Addison-Wesley Publishing.
23 Fuller, J et al (2019)Future positive: how companies can tap into employee optimism to navigate tomorrow's workplace, Harvard Business School,https:// www.hbs.edu/managing-the-future-of-work/research/Pages/future-positive.aspx (archived at https://perma.cc/7FGU-WPF9).
24 IBM Annual Report 2014. Letter from the Chairman, https://www.ibm.com/annualreport/2014/bin/assets/IBM-Annual-Report-Chairmans-Letter.pdf (archived at https://perma.cc/EK77-495C).
25 Kotter, J P (1996)*Leading Change*, Harvard Business School Press, Boston.
26 Kotter, J P (2014)*Accelerate!* Harvard Business Review Press.
27 Kotter, J P (1996)*Leading Change*, Harvard Business School Press, Boston.
28 Kotter, J P (2014)*Accelerate!* Harvard Business Review Press.
29 Moss-Kanter, R (2005)*Leadership for Change: Enduring skills for change masters*, Harvard Business School.
30 Nohria, N and Beer, M (2000)Cracking the code of change, *Harvard Business Review*, May-June.
31 Beck, K et al (2001)The Agile Manifesto, Agile Alliance. http://agilemanifesto.org/ (archived at https://perma.cc/F6R2-BWMA).
32 Beck, K et al (2001)The Agile Manifesto, Agile Alliance. http://agilemanifesto.org/ (archived at https://perma.cc/F6R2-BWMA).
33 https://www.scrumalliance.org/about-scrum/definition (archived at https://perma.cc/4QFJ-JEB8).
34 https://www.agilealliance.org/glossary/sprint-planning/ (archived at https://perma.cc/ND3J-RQ3Q).
35 Lafley, A G and Martin, R L (2013)*Playing to Win: How strategy really works*,

Harvard Business Review Press.

36　Goldsmith, M and Reiter, M (2007)*What Got You Here Won't Get You There: How successful people become even more successful*, Hyperion.

37　Goldsmith, M and Reiter, M (2007)*What Got You Here Won't Get You There: How successful people become even more successful*, Hyperion.

38　Garvin, D A, Edmondson, A C and Gino, F (2008)Is yours a learning organization? *Harvard Business Review*, March.

39　Best, D (2016)Unilever on organizational change, outlook for food, spreads' future-2016 investor day takeaways, https://www.just-food.com/analysis/ unilever-on-organizational-change-outlook-for-food-spreads-future-2016- investor-day-takeaways_id135146.aspx (archived at https://perma. cc/7KA3-9G8Z).

40　https://www.unilever.com/investor-relations/understanding-unilever/ acquisitions-and-disposals/ (archived at https://perma.cc/E28M-YBMA).

41　https://www.unilever.com/news/press-releases/2019/unilevers-purpose-led-brands-outperform.html (archived at https://perma.cc/768Z-WMGK).

42　https://www.unilever.com/news/press-releases/2019/unilever-announces-leadership-and-organisation-changes.html (archived at https://perma. cc/6Q7V-KZBP).

43　Mehrabian, A (1972)*Nonverbal Communication*, Aldine Transaction, New Brunswick.

44　Elberse, A (2013)Ferguson's Formula, *Harvard Business Review*, October.

45　Carol S Dweck, American psychologist, Professor of Psychology at Stanford University.

46　Dweck, C S (2006)*Mindset: The new psychology of success*, Random House, USA.

第4部分
赢得第四次工业革命时代的人才竞赛

一家公司若想在第四次工业革命时代取胜，人才是决定性因素，人才能够对接最先进的技术，能够冲破迷雾寻找方向，能够积极发挥创造力。在发展第四次工业革命所需技能的同时，我们可以通过人才的高流动性，来时刻保持团队的最优化配置，以应对不断变化的挑战和市场需求。以人才为中心的人力资源管理策略，一边促使企业履行关爱义务，一边促进员工发挥出最佳表现。

"人才争夺战"过时了，没有赢家！

之前所谓的"人才争夺战"是基于这样一种逻辑，即公司"外部"有一个"人才库"，多家企业为了自身发展，都要从这个"人才库"中争夺最优质的人才。但是，随着第四次工业革命时代所需的技能和能力发生的颠覆性变化，我们认识到，现有的"人才库"已经储备不足，不能满足需要。我们应该着手于培养、部署并且能够留住第四次工业革命时代的新型人才。图 IV.1 表明了第 4 部分将探讨的内容：

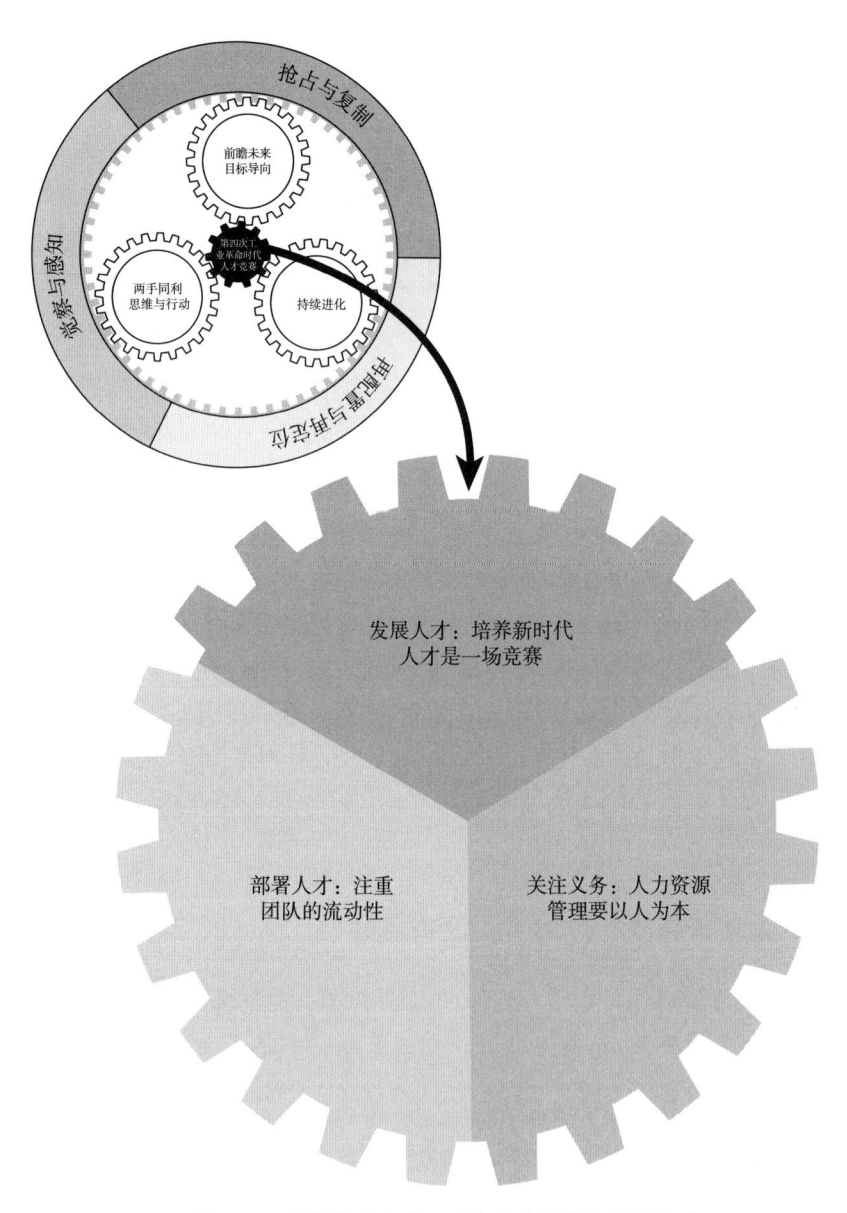

图 IV.1　赢得人才竞赛：以人为本开发和部署人才

第 4 部分　赢得第四次工业革命时代的人才竞赛

- 新时代人才培养是一场竞赛

绝大多数高管在第四次工业革命时代来临前，都已经掌握了所在企业对其岗位所要求的技能和本领，但是要想在这个时代取得新成效，他们必须更加努力地去学习新的技能和经营模式，所以新时代人才培养势必存在一场"竞赛"。想要在业务流程中培养有影响力的新型高管，需要新型"以学习者为中心"的培养设计方案。

- 在流动性团队中有效部署新时代人才

新时代人才本就稀缺，因此更需要有效部署。这就需要企业在组建、调整和解散团队时先人一步，以应对一系列多变的外部挑战。团队是这个时代的"业绩引擎"。核心的人力资源管理机制要做到什么？要使组织内部各个复杂多样的流动性团队协调一致，如同浑然一体。

- 关爱义务

人才是第四次工业革命时代的关键稀缺资源，这个时代将吸引、保留、授权和维系人才放在首位。以人为本的人力资源管理（HCWM）尤为注重灵活的工作安排，可通过提升员工福利及提升对员工的包容度来实现。HCWM 提升了生产力，提高了绩效，并延长了任期，所有这些都有助于雇主的品牌塑造——这就是吸引所需人才的核心能量所在。

第8章　培养新时代人才是一场竞赛

摘要

　　在第四次工业革命时代到来后，再没有一个公认的所谓"人才库"了，或许这个"人才库"尚未达到值得争夺的规模。据不完全统计，在技术不断创新的现实面前，公司高管们每年都需要学习至少一项新技能，而在我们已经掌握的技能中，有20%将在三年之内过时。可以试想，在高等教育中，如果要设计、启动一个新的硕士专业，并招收它的第一批学生，需要三年时间，这意味着，等到第一批学生毕业时，他们所学知识的20%将会过时！这个时代中获胜所需的技能和才赋每天都在发生深刻变化，这使我们认识到，现有的"人才库"根本不够争夺。"人才争夺"时代已被"人才竞赛"时代所取代。

　　那么，第四次工业革命的时代背景是怎样的呢？是动态、模糊、技术驱动和无序的，在这样的大环境中，领导者和高管们必须掌握高效运作的能力。在这里，流动性好的团队比屹立不变的组织结构更重要；在这里，一位管理者如果懂得联合和协作，会比单单指挥和控制更能产生影响；而通过创新、洞察力和人才培养来追求有意义的愿景，将能创造比周期性财务成果更大的经济价值。技术的不断发展和应用、社会和人口结构的转变，以及在第四次工业革命时代应运而生的商业加速度——所有这些变量都要求这个时代的大量劳动力更新自身的技能，包括领导者在内。

　　企业和个人在高管培训和教育方面的支出正在以每年7%~9%的速度增长，总价值估计超过2000亿美元。[1]大多数人才发展专员不再为预算短缺发愁（2019年占27%，2017年占49%）[2]，即便

> 如此，43%的人才发展专员预计，到 2020 年，他们的预算将再次增加。虽然培训和发展的支出不断增加，但 2/3 的高管认为，这些投资并没有带来良好的回报。然而，那些受影响最大的员工越来越热衷于在私人时间或条件允许的时候，借助公司的支持，精进个人技能或学习新技术。

高管的发展：行为模式改变

2002 年，我作为管理咨询公司摩立特集团在东南亚的执行合伙人，在 PSA 国际港务集团的一项重大转型计划中做负责人。虽然新的战略很明确，公司运作模式和组织结构也开始出现变化，但是更值得关注的是，公司领导层的意识和行为也需要转变。执行力发展和成人学习领域的全球思想领袖伯尼·贾沃斯基、大卫·坎特给了我们支持，我们得以成功尝试，在亚太地区建立了第一家督查执行力发展的公司。

后来，在我担任新加坡管理大学执行发展业务部主任时，每年督导培训多达 3500 名高管，他们来自不同的公司、行业和职能领域，拥有不同的国籍。但他们关键的共同点是，身处的公司或机构正处于整个亚洲"不确定和快速变化"的运作环境中——类似第四次工业革命时代的环境。另一个共同特征是，他们都身处高位，十分忙碌。显而易见的是，高管的技能提升方式与学生的学习方式截然不同。我将督促高管提升的原则和实践方法，与为客户定制的项目及课程主题内容相结合，重点是通过采用对高管最有效的方式与他们接触，设计与其处境和公司目标最相关的内容，从而实现其在职行为的提升和改变。我们开发了许多实验项目，随着应用，逐步完善了自身的理论体系，同时也受益于客户和发展负责人对学习情况的反馈，他们会及时分享那些对其实际在职表现产生最大影响的项目和方法。通过积累这些经验，一个高管如何精进发展的神秘模式（有关成人如何学习）就浮出水面了。

成人学习的模式与学龄儿童不同。大多数情况下，"教学法"（适用于孩子们学习）被用在管理人员身上时，时间和金钱投资所带来的影响和回报率很低！自20世纪80年代以来，对行为改变的研究采用了"M-A-O模型"，描述了实现改变所需的三个因素（动机、能力、机会）。[3] 为了改变高管的行为，提升他们在工作中的表现，必须明确管理以下三个因素。

一是动机。高管们并没有"在校学习"这样的沉浸式学习环境，他们的"学习成绩"对工作层面的绩效考核和薪酬几乎没有影响。对许多高管来说，学习是对日常工作的一种干扰，还可能会产生负面影响。所以想让高管通过学习培训获得发展的基础，需要其个人有学习的内生动力，以一种与自己有利益关联的方式提高绩效表现。高管们必须首先意识到，他们需要提高或更新某一领域的技能，并且有改进的主观愿望。

二是能力。与孩子线性学习的过程不同，高管们在以往的工作中已经证明自己在执行任务和目标达成方面是有能力的。所以他们不会轻易放弃以往的做事方法，除非对新的行为方式有信心——因此，让高管们提升，必须注重实践方法的安全性，同时注重能力的掌握：帮助他们获得技能和知识，以便能够以新的方式运作；知道对待哪些事情应当采取不同的做事方法，并在实验中积累信心。

三是机会。倘若想在工作中有不同的表现，就需要在应用新技能和掌握新知识方面积累经验。这取决于个人有没有获得可以施展新技能的角色和任务，或有没有抓住和创造这样的机会。

加强这三个因素中的任何一个，都需要有积极正面的环境来配合。在这种环境中，技能存在差距并非是一个弱点，而是一个可以得到发展的机会；在这种环境中，对新技能的尝试是最终掌握技能的必经之路；在这里，学习和发展本身会受到赞扬和鼓励。积极的反馈、个性化辅导、强化性的反思、奖励及认可机制相得益彰（图8.1）。

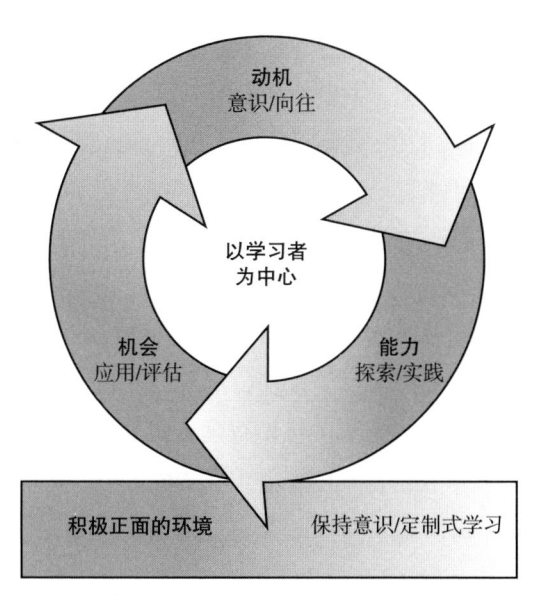

图 8.1 提升高管能力的成人学习法

动机

高管们为了更好的表现而提升技能。企业对其雇员技能提升和发展进行投资时，一定是希望他们以后取得更好的经营成果，更有能力驾驭不确定的未来。学习的价值在学以致用时发挥出来，产生更好的效果。成人学习成功的一个关键因素是需要自身有学习动机。考虑到多重压力及要承担的岗位竞争，高管们很容易退出学习或不能集中精力。无论受到何种程度的外部激励，如果高管个人看不到学习本身的效用，就会损害其进一步学习的主动性。当其参与一项提升项目时，高管需要具备个人动力，并坚持到底，在工作和生活中勇敢地运用新掌握的知识和见解。因此，要想取得成效，人才开发团队需要激发高管个人的学习动机。两个主要的杠杆是激发意识、鼓励向望。

- 意识

高管们需要知道自己在第四次工业革命时代应该掌握的能力及如何

应用这些能力。这意味着，在这个时代，人才开发团队会更频繁地更新公司所需的人才能力框架，并建立评估反馈系统。管理者也会逐渐认识到，这种操作可以提高某一领域的绩效。这一领域绩效提高的诱因，可能是评估反馈，也可能是个人好奇心，还可能是因为当事人面对的新挑战本身对技能提出了新的要求。

- 向往

高管们必须自己决定是否要弥补已经明显存在的技能差距。一些高管认为，他们应该发挥自己的优势，而不是把注意力过分集中在某个相对薄弱的短板上，他们更愿意与具有互补优势的个人合作（见《优势为本的领导力》[4]）。还有一些高管可能没有足够的动力来花时间弥合这一差距。然而，工作中对新技能的迫切需要，恰恰是个人发展被摆到首位的最强大动因。随着第四次工业革命时代发展速度的加快，人们越来越多地转向即时学习。即时学习可以是小规模的，也可以"按需"学习。

能力

只有当高管成功地将新学到的内容应用到具体工作中，并取得更好的效果时，才能够创造出价值。"行动"可以建立理解，使学习情境化，并证明结果。然而，想要达到自如、自信和专业，只有随着时间的推移和不断重复的训练才能实现，因此很难用新的行为取代现有行为。最好的方法是有一个实验者的心态。尝试新行为，观察随之而来的效应。

- 探索

让个人来探索学习主题的方法有很多，例如上网、上课、请教他人等。探索话题可以是自我主导式的，也可以由他人引导（例如培训师引导）。在这个过程中，学习者可以对能力和思维工具建立了解。每个人都将按自己的方式和节奏学习，因此，如果只有一个以预设速度进行的培训方案，局限性会很大。例如，需要学习者本人出席的线下研讨会就有这种限制。我建议，探索学习主题的方式至少应该包括自我探索和多方互动，以及对互联网资料进行思考分析，这些步骤可以经常重复。有些人希望探索核心业务之外的"附加内容"，也应该允许，还应该创造机会与已经具备高超技能和经验的个人进行互动。

- 实验

什么是实验？就是将工具和技术应用到具体工作中，并且一定要意识到，掌握这些工具和技术不会立竿见影；最初的实验可能会得到机构的支持，新技术可能会被指定运用到某些"更安全"的项目，特别是那些被限制性保护起来的"围栏项目"。模拟也可以是一种有用的实验方式，无论是线上的，还是面对面的（比如角色扮演），尽管模拟不应该被过度使用，毕竟工作中的实践对执行者来说才是最有意义的。在做实验的同时，应该尽可能及时收集反馈，对快速循环和重复实践乐此不疲。不同的人会希望以他们自己的方式、自己的速度，在"探索"和"实验"之间循环往复地完成这些步骤，同时逐渐建立起学以致用的信心和应用能力。

机会

- 应用

对技能提升进行投资的目的，最终是提高执行人员的工作业绩。因此，当高管们真正能够把新技能和新知识学以致用时，投资（时间、精力和资源）的回报就会显现出来。为了提高学习和培训的有效性，重要的是尽量缩小学习和实践之间的差距。这一原则与第四次工业革命所推动的高效率学习相得益彰，形成了"即时学习"的概念，即面对工作挑战，需要学习新技能和新知识时，立即按需学习。

- 评估

与他人分享所学知识并获得应用经验的反馈，有助于巩固技能发展，也能提高工作绩效。若能建设性地结合短周期反馈，便可大大提升进步的效率。除了正式流程，我还鼓励团队内部定期进行非正式的点对点反馈，这种反馈可以是定期的，也可以安排在关键事件之后。给予、接受短周期的、建设性的反馈可以大大加强学习和成长的效能，增强团队内部的信任感。

配套环境

人类是有"社会警觉感"的，周围的社群环境对他们的行为、心态都有影响。集体学习和提升经验可以创造一套新的规范、一种共同语言和一套工具技术，让成员在应用新知识时能够相互支持。工作场所的社群可以极大地帮助个人发展，因为这样的社群能够提供应用新知的环境，鼓励那些哪怕尚未成熟的实验，庆祝每一次改善。它或许也会受到极大的阻碍，将个人拉回既定的常规行为、心态里——这就是之所以有必要明确创造一个积极正面的环境的原因。

- 保持意识

纵观管理层，从最高领导者开始，就应该贯彻自我进步、与时俱进的主观愿望。执行者和领导者应该寻求反馈，选择参与学习计划。培训不应该只是补救措施（即"你需要一些培训来克服当前的弱点"），而应是加强现有能力、为未来做准备的一种方式。领导者应该将自己正在参与的进修提高活动，分享成故事，这样可以促成企业内部形成一种文化——让每个人都意识到需要在自我提升这件事上做投资。

- 定制

在组织中，人才管理系统和学习体制应该根据不同个体的发展速度量体裁衣。个人绩效评估应能记录到工作表现中学习效果所致的行为变化，并及时反馈。无论培训是正式的还是非正式的，都应该如此落实培训和实践的结果。第四次工业革命时代的公司，员工队伍越发多元（年龄、背景、文化、国籍、性别），人才管理系统应能够对个人绩效进行考察，并根据各自的学习方式进行定制，从而帮助他们实现精进。

精进要以学习者为中心

全球用于高管培训和提升的支出估计超过2000亿美元，并以每年7%~9%的速度增长。这并不奇怪，因为商业环境愈发动态化，领导者的决策和业界表现会在越来越短的时间单位内，创造或摧毁数十亿美元的公司价值。在我 2015 年实施的一项研究中，我请企业领导者对前三大人力资本优先事项进行排名，近 70% 的受访者将领导力发展列为第一或第二关注点——然而，只有不到 20% 的受访者表示，他们的公司在培养领导力方面卓有成效。另一项研究表明，近 1/3 的公司认识到，正是由于缺乏足够有能力的管理者，才与机遇擦肩而过。

企业为管理人员的成长发展进行投资，其中 3/4 的经费仍花在提升能力框架或习得某项必备技能上—这些都是"未雨绸缪"的培训。只有不到 20% 的花销所对应的培训是要高管们学习如何应对当下的挑战。因此，鲜有证据表明培训投资会对企业绩效产生实际影响也就不足为奇了。正如一位受访者所说，"未能学以致用是企业要面临的首要问题"。因此可以预见，会有这样的声音出现："这种投资的回报率很不可观，因为学习不会为企业带来更好的业绩。"[5] 事实上，我们在每一章中都看到，如果没有管理者和领导者采取新的行为模式，如果他们潜在的心态没有发生转变，那么公司就很难在第四次工业革命时代的竞争中笑到最后。

提升领导能力（赢得人才培养赛）的需求与日俱增。考虑到对眼前培训投资低回报的失望，首席人力资源官们与"学习与发展部门"对待进修发展的方式是不同的，不过亦都受到技术革命的推动。

随着劳动力市场的紧缩和技能保值期的缩短，要想创造和保持市场核心领导地位，就需要人才开发部门帮助员工不断获取和培养所需技能。人才开发团队目前拥有的支援方案和资源足以应对技能短板所带来的挑战。[6]

数字化发展

经过 20 多年的试验和演进，数字化发展已日臻成熟。如今的技术能够更好地评估个体之间的技能差距，能为每一个体匹配一个大型"图书馆"，馆中陈列着经过精挑细选的特质化内容。越来越多的内容被设计成易于消化、小尺寸、网上和移动端可访问的形式。相比之下，许多以前的数字化方案提供在线面授课程时，都步履维艰。而今越来越普遍的是，每个模块（或小模块）不仅用相关情景的案例来探讨某一话题，还能指导学习者如何实践相关内容。数字平台的交互性也有助于学习者反思和分享应用过程中的经验，扩大影响力。这些课程鼓励学习者为自己设定方向，在他们认为重要的课题和技巧上优先突破技能进阶。机器学习可以监控个体的参与度、兴趣领域和进展速度，能够对学习的内容、形式和主题做出提示和调整，从而促进学以致用。组织内部或跨组织（在同一行业平台上）的学习者通过适当配对或分组，通过合作与竞争，支持彼此的发展。虚拟现实和游戏化学习等其他技术也在塑造学习体验。这两种技术通常既支持模拟硬技能（如制造厂发生故障后的生产线清理），也支持模拟软技能（如向员工提供复杂的绩效反馈）。

所有这些因素都意味着数字化发展的效能越发强大，能够帮助高管获取核心能力：更具针对性的内容、更大的灵活性（时间、地点、速度、深度）、支持本岗位应用，而且对于高管人数众多的公司而言，比传统的讲师主导型课程性价比更高，更易扩展规模。根据"领英"平台发布的关于企业学习趋势的《2019年职场学习报告》[7]，自2017年以来，59%的企业增加了对在线学习的支出，而39%的企业报告称，在讲师主导型的学习上支出减少。

从"未雨绸缪"到"及时"成长

在第四次工业革命时代，高管们的时间越来越紧迫，与此同时，对新技能的应用和学习也时不我待。这一趋势正在重塑管理层的学习发展模式，对内容聚焦化的要求变高。这些学习内容以短期干预（小规模）的形式进行，以便能够及时应用到工作当中。干预以学习者的独特体验为基础，为学习的情景和有效性而设计。越来越多的公司正在投资开发适合自身背景、目标和挑战的培训内容；85%的人才发展主管表示，正在开发定制化内容。人才发展主管的角色正在演变，越来越注重精心打造学习内容，设计学习体验。直属主管对自己所领导的个体成员具备深刻的了解，清楚他们正在面临何种挑战，因此，在指导、推荐学习内容和发展机会方面，发挥的影响力越发不可忽视。诺华公司首席学习官西蒙·布朗（Simon Brown）如是说：

> 下一个重大飞跃……是将学习直接嵌入人们的日常工作……和预先学习不同，我们可以在整个工作流程中提供学习模块……员工不必抽出时间去上课或登录平台；相反，学习将无缝嵌入每日的工作流程。此外，还可以随时根据员工需要，给他们提供培训，而非预先培训并要求员工记住所学内容。[8]

第四次工业革命时代的领导能力

这个时代不仅深刻影响了领导方式和管理方式，还带来了整个组织中工作内容和媒介的变革，带来了企业竞争及发展方式的演变。本书划分了不同主题，介绍了正在发生的变化和推动这些变化的力量，为的是提供一个参考框架，帮助你和你的公司选择加强那些与自身管理团队最相关的能力。每一章都强调了不同的领导技能和管理实践，旨在帮助企业在第四次工业革命时代占据优势。我没有探究有关领导力的长期属性（比如可信度），不是因为这些属性在当下无关紧要，而是因为这些话题已被讨论得足够多。以下部分介绍了大多数人才经理都熟悉的三组能力（这些能力贯穿本书）：**领导自我**、**领导他人**、**引领企业**。

领导自我

在本书的九个主题中，为各项主要能力持续赋能的优质心态有：

- 好奇心：帮助我们去**觉察与感知**。
- 紧迫感：帮助我们去**抢占与复制**。
- 适应性：帮助我们去**再配置与再定位**。
- 勇气：有助于追求目标导向的、前瞻性的战略。
- 解决问题：有助于灵活思考和行动。

- 永不满足：有助于不断进化、提高业绩。
- 同理心：支持授权，保护人才。
- 授权他人：适用于由高绩效驱动的团队组织。
- 人才催化剂：帮助我们赢得人才开发竞赛。

除此之外，以下特质也会增强第四次工业革命时代的领导力。在这个捉摸不定的时代，领导者需要激发员工的信任；在员工眼中，管理者要能够承担个人责任，关怀周到，行为如一，不受偏见的影响，不一叶障目，艰难时刻能做出行之有效的决定。

- 抢占与复制
  - 个人责任感：在第四次工业革命时代的流动性和不分明之中，个人行为和团队成果会对业绩产生不同的影响。
- 目标导向，前瞻性
  - 有目的性的领导：始终如一地追求有意义且鼓舞人心的使命，打造更完善的社群组织。
  - 追求可能性而非概率：用思维能力"连接节点"，探索多种不同的可能结果，为未来谋划不同方案。
  - 战略思维：穿过纷繁含混的数据和观念，形成清晰的思维，以便能够发现并选择备选路径。
  - 在不确定的条件下做决策：能够做出明确的行动决策，同时认识到风险和不确定性，适应未来的潜在需求。
- 左右开弓的领导力
  - 灵活的思维和行动能力：在两个或两个以上看似有冲突的目标之间维持进展。
  - 悖论和困境的归宿：通过改变视角，检验假设及限制因素，来探索新方法，纾解难以逾越的困境。
  - 创造性和系统思维：理解因果关系和相互联系，设计并实施干预举措；同时与公司流程及系统其他部分建立良好对接，保持相互作用。

- 持续进化
  - 高管的作用：通过口头和非口头交流，提升可信度，灌输信心。
- 以人为中心的人力管理
  - 真实性：通过对个人的优缺点保持诚实客观，行为始终如一，来与其他人建立联系，赢取信任。
- 新时代人才培养竞赛
  - 求知欲：对已拥有的知识保持谦逊，对学习和自我完善始终抱有渴望。

领导他人

贯穿领导能力的三个要素是：①赋予意义的能力，即能否在他人与组织目标之间建立连接；②合作的愿望，能否整合每个人的贡献；③尊重个体之间的差异，帮助他们获得幸福感。

- 觉察与感知
  - 群体资源：鼓励他人贡献想法、观察和见解，释放价值。群体的力量大过任何个体。
  - 收集创意片段：定期收集信息片段、有趣的碎片声音和想法；不要评判它们的潜在价值，因为在未来，它们可能会与其他创意片段融合起来，凝聚成新的创造。
  - 多问："还有吗？"鼓励分享思想和观念，即使是尚未成熟的想法，也不要轻易评断，让分享者感受到心理上的安全。
  - 测试和学习：通过合作，以及从市场和客户那里得到快速反馈，来加速学习。
- 抢占与复制
  - 跨界合作：与具有不同技能和观点的人合作，发现新机会和新解决方案。
- 再配置与再定位
  - 说服力和影响力：培养一系列技能，特别是在团队实践时，注重促进有效的合作与互动。
- 全球视野：能够在不同的环境中发现机遇和挑战，没有偏见，没有盲区，思维开阔。

- **左右开弓的领导力**
  - 同舟共济：要有强烈的并肩作战意念，为同一个总体目标而努力，让同事之间更多地相互给予和汲取。
  - 思考要有效力：将分歧看作相互学习和发现的机会，建立有效的合作。
  - 接受新观点：分享、询问和倾听他人（不同的）意见，学习、丰富彼此对事件的理解。

- **持续进化**
  - 赋予意义/关联目标：如何克服同事之间的差异呢？需要大家聚焦在更高远的共同目标上来。增强动力，赋予任务以意义感。

- 以人为中心的人力管理
  - 灵活地辅助他人：尊重和承认个体之间的差异，在适当的时候求同存异，给予包容。
  - 营造健康、减压的氛围：尽量减少不健康的压力，营造有利于情绪、心理和身体健康的环境。

- 以流动性团队部署人才
  - 通过组建团队来应对出现的机遇和挑战，往团队指派个人时注重流动性，依靠团队力量交付重要成果，从而加快业务发展。
  - 以团队为中心的发展：在团体工作的背景下，实时更新技能，精进领导能力，提升完成使命的质量。
  - 追求卓越（对团队而言）：让各个成员对如何提高团队绩效发表想法，并让这种发表成为一种习惯——团队迅速根据建议采取行动，并衡量成效。
  - 加快节奏：加快团队的节奏，从而提高团队的生产力，如缩短冲刺周期。
- 彼此挑战又支持：积极而富有建设性地挑战彼此，最大限度地加快成员的学习和成长速度，同时也要提供援助氛围，让大家有心理上的安全感。
- 新时代人才培养竞赛
  - 领导者要像教练一样：为团队成员的能力和业绩提供作为一名领导者应有的支持。在任务进行的过程中，及时提供一对一帮扶。
  - 角色拓展和分配：向团队成员分配职位时，要安排踮一踮脚才能胜任的角色，引导成员超越舒适区，但同时也要提供援助，在不超负荷工作的同时最大限度地拔高成长速度。

引领企业

领导的作用是促进发展，并实现下述能力和方法的应用：

- 觉察与感知
  - 在企业外部形成独特的洞察力：对于客户和市场空间，能够获取独立的数据和见解，衍生新的观点，强化内部观念。
  - 数据驱动，数字化：建立并加强对数据的收集和分析。持续探讨对数据的使用，借助数据验证假设及观点的准确性。
- 抢占与复制
  - 塑造未来：对未来可能性搭建不同的方案，创造合理的备选版本，确定一个方案并付诸行动，引领、主导市场空间向首选的未来发展路径前进演化。
  - 动员人力获取专业技能：那些对完成任务至关重要的技能如若很难锁定并复制，应让员工学会咨询专家或邀请专家，来解决问题。
  - 按集群而非区域划分：在具有相似特征的市场之间进行集群化协调，加速学习的获取、共享和再应用。
  - 快速扩展：将可以取胜的方案快速在本区域和网络圈层中扩展；

第四次工业革命时代里，速度是竞争优势所在。

- 再配置与再定位
  - 定义新的市场空间：让企业创造出一个特有的市场空间，从而享受垄断利益——竞争对手发现难以适应和追随其中的新规则，除非他们也对市场进行重新定义。
  - 滑翔，不要跳跃：市场空间的快速发展创造了一种可能性，即快速尝试新机会来降低风险。同样地，在完全退出之前要进行收割，这可以给竞争对手造成困惑，也方便在环境发生变化时，及时逆转，在退路上游刃有余。
  - 择优复制：具有竞争性的多样化选项（供应链、产品线、销售渠道等）增强了灵活性，较之于严格依照预测行事，降低了风险和脆弱性。
  - 简化，降低复杂性：制定清晰的规则，不断挑战，降低复杂性，例如可以应用于产品范围扩展、层次结构、过程交接、签字、会议审查和控制等方面。

- 目标导向，前瞻性
  - 目标导向：确保企业明确地采纳、阐述和遵循一个有意义的目标，该目标既宏大，也对社会有意义。企业的利益相关者给予目标足够关注，且企业拥有一些独特的技能或资产，有助于实现目标。
  - 适应度高的战略规划：在对战略、投资和行动做出最明智选择的同时，也要留心根据未来发展的需要适时、适度进行调整。

- 持续进化
  - 加速官：这个职位是公司核心管理层的一员，负责了解第四次工业革命时代的一系列工具、平台和方法，并评估它们与公司的相关性，确保公司能够及时应用工具，采取行动。
  - 规划未来：这是公司执行团队为企业能力和业绩的预期发展共同制订的计划，也是所有参与者的坐标参考点，对实现一致性和协调性大有裨益。
- 变革理论：对变革方法的共识是每个企业各自独有的，反映了价值观、目标，也反映了原则和协调机制。变革促使团队能够半自主地开展工作，从而加速变革和转型计划之光照进现实。
- 组织悟性：这是一种"搞定"和做出改变的能力，哪怕面临的是缓慢、复杂且阻力重重的环境。

- 以人为中心的人力管理
  - 关爱义务：无论一个成员是否为正式雇员，都要通过灵活的工作方式来增进他的福祉。要提供一套明确的指导方针，确定员工和管理者的行为界限在哪里，避免对"如何行动"产生含混、怀疑和焦虑。招募并培训主管及团队领导，让他们学会如何以对全员都透明、支持、公平的方式，倾听和灵活回应员工诉求。

- 以流动性团队部署人才
  - 由团队组成的团队：这一模型用来组织和部署资源，来满足公司短期和长期运营及项目需求。以流动性的方式将个人分配到团队中，他们各自在团队中的表现是衡量其对公司贡献的主要指标。

- 新时代人才开发竞赛
  - 成人教育：改变行为方式——精进执行力的主要目标是积极提升个人在当前业务中的表现，实现即时学习和发展。
  - 个体人力资本管理（数字化驱动）：通过综合的人力资本管理软件平台，及时了解每一个体的绩效表现和参与程度，为每个人提供个性化发展支持。

理想的学习发展平台

商学院 VS 培训供应商 VS 企业学院

企业对培训和个人发展的需求和投资正日益旺盛，毕竟赢得人才培养竞赛，就赢得了第四次工业革命时代的关键优势。人才发展的过程也正在以下几股力量的共同作用下发生转变：数字化支持，应对在职挑战的即时学习，应用综合成人教育学来改变行为，定制企业的价值观、优先事项和运营背景。

虽然一些商学院已经掌握了这一发展趋势，也重新调整了高管培训的实践内容，但大多数商学院还无法做到这一点。这一市场的强劲增长正被商业企业所捕获，例如咨询公司（德勤、麦肯锡）、高管猎头公司（光辉国际、易观森德）、专业培训供应商（弗兰克林考维、Aspire）以及领英、优达学城等在线内容策划平台。这些供应商擅长设计，能够提供学习经验，但往往缺乏与客户的亲密接触，缺乏对公司战略成功秘诀的前沿洞见，而这又是重中之重。这导致企业学院的数量和规模显著扩大（目前大约有4000多所企业学院在运作，而2000年时只有500所左右）。

现代企业学院策划了一系列学习发展方案，均与企业竞争战略所依存的价值观和能力协调一致。此外，它们还对接了第三方渠道，让企业访问第三方图书馆，里面对核心技能提供了标准培训内容。例如，安盛集团利用与可汗学院的关系，为125000名员工提供学习体验。安联保险集团通过"领英学习"，为全球14万名员工提供了学习机会。许多带头企业（如联合利华集团、瑞士信贷银行股份有限公司、诺华公司等）在全球多个地点运营企业学院，为来优质商学院的教员提供定制的领导力课程，并与多家供应商合作，同时，还开发了自己的学习技术组件。现代企业学院由商业单位赞助运营，他们把赢得人才竞赛视为竞争优势的关键来源。以前，企业学院通常被认为在自身运营方面花销过大，在培训方面需要控制成本。未曾想，学院也可以依赖外部实体投资。商业单位会积极为学习之旅确定方向，选择参与者，拉来内部专家、导师，并就培训课程的有效性建立反馈机制。

2015年，咨询公司"Executive Core"[9]编制了一份报告和一系列倡议，主题是关于商学院应如何重新构思其价值主张，保持与企业的关联性。[10]

在受委托编写该报告时，赞助组织高管教育联合会（UNICON）[11]、高等商学院协会（AACSB）[12]和行政工商管理硕士理事会（EMBAC）[13]发现，尽管这一行业正迎来蓬勃发展和转型，但绝大多数商学院都被甩在了后面。随着第四次工业革命时代的快速发展，工作中又浮现出几个值得挖掘的课题，但多数商学院未能做出适应和调整。报告的结论是：

> 定制化学习的市场空间正在不断扩大，需求也越发多样化。潜在客户的需求形形色色。在满足这些需求的过程中，许多商学院在竞争中接连败给了专业服务公司，它们或许需要投资和变革……商学院需要改头换面，采用新策略。[14]

在这期间，收益良好的商学院（如西班牙企业学院[15]）已经做出了明确的战略选择，来应对第四次工业革命中企业不断变化的发展需求。他们将投资、招聘与合作活动结合起来，改造课程的提供方式与内容安排，同时也改造了业务和运营模式。

到底是什么阻碍了商学院根据时代需要来调整课程呢？报告中的两个主题精准描述了它们遭遇的挑战：

主题8：使商学院的课程内容与企业当前采用的方案及学习模块保持一致

商学院的教师既没有动力对自身思维模式和方法做出调整，以适应企业的特异化需求，也不愿额外花时间走访企业，广泛发展关系，或去了解市场挑战。

如果商学院决定围绕某项业务展开竞争，他们需要检查所有系统和流程，看它们是否堪当重任。商学院为了促进学术独立，常常鼓励教师出版研究成果，给予其终身教职，但这似乎会导致教师们难以根据客户的框架重新构建观点和概念，与他人协调合作，定制个性化学习产品来增进学以致用。一些商学院可能会发现，将这一职能外包，或交付给兼职教师，抑或在校内设立专门的平行服务咨询机构，效率或许更高。[16]

主题 9：在企业中发展更亲密的客户关系

许多人才管理方面的重要利益相关人士还希望获得高级咨询服务，也希望学习规划的制定者能给予他们这一群体的需求以更多关注。一些规模较大的全球客户希望能够灵活地定制共同发展计划，采用综合性学习渠道，包括在线的、面对面的（真实或虚拟）、在集中地点亲身上课。

与客户建立亲密关系是必要的，能够让我们了解客户的新需求，并在适当时间配置恰如其分的资源。为了达成这样的关系，需要在商学院或管理教育机构中，扩展客户关系经理或客户管理者的角色。接受我们采访的人提到，专业服务会由更大型的客户管理团队来承担，其中一些人表示，他们从这些团队中获得了更多的联系和灵活性。一些人才管理专业人士认为，大学的高管培训团队及其全球范围内的输出业务过于贫乏，无法满足全面综合性的人才管理需求。[17]

正如本书前几章所讨论的，在第四次工业革命时代，那些能够更快发展和利用知识与见解的人，会比其他公司具备更明显的竞争优势，特别是在理解未来发展意义这一点上，能做到迅速检验、学习、应用以及扩展解决方案，继而实施变革。前一章着重提到，领导者和高管需要具备特定技能，才能让公司在第四次工业革命时代的大环境中脱颖而出。本章中，我们讨论了将所学知识立即在工作中投入应用的重要性。以上这一系列因素的结合意味着：在对客户具有重要战略意义的领域中处于领先研究地位的大学商学院，可能是非常强大的合作伙伴，有助于企业取得成功。然而，纵使大多数商学院拥有这样强大的资源组合，纵使企业高管追求精进发展的需求如此强劲，也未能实现课程的重新配置。其实机会就在那里，这些学习机构实际上可以将关注的重点转向企业和高管的发展需求。

领导力特质：第四次工业革命时代的人才培养竞赛

领导者的教练角色

领导者应力求成为出色的教练；指导、激励并监察团队成员。他们要做的是提出问题而不是提供答案，为员工的发展提供支持与指导。身为教练的领导者为他人的成功做出投资，他们倾听、观察，表现出同理心，对每一个体的发展背景和心态怀有真诚的兴趣，并帮助他们加快成长的脚步。身为教练的领导者需要一边为团队成员创造情绪安全感，一边提出强有力的问题，促使成员反思，帮他们找到前进的道路。迈克尔·邦盖·斯坦尼尔（Michael Bungay Stanier）的《教练习惯》[18]列出了身为教练的领导者需要掌握的七个关键问题：①你在想什么？②还有什么？③对你来说真正的挑战是什么？④你想要什么？⑤我能帮到你什么？⑥如果你对这个说"是"，那会对什么说"不"？⑦什么对你最有用？

对职位和任务做拓展延伸

为了加速人才发展，特别是最有能力的人才的发展，领导者必须愿意且有能力设定目标和岗位角色，这些目标和岗位需要有助于拓宽个体成员的发展道路。人的发展速度不同，发展能力也各异。在第四次工业革命时代，要想赢得人才培养的竞赛，就必须能够区分不同类型的个体，并为每个人找到最大限度提升其成长速度的途径——不温不火。过度的任务分配（故意分配超出个人能力范围的任务）会造成压力，管理者也会面临风险。因此，领导者必须向个人伸出有力援手，观察他们的精力、压力与进步，给予指导，灌输信任感，浇筑信心，同时让他们对结果负有责任。领导者要帮助成员取得成功，但如若失败发生，那么就协助他们处理和学习，进而调整未来的行为。任务拓展应该给个人带来积极的压力，而非消极的。领导者在把任务委派给员工的同时，也不要丧失参与度。

对学习的渴求

公司所有高管都应当对学习表现出积极的渴望，将时间和精力投入到自我完善和发展上。学习形式可以多样化，但应包括积极寻求他人反馈，尝试新的行为模式，并跟上行业发展。几家公司的高管指出，在招聘人才或考虑提拔某人时，他们会观察对方有无自我学习的驱动力（如自费学习、在个人的进步发展方面投入的时间）和适应能力（包括以自我发展为动机而进行的横向职业调动）。管理人员应设法提供让员工得以持续学习的方案和平台，例如通过企业策划的学习门户平台进行自学，主持汇集商界和学术界思想领袖的活动，积极分享见解与"创意碎片"。马歇尔·戈德史密斯（Marshall Goldsmith）写了两本才思卓越的书，补充了有关个人改变的主题和技巧：《没有屡试不爽的方法：成功人士如何获得更大成功》[19]《练习改变》[20]，也会给你触动和启发。

心态：人才的催化剂

一位高管的心态理应促成他人和自己都能取得发展。企业也需要建立相匹配的文化：持续学习，频繁反馈，维持个人和团队绩效的透明度。领导者也需要塑造这样的心态，把团队和每个成员的成功放在优先位置，不断思考实现这一目标的最佳方法。管理者的成功建立在集体成功之上。

第 9 章　用流动性团队部署人才

> **摘要**
>
> 想要在第四次工业革命的竞争中取得成功，就要高效部署拥有最合适技能和心态的稀缺人才。这就需要有能力迅速组建、调整与解散团队，以便应对接连不断的各式挑战。敏捷、适应性强的公司自然具备敏捷和适应性强的资源配置力，包括团队。在这个时代，团队是组织的"业绩引擎"。组织中的每个人必须对团队合作达成共识，增强迅速团结在一起、立即集体行动的能力，无论是面对面的还是远程的，无论是在同一个单位还是跨越组织边界。人员管理的基础设施系统要使整个组织能够作为一个完整的流动团队来运作，而这个流动团队又是由多个小规模的流动团队组成的。职能部门可能担当"主队"角色，负责深化与拓宽个人专业能力，具备多种功能的"客场队"则有望实现突破。

团队：业绩的引擎

在第四次工业革命时代，多功能团队是业绩的关键引擎，可以处理越来越多的方案、计划，因为一个人可能同时是多个团队的成员。而团队可能是短暂的，也可能是公司内永久的固定存在。团队的表现是如此重要，因而不能听天由命。一个团队如何凝聚到一起，团队中的个人如何相互作用，他们自己如何表现、如何与团队外的利益相关者互动，这些问题都应该明确化，这是彼此行为和期望交织的产物。团队合作的规则和实践对每一个组织来说是独一无二的，它反映了一个组织的文化和价值观，也反映了一个组织的最佳行动方式。因而，面对新员工，理应明确讲解公司的行动方式,所有团队成员都要遵守这些规则,并彼此问责。

在动态组织中,快速建立高效团队尤为重要。顺利组建和解散都可以造就竞争优势。当各组团队走到一起时,应对所有成员进行入职培训,令成员们对五个关键问题的理解保持一致:

(1)团队的使命是什么?为什么这项使命对整个组织都很重要,它与组织中其他团队或部门的任务又有何不同?这个团队到底要对什么负责,而哪些事又超出了它的职权范围?

(2)团队的角色是什么(使命必达的团队是什么样的)?它是一个工作小组还是协调小组,或是一个管理小组?团队的责任边界在哪里,其他人从哪里接手,他们是谁,谁与他们对接?

(3)若要确保团队尽职履责,应该把哪些人纳入核心团队?核心团队需要拥有哪些技能和资历才能实现理想的运作?团队的规模有多大才能有效且高效地运行?原则上,团队中的每个人要能够平等地做出贡献。如果需要,外部人士有时可能会受邀加入团队,但并非成为团队的核心部分。

(4)核心团队中的每个人应该有怎样的行为?团队中的每个人都需要为其他成员考虑,以大家都认可的方式行事,为自己的行为负责。每个人都应当以大致相等的比例,为团队的成功做出贡献。

(5)团队如何学习与提高?团队成员或利益相关者如何共享反馈?团队如何自我更新换血?绩效的衡量标准是什么?每名团队成员如何贡献自己的光和热?

以团队为中心的发展

即使如上所述建立了团队合作的基础,也不是所有团队都能表现卓著。谷歌公司的成绩与其出色的团队息息相关。谷歌投入了大量资金去了解高绩效团队和低绩效团队之间究竟存在哪些分别,最终得出结论认为,个人的性格类型、技能和背景这些综合因素没有太多区别,真正重要的是团队规范,即彼此间遵守的传统、行为方式,以及那些影响互动的不成文规定。规范有时是不言自明的，有时也会公开声明，无论如何，其影响往往是深远的。[21] 融入群体是大多数人的心理倾向，因此，群体规范通常凌驾于个人行为偏好之上。正确的规范会提高团队的集体绩效，而错误的规范则会削弱绩效，纵使团队中个人的才华和奉献程度再好也无济于事。有些团队会给成员赋能，另一些团队则会耗尽成员的能量，让人感到筋疲力尽。谷歌指出，高绩效团队与低绩效团队的区别在于团队成员如何对待彼此，特别是在谷歌研究人员所称的"心理安全感"方面。这为个人创造了一个诚实和脆弱的机会，向彼此坦承想法与恐惧、成功与失误、偏好与厌恶，并相信自己的坦诚都会得到同情、支持和保密。

谷歌提倡在团队成员之间培养一种相互依靠和信任的文化，当团队中有谁感到被排斥和沮丧，每名成员都应当注意到，并采取行动包容或鼓励这个人。为了让团队发挥出最佳水平，每个人都必须有所贡献。谷歌的结论是，各成员的发言时间应大致相等。谷歌对团队绩效的分析指明了以下几件事的重要性：确保团队有明确的目标，成员清晰理解团队的作用，团队产出的成果应与公司的更高使命保持一致并对其有促进作用。

团队，而非个人，越来越被认为是推动或抑制企业业绩表现的引擎——因此，团队作为推动领导力前进的车轮，其重要性与日俱增。以团队为中心的发展往往需要清晰地描绘出团队行动和个人行为的潜在关系。为了让团队出类拔萃，每个成员都需要将自我的心态和意识协调到与团队独特的使命和运营模式相一致的步调上。在许多公司中，要实现这一转变，就需要对用于高管培训的支出做出重大调整。人力主管证实，这一点确实正在发生。最值得注意的是，当需要一整个团队实时应对工作挑战时，这一点的作用越发凸显。

团队角色类型

梅雷迪斯·贝尔宾（Meredith Belbin）教授指出，高效能团队由承担不同角色的个人组成。[22]贝尔宾确定了任何一个团队中都应当包含的九种角色（表9.1）。

表9.1 团队角色类型[23]

团队角色	贡献	可被容许的弱点
资源调查者	外向，热情；探索机会，发展联系	可能过于乐观，一旦最初的热情过去，就会失去兴趣
协作者	合作，敏锐，灵活变通；善于倾听和避免摩擦	在紧急情况下会犹豫不决，倾向于回避对抗
协调者	成熟，自信，有天赋；目标明确；知人善任	可能会被他人误会为是在操纵，也可能暗自卸掉自己那部分工作份额
智多星	有创造性、想象力，能够自由思考，有想法	可能会忽略一些杂事，也可能因为过于忙碌而疏于沟通
监督员	冷静，有战略眼光，洞察力强；能精准看到所有选项和判断	有时缺乏激励他人的动力和能力，可能过于挑剔
专家	专心致志，主动、奉献	只能在狭窄的战线上正面作战，倾向于停留在技术上，无法兼顾其他
鞭策者	提供专业知识和技能	容易挑衅他人，有时可能会冒犯到别人的感情
实施者	务实、可靠、高效；将想法转化为行动，将需要完成的工作组织起来	对新的可能性反应迟钝，固守己见
完成者	勤奋，认真，慎重；善于查找错误；负责打磨和完善	可能会因为过度担心，而不愿意授权委任他人

虽然每个人都有自己偏好的角色类型，但团队成员应该善于观察团队动态，以确定哪些角色被过度放大或被低估了，随之相应调整自己的行为。贝尔宾教授的一个重要论点是，当所有角色类型都布置妥当时，"可能没有一个完美平衡的个人，但可以有一个完美平衡的团队"。高绩效团队能够涵盖所有角色，人人都有贡献，且彼此能够以建设性的方式互相支持，互相挑战。只有在团队最初组建时，对这些行为进行过明确

讨论，并达成一致意见，才能实现这样的状态；此外，在团队的生命周期中，成员有必要相互问责。

跟踪团队中的个人表现

一家公司若采用以团队为中心的方针，那么最常遇到挑战的便是人力资源部门，或更准确地说，是人力资源系统。通过部门经理追踪年度（或半年）绩效的传统人力资源系统可能不利于流畅的团队合作，因为个人对团队的贡献可能无法完全体现。同样，高效的团队成员——那些已在实践中反复证明自己有能力帮助团队实现卓越绩效的人，也许不是最高层级，因此人力资源系统/部门可能不愿意，或无法给予适当的奖励。

那些以团队为中心的企业需要配套什么样的人力资源系统呢？①能够为合适的团队匹配合适的人；②适当奖励对团队业绩做出贡献的人；③为成员的学习和发展提供支持和反馈。在一个流动的、以团队为中心的环境中，需要在每一次团队组建和解散时，进行相关数据的采集和调取，而不仅仅按周期来进行。人力资源系统需要熟悉每个人最擅长承担什么角色，懂得通过老团队里的同事和领导来跟踪观察成员。此外，在密切洞察的同时，也要对成员个人的技能和职业素质有真实认知，并对此前团队的执行力成效做出客观评估。一个优秀的团队成员可能曾在一个机能失调的团队中，导致目标未能实现；或是在一个机能失调的团队中的确实现了其目标，但这在很大程度上是缘于个人的努力。人力资源系统需要了解这些情况，并有针对性地为个体提供反馈、支持和奖励。

在跨文化的环境中，若由人力资源系统管理团队合作，或者管理团队之上更大的团队，可能会面临更大的挑战。例如，几年前，丹麦一家著名的公司在新加坡设立了地区总部，并在那里部署了几个在全球范围都有业务资源的管理者。他们引进了一种团队工作法，为团队（包括高管层）设定职责范围，该方法在全球总部确曾行之有效。然而在新加坡地区总部，内讧和不信任屡见不鲜，增长远远低于预期。他们意识到，在多元文化的背景下，新的地区总部成立后，许多高管都是从外部引进的，没有足够的凝聚力，也没有对母公司及其文化的一贯归属感。以团队为基础的绩效指标就形成了这样一种局面——大家都不认为有必要在管理中发挥主导作用，因为团队中的"每个人"都应该承担同样的责任。

正如著名篮球运动员迈克尔·乔丹（Michael Jordan）所说："'团队'（team）这个词中没有'我'（I）这个字眼，但'胜利'（winning）中有'我'（I）。"一个团队要取得胜利，每个人都需要全力以赴。人力资源系统需要跟踪、奖励、提供反馈，培养每个人提升团队绩效的能力和意愿。谷歌为每位员工设定了单独的目标和关键成果（Objectives and key Results，OKR），并进行跟踪，同时对团队整体绩效也保持关注。在高流动性的团队环境中，对个人绩效和团队绩效（包括团队成员对彼此的反馈）保持同步追踪，有助于人力资源经理进一步发现那些隐藏在传统组织中的高绩效人才，从而及时采取适当举措，来培养和留住这些人才。

由团队组成的团队

团队推动着公司大部分业务活动和业绩向前发展，"团队组成的团队"则扩充了团队这一业绩引擎的概念。具有合适技术或专业技能的人被分配到一个或多个运营团队之中，这种分配可以分几个不同的时间段来灵活进行。"团队组成的团队"创造了高度的组织灵活性和可重构性。对大团队而言，里面的每个小团队就是一名成员，可以用最短的时间建立起团队特有的动力要素。小团队还需要能够顺利分散到各处，有效吸取知识并向彼此提供反馈。这里有四种机制来帮助我们建立有效团队，所有这些机制都应深化到整个组织内每个人的心中，这样人人都有可能直接或间接地为团队提供支持：

- 向团队成员介绍任务、目标和业务范围等内容时，应形成标准化操作流程。
- 每个人都清楚团队领导和团队成员应遵循什么样的行为准则。例如，如果一名成员同时为几个不同的团队做事，应当如何管理；如何做出决定；以及团队应如何应对意外事件或突发状况。
- 整个公司的信息共享是开放的、广阔的，这样每个人都可以跟得上团队的使命。知识共享具有可访问、可搜索的特性，关联者可以识别出有用的知识，在信息库中自由交流。这样的知识共享将成为流动团队的动力源泉。
- 从每一次的团队计划中，成员也可以汲取知识用来学习。这样的理解和实践应大力推行，确保积累下来的知识可供未来的团队取用。团队中的每个人都需要相互反馈，这样一来，每个人就知道如何不断改进自身的贡献和绩效了。

整合资源

团队日益成为推动公司业绩发展的引擎。当一个团队从组织中广纳人才后，会接受一项特定任务，通常还会设置一个特定时间框架。最好的团队在一起合作时，会为团队成员之间技能、观点和贡献的多样性而欢欣鼓舞，合作因此而富于成效。在所有参与研究的公司中，人们越来越期望团队之间合作的成分会增加。

"由团队组成团队"的概念描述了这样一个环境：个人在团队之间高度流动——人们聚集在一起执行项目和任务，在某一个团队中取得成果后，离开原有团队，加入另一个团队。虽然团队组成的团队可以向个人授权，让他们的表现有机会被大家看到，但研究中还是揭示出了几个谨慎主题，需要以积极主动的管理来应对：

- 对于一些管理者和部门主管来说，指派"他们的"员工加入另一个特定团队，可能会被视为分散了对"真正"工作的注意力。所谓"真正"的工作就是倾尽资源要实现的部门目标。因此，团队成员可能会认为，他们加入其他团队这件事得不到原有部门的支持，也会担心绩效评估（主要取决于部门主管）受到影响。
- 这种有害的氛围必须直接剔除。研究中，高管们提到的方法包括，由首席执行官直接为团队成员提供"顶级保护"，或是全职借调团队成员，这样员工的汇报渠道显然发生了变化。
- 然而，更大的难题是获得部门主管的支持。要让部门主管接受：流动的资源和持续的团队部署是新常态。部门主管其实也可以从支持临时组建的团队中获益，因为这些临时团队可以优先完成与部门相关的目标任务。总之，需要建立广泛的共识：团队作为推动组织整体绩效的引擎，是至关重要的；作为个体而言，成为团队的一分子，就有可能成为被发掘的人才，为团队添砖加瓦，就有可能获得奖励。
- 对于熟悉传统组织方式的人来说，"由团队组成团队"这一运作模式让人感觉像是"有组织的混乱"。从工作人员的角度看，可能无法清楚了解到底谁在做些什么，这样一来，寻找相关资源（人员或报告）就会看起来操之不易，让人望而却步。不过，像谷歌这样使用云共享文档和搜索算法的公司，通过关键词和几次点击就可以快速定位和联系到合适的人员与资源。一名高管在职业生涯中期跳槽到这样一家公司，她认为，对她来说，最好的办法就是"冒险一跳——一旦你学会了'游泳'，你就会发现它确实管用，你不会淹死，实际上还相当有力量"！
- 随着团队越来越多地分合聚散，企业期望在这样的过程中推动业绩提升，因此，应当建立起明确且能够被普遍接受的团队合作模式。团队需要"快马加鞭"，而不是拖长时间忙着对彼此进行"塑造和规范"。毫无疑问，人际关系和信任会随着时间的推移而强化起来。然而，有一些共识从初始阶段就应该树立起来：有关团队如何在这里工作，良好的团队行为是什么样的，以及每个成员如何让自己和其他人共同向最高标准迈进。团队中的每个人都应对自己的行为准则负起责任。

共享信息

当一支团队在组建阶段时，它需要访问所有需要的信息。如果知识和见解没有得到适当的记录和共享，就会在团队解散时，面临丢失。故而，"由团队组成的团队"这一方法成功的基础是不断开放地分享见解和信息。联合利华集团称之为"数据湖",而谷歌基于卓越的数据搜索正在展示其文档共享、存储和访问的精湛能力。一家大型科技公司正是靠"由团队组成团队"的方式蓬勃发展,其公司高管这样描述道:

> 在我从前任职的公司,信息都保存在数据库和部门负责人手里。数据信息有很多版本,只有真正的秘书知道哪个版本是最新的,或者清楚当中有哪些部分被隐藏了起来。知识当然是权力的一种形式,但它的主要功能和意义在于保护人们免于被解雇,在公司能立足,而不是被用来公然操纵。不过,在谈判桌上,我们肯定是凭借信息和专业的知识,稳坐了一席之地。在这里,每个人都可以访问所有内容,但你几乎不知道它们被存放在哪里,或者是谁在什么时候存放的,甚至不知道它们是否还在公司里——但这并不重要。我们在搜索方面是领导者,一切都在云端,且我们有权进入。所以(在这家公司),知识也是力量,除非知识变得唾手可得。问题只在于,你是否花心思去寻找它,是否能吸收它,然后用于做一些有用的事情,说一些有用的话。

美国陆军退役将军斯坦利·麦克里斯特尔(Stanley McChrystal)在他的《团队组成的团队》[24]一书中描述了他所倡导的团队模式:为了让联合部队特种作战司令部在伊拉克战争期间的表现实现阶段性的突破,他大幅提高了作战部署速度,整合了多个不同军种的特种部队。尤其是,他描述了确立"共享意识"的必要性——各单位之间公开共享情报信息。这代表对传统思维模式和实践的重大颠覆,以往只是在"需要知道"的时候才获取信息,也不过是为了维护运营安全。如果一支多国部队的特种作战司令部能够共享作战敏感信息(毫无疑问是一些秘密),通过"由团队组成团队"的模式取得成功,那么我相信每个公司性质的组织也能做到!

文化与归属感

由于资源和结构的流动性，人们对某一部门或单位的归属感可能会减弱。虽然这是从原有较封闭的"竖井"中做出一些积极突破，但还是可能让一些人感到困惑。因此，在主动行动的同时应当深思熟虑，灌输强烈的认同感和归属感。谷歌恰如其分地称他们的员工为"谷歌人"，通过公司会议（或视频电话）、"TGIF"全员大会①及内部运行的多个计划、设施等，来支持每个人与他人构建联系，感受到身为谷歌大家庭的一部分。公司文化的包容性，包括接触到信息和高层领导的途径，对于增强归属感，以及在组织的"共享意识"中分享，都至关重要。

领导力特质：通过流动性团队部署人才

追求卓越（以团队的形式）

一支没有进步的队伍将走向崩溃。团队应持续改进业绩，调整自身角色和流程，从而提高效率与有效性。有一位首席执行官正在帮助一家向来颇为自满的政府机构实现转型，他借用奥运会金牌得主本·亨特-戴维斯（Ben Hunt-Davis）的名言——"这会让船走得更快吗？"[25]来帮助高管团队营造高绩效文化。有了这句简单的话，高管们可互相挑战，同时也提醒自己。改造的目标是通过第四次工业革命时代的技术和行为来提升这家机构的生产力和灵活性。他希望每个人都能对推动机构绩效提出自己的想法。在所有的领导小组会议上，在人人都提出新想法之前，他不会结束会议。他提醒大家正同处于一条"船"上。正如哲学家威尔·杜兰特（Will Durant）诠释亚里士多德时指出的，"我们就是把事情重复做。因此，卓越不是一种行为，而是一种习惯"[26]。一个团队之所以取得卓越的业绩，是因为每一天都在强化追求卓越的习惯，每一

---

① "TGIF"是英文哩语"感谢上帝，到星期五了"（Thank God It's Friday）的缩写，此处指谷歌每周一次的全体员工大会。2019年11月，谷歌向媒体证实大会改为每月举行一次。——译者注

天都做出小小的调整,才有来日可期。

加快节奏

随着业务速度的加快,资源部署更加流畅,工作效率也需要提高。实现这一目标的有效方法是采取冲刺计划。每家公司都可以发展他们自己适用的冲刺版本:共同的元素是:①明确一个或两个目标,同时清楚它们为何重要,团队中的每个成员均对此达成共识;②团队确定下一次业务回顾前的预期目标,以及相应采取什么行动步骤;③团队快速行动评估周期(称为"一个冲刺")可以跟踪行动进展和成果;④大约每四个冲刺周期后,会在团队和利益相关者之间进行评审,并调整监管会议。

互相挑战,互相支持[27]

想要兼顾承担好个人责任与集体责任,团队成员就需要互相提供建设性反馈,并适当参与有难度的对话沟通。这时,一种挑战与支持并存的文化就应运而生,在提供积极支持的同时,对业绩上的不足进行集中讨论,提出挑战性的贡献和建议,不但能发现弱点和偏见,还能激发更强大的思考力与稳健性。当有强烈的互信感时,团队会走到一起,达到新的业绩高度。这需要下功夫去了解什么能够给对方带来动力——了解彼此的弱点和长处,并能够坦诚相待。

心态:授权他人

当团队知道自己的任务与组织的总体目标一致,且知道所做事情的重要意义时,表现最好。因此,委托团队做事的发起人需要确保这些意识要素基本到位。随后,发起人可放权给团队管理者和团队成员,让他们完成任务。要试图建立这样一种平衡:企业在为团队设定节奏的同时,也要为他们留出足够的自主空间,让团队找到适合自身的步调,在自我引导中无畏前行。团队对目标的理解越深,关联越大,其授权意识和自我指导能力就越强,而整体业绩自然就会越好。在追求有意义目标的过程中,由于相互依赖,成员彼此间的归属感强烈,个人层面的矛盾就可以被暂时搁置。

第10章 以人为本的人力管理：关爱义务

> **摘要**
>
> 在本书开头，我引用了世界经济论坛上克劳斯·施瓦布[28]的话，他认为："第四次工业革命不仅仅是一次由技术驱动的变革；它更是一次机遇……利用融合的技术，创造出一个包容性的、以人为中心的未来。"越来越多的人认为，公司业绩取决于员工的幸福度，而不是对工作者的剥削程度，这种责任落在雇主身上，而非国家：
>
> - 世界卫生组织命名了一种"压力流行病"[29]，这是一种正在发达国家的工人群体中蔓延的心理病症。
> - 2019年2月，联合国发布了一份关于收入不平等的不可持续性的报告[30]，这是侵蚀工人身心健康的主要压力源。
>
> 人才是第四次工业革命时代的关键稀缺资源，这个时代就是需要将吸引、保留、授权和维持人才放在首位。以人为中心的人力管理（HCWM）提升了对员工的福利和包容性，特别是通过灵活的工作安排，去适应不同个体在管理工作、家庭、生活边界方面所存在的差异，并支持个体对工作范围做出自己的调整。以人为中心的人力管理提高了生产力、绩效，延长了任期，所有这些都利于雇主的品牌塑造，对吸引人才有益无害。
>
> 每个人都是独一无二的——都拥有独特的技能和背景环境。第四次工业革命时代的公司需要以提高集体绩效的方式管理人际网络和社区，让每个人都参与其中。工作内容、个人与雇主的关系、工作方式和模式都在发生重大转变。如果这个时代确实是以人为本，那么企业领导人和政策制定者就需要引导工人懂得如何驾驭变

化，并有效融入新型的经济社会环境。其中最重要的变化如下：

- 工作内容在变化。第四次工业革命正在拥抱数字自动化、机器学习和基因组学，这些因素使工作和工人的运转秩序脱离原有常规。这个时代在数字化和仿生学能力方面也提出了新的要求，从而需要人们学习新技能。同时，全球人口老龄化增加了对医疗从业者的需求，生活方式领域的服务越来越多，超越原有退休年龄的就业机会也出现了增长。

- 雇主和雇员之间的关系正变得越来越短暂，一些发达国家的平均从业期已降至两年以下。与这一趋势相匹配的是，企业越来越倾向于聘用合同工，而不是正式员工。由此产生的就业不稳定现象反映在个人的态度和行为上，个人开始依靠多个不同的收入来源，而非一个。

- 员工之间的社会凝聚力下降。同事之间的关系不仅越来越短暂，也越发缺乏物理距离上的亲近感。无论是出于喜好、日程安排还是时区差异，团队成员都可以在国内或海外远程工作，也可以在不同的时间分工协作。劳动力年龄范围在不断扩大，许多组织雇佣的员工年龄层呈现四代人分布。多代劳动力的社会凝聚力也较低，因为同事处于不同的人生阶段，有着不同的优先事项排序与约束因素。

关爱义务

雇主应该提高员工福利这一论点，不仅与道义相关，而且，当员工的身心更健康，他们的表现也会更好，这将会为雇主带来好处。例如，错误率更低，可靠性更高，缺勤天数更少，人员更替率更低。尽管合同制员工为公司提供了如何以及何时雇人的灵活性，但也可能导致公司无法提供正式雇员可享有的社会保障和福利。人们越发认识到积极促进工人福利的重要性，无论他们是正式雇员还是合同工。2015年，联合国通过17项可持续发展目标[31]，希望到2030年逐一实现。其中第3项目标是确保所有年龄层的人都可享有健康生活和福祉。第四次工业革命时代所设想的以人为本的未来，正符合联合国的可持续发展目标。提供福利支持也会给雇主的声誉带来积极影响，扩展公司招贤纳士（正式雇员和合同工）的网络。

支持工人改变工作内容

随着第四次工业革命吸收了机器学习、物联网和基因组学等技术，工人及其角色正日渐与社会脱节。人们对未来所需工作岗位的数量不无担忧，但普遍的看法是，未来究竟还需要人类承担哪些工作岗位，这件事需要十分慎重的再定义。机器学习到底会使自动化能力产生怎样的演变，种种预测存在差异。因而，到底有多少比例的工作岗位会因自动化而面临消失的风险，也很难讲（预测的比例从20%到40%不等）。随着一些工作被自动化能力取代，新的工作也被创造出来，只是需要以人工智能和自动化为应用媒介。

可由人类承担的工作类型正在发生大范围变化，所以，时不我待，我们要迅速学习新技能，并过渡到新职业，与能效日新月异的机器成为工作伙伴。由于人口结构的变化，一些不太适用自动化和人工智能的职业也呈现出需求增长，譬如护理工作和教师。人们的寿命越来越长，人口老龄化增加了对医疗保健从业人员的需求，支撑新生活方式的服务也会更受欢迎。

"人才之战"这句老话已被第四次工业革命重塑为"人才培养竞赛"（即重新培养人才和提升人才技能）。40%的"千禧一代"和"Z世代"都对正在发生的变革感到束手无策[32]，也有同样比例的老一代渴望在劳动力市场仍然保有一席之地。如果没有技术人员、数据科学家和程序员来支持自动化和大数据的发展，企业亦将无法应用这些创新。然而，《英国科技行业国家报告》（Tech Nation UK）中的最近一项调查[33]发现，55% 的公司表示，难以找到具备所需技能的人才。

第四次工业革命时代对每个人来说都是新事物，为重塑技能和提高技能创造了巨大的需求和机会。哈佛大学商学院最近对企业在第四次工业革命中所面临的转型挑战进行研究，得出结论：

> 随着公司不断完善其经营未来——甚至塑造未来——的工作战略……雇主在做选择时需要更加敏锐和积极，尤其是在为未来的劳动力资源做某些准备时……
>
> ……一股重要但被忽视的变革新力量是：中等技能的工人对于为未来做准备、提升技能这件事表现出强烈的乐观意愿。当公司应对这些前所未有的变化时，他们有一个意料之外又在情理之中的盟友——自己的员工。[34]

在第四次工业革命中，借助活跃的社交媒体，公司如何经营自身作为雇主的声誉就显得至关重要——此即所谓"雇主品牌塑造"。什么样的雇主能够吸引并留住更好的人才呢？非那些承认并履行关爱义务的雇主莫属，而有些关爱义务并未在合同义务中列明：

- 灵活的工作安排，随着员工在不同的人生阶段之间过渡而进行调整，让他们得以兼顾工作、健康和对家庭的责任。
- 能够预见未来的劳动力结构会发生何等调整。
- 为留在公司的员工提供职业咨询支持，支持他们适应新角色，并协助他们提高技能。
- 帮助工人管理自身福祉，包括身体、情感、精神状态等方面。
- 为那些没有继续留任的人提供咨询、安置和再培训等援助。

以灵活的工作安排为工作者提供支持

灵活工作是一个宽泛的概念，包括雇员和雇主之间任何形式的关系，不要求员工在固定地点（如办公室或工厂），或持续一个标准工作日（如"朝九晚五"）进行工作。在第四次工业革命时代，灵活的工作关系定义较为笼统，对工作场所没有限定（如每周的某几天可以在家工作），在工作分配上也有可调控性（例如，从一个时期到下一个时期转变时，更改工作时长和相应报酬）。在若干职业中，灵活的工作安排已实施多年（例如，航空公司的乘务员，工厂或医院内的轮班）。然而，这样的雇佣关系通常都处于一个结构内，双方相互承诺了一些边界，并从中获得稳定感。在第四次工业革命时代，这些承诺的相关性降低，可能会给雇员和雇主带来更大的不确定性。"零工时合同"为雇主提供了完全的灵活性，因为不需要在给定的时间内向签合同的员工允诺任何工作时间。因此，雇员可能会与几个不同的潜在雇主签订几份类似合同，因为他们知道要主动管理、分配自己的时间，不能依靠单一雇主获取收入来源。每个人对灵活工作的重视程度通常会有所不同，例如有小孩的人、需要照顾年迈父母的人、需要管理自身健康问题的人，也非常需要这种工作方式。然而，2020年新型冠状病毒肺炎（简称"新冠肺炎"）大流行以来，许多企业不得不将"居家工作"列入日程。许多人发现，这样的工作方式减少了通勤时间；公司也发觉，员工的生产力效益有所提高，而办公空间大大缩小。最近的《英国人力发展协会报告》（CIPD）指出：

> 灵活的工作方式对每个人的重要程度都不一样。有证据表明，大多数员工无论何时都愿意遵循现有的工作组织规范——或者，通常来说，"改善职业生活"这件事对他们而言并不是一件高度优先事项。但对一些员工来说，在工作的各个阶段，灵活工作的方式都极为重要且有意义，甚至影响了他们的就业选择。[35]

随着预期寿命的延长，许多人对继续从业的期望也在增加，他们在工作岗位上停留的时间更长。不过，他们的工作角色和工作强度也与年龄相适应。国家养老金制度的改革反映且加强了这一趋势。改革后，一个人直到晚年，才能享受到养老金福利。灵活的工作模式，例如工作分担制，在一定程度上也将这一趋势推波助澜。越来越多的劳动力就是通过工作时间灵活的合同雇佣的，其中一些合同向员工允诺的工作时间为零！

雇主和雇员之间的关系正变得越来越短暂。德勤行业报告平台2018年对"千禧一代"的调查报告[36]指出：

> 千禧一代的忠诚度有所下降……43%的人希望在两年内离职，只有28%的人希望继续任职五年以上。愿意在未来两年内离开雇主的"千禧一代"中，62%的人认为，临时工是替代全职工作的可行选择。新兴的"Z世代"员工的忠诚度更低，61%的人表示，如果有机会的话，他们会在两年内离开目前的工作岗位。[37]

在以人为中心的第四次工业革命时代，雇主应关心所有员工的福利和发展，无论他们是合同制、兼职或全职受雇，无论他们潜在的任期长还是短。雇主还应当为工人创造灵活工作的机会，特别是帮助他们平衡自身所肩负的义务，并适应由年龄、家庭、健康状况带来的约束因素。

工作和家庭生活的界限

无论灵活的工作安排是否让事情变得更加复杂，职业生活和个人生活之间的界限日趋模糊。每个人都有自己喜欢的方式，在各自的方式下，他们可以感知个人领域和工作领域之间的相互作用。一个极端是，有些人更喜欢保持工作和家庭领域之间的分离状态；而另一个极端是，有些人更喜欢融合这两个领域。这种观点上的差异，在很大程度上决定了一个人如何体验工作与个人生活之间边界模糊的利与弊。对于倾向高度分离的人来说，个人时间内与工作有关的活动会导致焦虑和压力，个人生活或家庭成员也会打断他们的工作。然而，对于喜欢将工作和个人活动结合在一起的人来说，这些领域之间的交叉可以减轻焦虑，否则他们可能会因为与重要活动或重要的人脱节而惴惴不安。如果员工的边界管理偏好与其所面临的工作环境要求不相适配，便会感到焦虑与压力。

努力为生计奔波的人精神会高度紧张，而低合同工时和灵活的工作安排又可能会导致收入不稳定，从而加剧心理恐慌。不过，雇员也可以通过灵活的工作安排，从事额外的工作，从而寻求额外的收入。在高强度工作和收入不稳定的情况下，个人可能难以履行在家庭中的责任，而工作和家庭生活之间的界限或许会不得已越来越模糊。

雇主采取的制度和做法应顾及员工对边界管理的不同偏好。例如，一位高管可能希望始终在线，了解工作中的动态，愿意全天候查看和回复电子邮件；而另一位高管可能更希望能够在周末专注于家庭和个人活动。公司的制度和文化应允许这两种行为习惯同时存在。

移动设备的使用

移动设备（如智能手机）极大地便利了工作和个人生活，弥合了两者之间的界限和空隙。移动设备让用户几乎能够在任何地点，在白天或夜晚的任何时间，执行多种职能和活动。这些职能可能与工作有关，也可能与家庭和个人生活有关。因此，个人活动与工作活动之间，在时间与地点上的界限也随之模糊起来。随着移动设备越来越多地参与个人生活——访问照片，管理银行账户，与朋友和家人保持联系，学习新的技能和语言，等等，它们越来越被视为自我的延伸。

移动设备在工作—生活平衡方面的优势和劣势已经被广泛讨论过。[38]一个主要的优势是，它们可以帮助一个人同时履行多个地点的工作和家庭责任。[39]这既有助于提高生产率，又可以减少两者之间的冲突，有积极作用。[40]然而，负面影响包括，由于一个界面上有太多竞相跳出的消息和活动通知，人们很难将注意力集中在一个任务上。工作和个人时间之间的界限模糊——这本身便是诸多雇员和雇主同样关心的一个不可忽视的问题。[41]

第 4 部分　赢得第四次工业革命时代的人才竞赛

人们担心压力、焦虑，以及工作对个人时间的干扰，会对情绪健康产生负面影响。人们还担心，生产力和效率也会因此下降。由于移动设备的存在，在家也可以工作到很晚，这被认为是一把"双刃剑"。一方面，它能灵活兼顾工作和家庭的需要；另一方面，工作机会的增加占用了家庭时间[42]，变相增加了工作负荷。工作和个人活动之间的界限模糊可能会导致分心，降低生产力，引发家庭冲突，甚至使个人低估自己履行家庭责任的能力。

员工在工作场所或进行工作活动时使用移动设备，会产生强烈的情绪反应，进而影响工作表现和情绪健康。

一方面，移动设备让员工能够随时随地开工，感觉自己更能胜任工作，增强了掌控力[43]，也助长了责任感。移动设备有时被认为是自我的延伸，手机和我们"形影不离"，又像是一种类似"安全地毯"的存在。虽然，舒适或安心也会造成干扰。

另一方面，移动设备会衍生更大的依赖感和强迫症行为（如反复查看信息），也会带来压力及过重的工作负荷。[44]这种负面情绪（焦虑、烦恼、愤怒）会在工作场所产生，也会在其他地点产生。

然而，2020 年蔓延全球的新冠肺炎迫使人们迅速转向在线远程的会议和工作，改变了许多人的习惯，唤起了人们对在线协作的积极态度。

移动设备引发的负面情绪可能十分严重。在巴斯大学进行的一项研究[45]中，当员工自己或同事在负责某项工作流程时被移动设备打断，他们用"厌严"来描述此时的强烈愤怒。其他人在开放式的办公室里也有过糟糕的情绪体验，移动设备的噪声、闪烁或铃声都会打断工作。员工们有时感到，必须采取行动，例如启用"请勿打扰"功能来阻止自己的设备接到通知。然而，这有时会带来另一种负面情绪，就是焦虑，因为他们意识到移动设备上出现来电、消息和电子邮件，却无法对这些通信做出回应（例如，正在开会时）。员工们还谈到，有些同事并不会对设备做出阻断处理，结果干扰了大家的注意力或讨论。这种怨恨感会形成对同事的负面印象（如以自我为中心、爱出风头），从而影响彼此之间的关系。

此外，当用户不情愿地与移动设备分离时（如禁止将移动设备带进会议或设备丢失时），失去一部分自我的感觉让人难以释怀。这也会激发烦恼、沮丧等负面情绪。对于员工来说，这令他们更难集中精力在会议上，因为他们仍然想知道其他地方发生了什么（例如，他们的孩子是否安全到家，或者同事是否正在编写报告）。这种情绪也会消极地传染给会议领导，让员工感到自己被有意孤立［例如，特拉维斯（Travis）认为，在每周部门会议期间，被迫关闭智能手机的他总是被部门经理针对］。

员工和移动设备之间交互时，若产生消极的情绪反应，也会引发工作效率低下，例如延迟回复通知——虽然看到了消息内容，却消极地忽略了。当时负面的情绪反应会导致人们事后懊悔："我本应该做得更好。"

雇主对雇员负有关爱义务，包括指导和支持，帮助员工避免或减轻使用移动设备时产生的负面情绪。这么做的理由不仅是关心员工的情绪健康，也是因为这些情绪反应有时也会破坏组织中的行动过程，比如决策过程。[46]

个人数据或公司数据

第四次工业革命的技术正在影响数据捕获、分析和洞察力，以及人员管理的交互，但技术的影响尚不至于颠覆公司内外的运作范围。这本书不是用来介绍新技术和工具的，也不会介绍如何采用它们，重点是想说明"管理"这件事的意义。正如"超级英雄"迷们都熟知的一句话："能力越大，责任越大。"数据捕获和分析有积极的一面，如更高效地招聘，有针对性的发展、反馈、给予薪酬等，但同样也容易被滥用。一个引人关注的领域是，对员工使用公司基础设施支持的硬件所进行的个人活动和通信实施监控，无论这个硬件的所有权在公司还是个人手里，如智能手机或笔记本电脑。围绕这种监控的合法性，及对所收集数据的使用权，存在着截然不同的观点。一种极端观点认为，公司有权知道员工在何时何地工作，以及他们在做什么内容，并确保公司机密信息不会以不安全的或个人通信的方式泄露出去，所以安装设备管理软件监控、捕获所有使用路径都是合法的。这种观点反映了这样一种观念：员工是不可信的，但应绝对信任公司的任何意图与行为。相反的观点则认为，公司既不能保证所收集上来的个人数据的安全，也无法拒绝使用个人数据进行分析的诱惑。允许员工控制智能手机和计算设备，尊重他们的隐私，是一个强有力的信任信号。

关爱义务：准则

从上面的讨论中，我们可以发掘出几个以人为中心的人力管理"准则"。

个人主义：每个人都不一样

鉴于个体之间千差万别，且这种差别值得受到重视，故而人力资源采取"一刀切"的政策并不能发挥出公司的最佳业绩，还可能会给一部分人带来更大的压力。即便一项计划出发点很好，也必须在推行时承认，每个雇员在各自的精力和个性上有不同的竞争诉求。在工作前做早操，午餐时间来一场健康谈话，冥想环节，等等，这些可能适合一些人，但对于其他人来说，就会成为压力的来源。每个人都有一套自己的信念、价值观、个性特征、个人环境、身心优势和脆弱性，以及经济压力。

个别协议

与普适化的标准人力资源模式不同，个性化是一种信号强烈的趋势，特别是在发达国家。"在雇员和雇主之间就对双方都有益处的条款，建立自愿的、个性化的、非标准性质的协议"[47]被称为"个别协议"。在西欧，对这类个人化安排的分析表明，"个别协议"提高了工作满意度，降低了员工离开组织的意愿，他们能感受到组织是自己的后盾[48]，这对情绪幸福感产生了积极效用。"个别协议"主要有以下四种类型：
- **任务型**：旨在帮助员工更好地执行任务安排，例如允许使用特殊（或个人）设备。
- **职业型**：旨在发展个人事业并带来进步，例如特许加入专家工作组。
- **灵活型**：根据个人需要，灵活安排工作时间和地点。
- **财务型**：包括了工资谈判、晋升、津贴和其他报酬条件。

工作设计[49]

这是一种建立个性化的工作安排形式。工作设计倾向于有机地发展，由员工调整工作方式，有时也可能会超越他们所承担角色的常规边界。这种工作设计通常由雇主来协调，但很可能没有正式化，而"个别协议"往往是正式的安排，是已经协商好的事。工作设计主要有三种方式：

- **任务设计**的形式主要是调整工作范围，要么承担更多的任务，要么舍弃某些任务。例如，维修工人决定调查并解决造成设备故障的问题（这其实是属于工艺工程师的常规任务），而他们的维修工作通常只要求在问题发生时修复就好了。有些人在设计任务时，会改变他们完成任务的方式，例如，使用自己的移动扫描设备（如智能手机），半自动化地输入重复的数据，而不是原本预设的手动输入方式。
- **关系设计**是指改变与他人互动的性质或程度。例如，一线员工自愿培训和指导新员工，或办公室员工自愿加入委员会，去协助组织进行社会活动，或成为部门指定的急救助手。在这些例子中，每一个工作设计的目标都是增加员工的社会性互动。个人也可以通过精心设计自己的工作来减少社会性互动，比如尽量减少与团队成员的联系，专注于自己希望完成的业务，随后交接给其他同事。
- **认知设计**是指员工对自身任务的认知方式有意做出调整。例如，一个有创意的营销人员可能厌恶这个岗位所包含的详细分析部分，但他能够保持参与并产生高质量的见解，因为他将分析视为得出见解的一个重要步骤，可以为创意任务提供更多信息。同样，保险理赔师可能会认为他们的作用是帮助客户在最脆弱的时刻从挫折中恢复过来。

期望每个人都符合标准行为，这是难以持续的，有意为之可能严重损害部分人的福祉。同样不健康的一种情况是，没有任何明确的指导方针，在这种环境下，对公平的担忧可能会引发严重困扰。此外，如若没有指导方针，员工可能会感到被迫以损害其精神、情感和身体健康的方式无间歇地工作。这种强迫感可能来自同龄人的压力、奖励机制、要求苛刻的老板或他们自身的核心人格特征（如竞争力或不安全感）。为了创造一个安全的环境，营造个性化的空间，我们需要建立边界条件和准则。

消除疑虑：列明可使用的资源

明确一点：企业需要通过建设基础设施（实物的、政策的和系统的）来增进员工福利，在公司内部创建支持性的氛围和文化。例如，家庭护理人员的弹性休假、室内或附近的福利服务/设施，或外部提供讲解课程，等等。公司应制定相关政策来明确传达这样一种期望：灵活、流动性地工作，安排增强幸福感的活动，加强员工管理工作和家庭生活边界的能力。

如果想让员工明白什么样的行为是可以接受的，领导者和管理者应为一系列行为树立榜样。领导者可以利用公司提供的服务来增进自己的幸福感，在团队中建立相互鼓励的援助社团。以下这些都是很好的做法：

- 确保管理人员和领导者能够流畅地使用公司提供的服务和设施，并提高这些服务和设施的利用率。
- 让员工看到领导也为他们自己的幸福感做出了适当选择（如不在半夜发送有关工作要求的电子邮件）。
- 如在员工的私人时间内发消息，就要说明是否需要紧急回应。

允许个人选择和灵活性

向员工说明，每个人都可以在计划、事件和活动的边界范围内做出自己的选择。例如，一名员工在正常工作日的午餐时间预订了健康课程，然后突然接到经理要求，需要做出回应，那么是否可以将回应推迟到课程结束之后？

移动设备可以激发强烈的个人情绪，比如说，总是在线、保持可联系状态、全天候回复信息和要求等，都会带来压力。然而，对于一些人来说，如果无法全天候（7天24小时）使用智能手机，便会感到焦虑。智能手机还可以带来积极情绪，这也是同样重要的。智能手机的移动性让一个人的自主性和灵活性得到增强。根据情景的不同，相同的功能会产生积极或消极的影响，用户对环境的控制感直接决定了他们对结果的感知。

- 当个人选择使用的某种移动设备或计算设备只能被用于工作时，可能会遭到抵制或让员工感到不舒服。设备（如笔记本电脑或智能手机）本可以不仅仅用于公司业务，况且设备始终被带在身边，可能更符合公司利益。
- 选择是否以及何时响应智能手机传入的消息或通知。当员工专注于家庭生活时，手机上传来的通知仿佛是不停地提醒他某项工作的截止日期就要到了。不过，通过轻松的干预，有时可以节省时间，减少焦虑。其实，无论是在个人生活还是工作中，我们都可以通过调节相关设备的设置，自行决定设备的干预频次到底为多少才合适。

招聘主管

对"压力流行病"的认识使人们更加重视改善雇员福利，特别是在平衡工作和家庭责任的潜在冲突方面。不管合同义务如何，在这个时代，要优先支持员工的心理和身体健康。一套指导方针本身并不能改变根深蒂固的习惯和做法，通常需要有组织的干预来改变大多数人的行为，而不仅仅靠少数热情的先驱者。即使政策已经很明确，正确的行为还是需要培养，特别是团队领导者和主管要树立榜样，建立企业文化至关重要。培训和监督领导者的此类行为，特别是关注他们如何管理职业生活和家庭生活的边界，不仅会积极带动员工的敬业度和生产力，并已被证明，对员工健康、工作满意度和持续任职意愿都将产生正面影响。[50]

家庭支持型主管是指能够理解员工平衡工作和家庭需求的主管。[51]接受过此类培训的主管能够提供四类支持：

- 情感支持，要善于倾听，并表现出同理心。
- 帮助性的支持，如帮忙转介可以照顾儿童或老人的家庭护理员，允许员工灵活控制工作时间表，更好地管理工作量（如兼职工作）。
- 以身作则，主管自身树立起能够平衡兼顾工作和家庭需求的榜样形象。
- 主动提出创造性方法去重构工作，从而提高员工在工作内外的效率。

训练有素的主管能够更好地理解支持家庭需求的合理必要性，并更清楚如何付诸行动。主管培训计划本身也向员工发出了强有力的信号：公司关心他们的福祉。举办过此类培训的公司在培训后的一个月内，便在员工福利、责任和绩效方面获得了增益。然而，将这些做法完全融入公司文化不是一蹴而就的，需要持续的监督和强化。强化方式包括讲述个别员工的经历，以及对特定主管的行为进行肯定和奖励。

主管在创造支持型环境方面也发挥着至关重要的作用，他们可以让每名成员都参与进来，有意识地相互支持，鼓励团队成员表现出来的积极性，如鼓励每日步数冠军，或使用交叉共享技术，在提高智能手机使用效率的同时，又不至于过度侵占个人时间。

领导力特质：以人为本的人力管理

真实性

当一个领导者让员工感到是真实的，便会激发信任和追随，因为团队成员和员工更容易与他们建立个人关系。这些领导者用他们自己的亲身经历来解释，为什么对一个组织而言某些事情是重要的，为什么这件事对他们很重要的同时对其他人也很重要。每个人，包括领导者，都有缺点和能力不足之处，每个人也都有自己面临的挑战和经历。那些承认自己的弱点并坦承所面临的挑战，并继续努力克服挑战的领导者，比那些塑造"完美而不真实"形象的领导者更可信。管理者应该清楚了解自己的价值观，并乐于向别人分享；对他们而言，哪些事情不可妥协，可以灵活的尺度又在哪里？如此一来，领导者为员工营造了确定性和清晰性。但前提是，他们自身要言行一致，知行合一！领导者应当努力了解自己，对从生活中学到的东西充满信心，认识到自己的长处和短处。领导者应当积极寻求反馈，表现出对学习和进步的渴望。这样，从他们自己开始，便展示了自我意识的重要性，也树立了具备成长心态的榜样形象——这种心态是组织中每个人都要效仿的重要特征。

灵活地帮助他人

第四次工业革命延长了个人的工作寿命，随之产生了一支跨越多代人的劳动力队伍。每个人，在不同的阶段，都会经历条件和环境的变化（如家庭义务、健康状况和幸福感等方面），我们在保持一部分工作能力的同时，也会设法应对这些变化。以人为中心的工作有一个关键特点，便是允许灵活性，支持个人适应变化中的条件，同时保持对所有员工的公平待遇。特别是，移动设备的功能不断增强了灵活工作的可能性，许多任务也降低了在指定地点（如办公室）停留的需要。企业领导者需要建立支持灵活工作的系统和基础设施。领导者自身需要表现出在变化的环境中允许他人灵活行事的包容度。劳动力多样性的增加也对灵活性和适应性提出了更高的要求。例如，来自不同文化背景的员工，在口头和非口头交流中会体现出不同的风格。在多元文化团队中，成员之间需要有效协作。如果当下的行为准则只顾及其中一种文化，便需要做出调整。

提升幸福感和适应力

在第四次工业革命时代，人们更清楚地意识到雇主对员工（无论是正式员工还是合同工）的关爱义务。关爱义务超越了法律规定的合同义务。员工的福利在道义上和经济上对雇主都很重要，影响他们的生产力、旷工率和离职率。它也是左右雇主声誉的一个重要因素，影响来企工作的人才质量。第四次工业革命时代的雇主应主动为员工提供支援，改善他们的身体、情感、社会、环境、精神和智力等多方面的福祉。身体方面包括饮食和锻炼，健康和安全。情感健康则是一个令人尤为关注的问题，因为在过去的 10 年中，由于工作压力而损失的工时显著增多，世界卫生组织等机构呼吁雇主尽快做出改变。企业领导者需要管理企业文化，建立系统和基础设施，帮助员工谋取福利。领导者自身也需要树立榜样，以行动说明如何谋取自己的幸福，并向他人慷慨伸出援助之手。

心态：同理心

一个组织的各级领导都必须具备实实在在的同理心，对下属表现出管理的灵活性。关注团队成员的幸福感，在明确的指导方针框架内允许个人掌握一定的应变权利，这有助于培养员工的责任感和忠诚度。

尾 注

1　Bersin, J (2019) New research shows explosive growth in corporate learning: our biggest challenge? Time, *LinkedIn*, https://www.linkedin.com/pulse/new-research-shows-explosive-growth-corporate-learning-josh-bersin/ (archived at https://perma.cc/DF8P-MV84).

2　2019 Workplace Learning Report, LinkedIn, https://learning.linkedin.com/content/dam/me/business/en-us/amp/learning-solutions/images/workplace-learning-report-2019/pdf/workplace-learning-report-2019.pdf (archived at https://perma.cc/3JUN-8QJN).

3　Batra, R and Ray, M (1986) The moderating influence of motivation, ability, and opportunity to respond, *Journal of Consumer Research*, 12 (4).

4　Rath, T and Conchie, B (2008) *Strengths Based Leadership,* Gallup Press.

5　Beer, M, Finnstrom, M and Schrader, D (2016) Why leadership training fails and what to do about it, *Harvard Business Review*, October.

6   2019 Workplace Learning Report, LinkedIn, https://learning.linkedin.com/content/dam/me/business/en-us/amp/learning-solutions/images/workplace-learning-report-2019/pdf/workplace-learning-report-2019.pdf (archived at https://perma.cc/3JUN-8QJN).
7   Ibid.
8   Brown, S (2019) Enabling 130,000 employees to grow in an organization committed to continuous learning, *Novartis*, https://www.novartis.com/stories/people-and-culture/enabling-130000-employees-grow-organization-committed-continuous-learning (archived at https://perma.cc/UTD4-8ZLW).
9   https://www.executive-core.com/ (archived at https://perma.cc/SU2Z-MDY4).
10   Future trends of Leadership Development: A Research Project Sponsored by AACSB, EMBA, and UNICON by Executive Core, Summer 2015.
11   https://www.uniconexed.org/ (archived at https://perma.cc/32GD-YX7E).
12   https://www.aacsb.edu/ (archived at https://perma.cc/Z467-QDKC).
13   https://embac.org/ (archived at https://perma.cc/3S75-KZF4).
14   Future trends of Leadership Development: A Research Project Sponsored by AACSB, EMBA, and UNICON by Executive Core, Summer 2015.
15   https://www.ie.edu/business-school/ (archived at https://perma.cc/7Z8F-75TQ).
16   Future trends of Leadership Development: A Research Project Sponsored by AACSB, EMBA, and UNICON by Executive Core, Summer 2015.
17   Ibid.
18   Stanier, M B (2016) *The Coaching Habit*, Box of Crayons Press.
19   Goldsmith, M (2007) *What Got You Here, Won't Get You There*, Hyperion.
20   Goldsmith, M (2015) *Triggers*, Profile Books.
21   Duhigg, C (2016) What Google learned from its quest to build the perfect team, *New York Times Magazine*, 25 February, https://www.nytimes.com/2016/02/28/magazine/what-google-learned-from-its-quest-to-build-the-perfect-team.html (archived at https://perma.cc/D7AC-4QEY).
22   Belbin, R (2010) *Management Teams*, Routledge.
23   Adapted from Belbin.com.
24   McChrystal, S *et al* (2015) *Team of Teams*, Penguin Books.
25   Hunt-Davis, B (2011) *Will It Make the Boat Go Faster? Olympic-winning strategies for everyday success*, Troubadour Publishing.
26   Durant, W (1991) *The Story of Philosophy*, Simon & Schuster.
27   Nevitt Sanford (1909–1995) was professor of psychology at the University of California at Berkeley, and postulated that maximum rate of growth and development is achieved through a combination of high challenge and high support.
28   World Economic Forum (nd) Fourth Industrial Revolution, https://www.weforum.org/

focus/fourth-industrial-revolution (archived at https://perma.cc/TPQ2-7Z2B).
29 World Health Organization (nd) Stress at the workplace, https://www.who.int/occupational_health/topics/stressatwp/en/ (archived at https://perma.cc/XG8Y-FXK2).
30 Chancel, L (2018) World Inequality Report, https://www.un.org/esa/socdev/csocd/2019/Chancel2019CSD.pdf (archived at https://perma.cc/REJ3-SLFC).
31 United Nations (2015) Transforming our world: the 2030 Agenda for Sustainable Development, https://sustainabledevelopment.un.org/post2015/transformingourworld (archived at https://perma.cc/U976-EGNB).
32 Deloitte Millennial Survey 2018, https://www2.deloitte.com/tr/en/pages/about-deloitte/articles/millennialsurvey-2018.html (archived at https://perma.cc/SJF8-EQW9).
33 Tech Nation Report 2017, https://technation.io/insights/tech-nation-2017/ (archived at https://perma.cc/5C9N-ABER).
34 Fuller, J *et al* (2018) Future Positive: How companies can tap into employee optimism to navigate tomorrow's workplace, Harvard Business School.
35 CIPD (2019) Flexible working in the UK, https://www.cipd.co.uk/knowledge/work/trends/flexible-working (archived at https://perma.cc/Z8RR-ALBZ).
36 Millennials are defined as being born between January 1983 and December 1994.
37 Deloitte (2018) Deloitte finds millennials' confidence in business takes a sharp turn; they feel unprepared for Industry 4.0, https://www2.deloitte.com/global/en/pages/about-deloitte/press-releases/deloitte-finds-millennials-confidence-business-takes-sharp-turn.html (archived at https://perma.cc/C4QK-Z6H4).
38 Valcour, P M and Hunter, L W (2005) Technology, organizations, and work-life integration, in E E Kossek and S J Lambert (Eds) *Work and Life Integration: Organizational, cultural, and individual perspectives,* Lawrence Erlbaum Associates Publishers (pp 61–84).
39 Allen, T and Shockley, K (2009) Flexible work arrangements: help or hype? In R D Crane and J E Hill (Eds) *Handbook of Families and Work: Interdisciplinary perspectives*, University Press of America.
40 Chesley, N (2005) Blurring boundaries? Linking technology use, spillover, individual distress, and family satisfaction, *Journal of Marriage and Family*, 67, pp 1237–48, 10.1111/j.1741-3737.2005.00213.x; Golden, A and Geisler, C (2007) Work-life boundary and the personal digital assistant, *Human Relations – HUM RELAT*, 60, pp 519–51, 10.1177/0018726707076698.
41 Towers, I *et al* (2006) Time thieves and space invaders: Technology, work and the organization, *Journal of Organizational Change Management*, 19, pp 593–618, 10.1108/09534810610686076.
42 Gawronski, B *et al* (2009) Methodological issues in the validation of implicit

measures: Comment on De Houwer, Teige-Mocigemba, Spruyt, and Moors (2009), *Psychological Bulletin*, 135 (3), pp 369–72, https://doi.org/10.1037/a0014820 (archived at https://perma.cc/4KUU-YMYV).

43 Mazmanian, M et al (2013) The autonomy paradox: The implications of mobile email devices for knowledge professionals, *Organization Science*, 24, pp 1337–57. 10.1287/orsc.1120.0806.

44 Jarvenpaa, S and Lang, K (2005) Managing the paradoxes of mobile technology, *IS Management*, 22, pp 7–23, 10.1201/1078.10580530/45520.22.4.20050901/90026.2; Mazmanian, M et al (2013) The autonomy paradox: The implications of mobile email devices for knowledge professionals, *Organization Science*, 24, pp 1337–57, 10.1287/orsc.1120.0806.

45 Archer-Brown, C et al (2017) The materiality of emotions: The case of mobile devices at work, University of Bath.

46 Clore, G L, Schwarz, N and Conway, M (1994) Affective causes and consequences of social information processing, in R S Wyer, Jr. and T K Srull (Eds) *Handbook of Social Cognition: Basic processes; Applications,* Lawrence Erlbaum Associates, Inc (pp 323–417); Forgas, J P (1995) Mood and judgment: The affect infusion model (AIM), *Psychological Bulletin*, 117 (1), pp 39–66, https://doi.org/10.1037/0033-2909.117.1.39 (archived at https://perma.cc/57A5-7NC6); Schwarz, N (2000) Emotion, cognition, and decision making, *Cognition and Emotion*, 14 (4), 433–440, doi: 10.1080/026999300402745.

47 Rousseau, D M, Ho, V T and Greenberg, J (2016) I-Deals: Idiosyncratic terms in employment relationships, *Academy of Management Review*, 31 (4), pp 977–94.

48 Liao, C, Wayne, S and Rousseau, D (2014) Idiosyncratic deals in contemporary organizations: A qualitative and meta-analytical review, *Journal of Organizational Behaviour*, 37 (1).

49 Wrzesniewski, A and Dutton, J (2001) Crafting a job: Revisioning employees as active crafters of their work, *The Academy of Management Review*, 26 (2), pp 179–201.

50 Hammer, L B et al (2009) Development and validation of a multidimensional measure of family supportive supervisor behaviors (FSSB), *Journal of Management*, 35 (4), pp 837–56. doi:10.1177/0149206308328510; Cullen, J C and Hammer, L B (2007) Developing and testing a theoretical model linking work-family conflict to employee safety, *Journal of Occupation Health Psychology*, 12 (3), pp 266–78, doi:10.1037/1076-8998.12.3.266.

51 Thomas, L T and Ganster, D C (1995) Impact of family-supportive work variables on work-family conflict and strain: A control perspective, *Journal of Applied Psychology*, 80 (1), pp 6–15, https://doi.org/10.1037/0021-9010.80.1.6 (archived at https://perma.cc/JCF9-8YSY).

第 5 部分

动态优势

第 11 章　第四次工业革命时代的卓越表现

> **摘要**
>
> 　　第四次工业革命像以往的任何一次工业革命一样，身处其间的企业有些成为新经营方式的先驱，有些则发展较缓，甚至完全没有改变。那些发展更快的企业创造了更大价值，在很大程度上是因为它们改变了竞争的本质，并影响了未来。从前适用的管理方法在新的环境下，难免显得捉襟见肘。领导层的一个关键选择是，作为先驱者，要以多快的速度、在多大程度上采用新技术或新平台，而到哪一天，其他人也会对这些技术广泛采用。
>
> 　　各家公司的战略选择，实际上就是在选择要加强第四次工业革命所造就的哪一项能力。这就需要厘清如下几项小选择：企业希望如何竞争？目前的实力评估如何？对于第四次工业革命时代的各项能力，企业在哪些项上做出改变的可能性更大？随着商业发展不断加快，那些培养并利用了第四次工业革命时代能力的公司，与那些坚持传统管理实践的公司相比，两者之间的业绩差异正在加剧。因此，无论是为了生存，还是为了回报期望值更高的股东，抑或是为了高管团队的愿望，采用第四次工业革命时代

> 的实践方法，并探明市场对各项能力的需求程度，都是十分迫切而必要的。
>
> 在线问卷可以方便地评估组织在第四次工业革命时代具备哪些优势和能力。组织中所有高管人员都可以在问卷中输入他们的答案。将某个组织的答案与其他所有参与问卷调查的公司高管团队的回答数据进行匿名比较，就可以得出一套相对评估。依据这套评估，执行团队可以讨论调查结果隐含了哪些启示，将发展重点放在相对薄弱的领域，或是那些与其他公司的回应信息有较大差异的领域。
>
> 每个市场空间都有其独特的动态，即使在同一行业内，不同国家的市场也可能处于不同的发展阶段，其竞争强度、监管稳定性或不确定性的程度或许都不尽相同。因此，领导团队关键是要抉择"在哪里"竞争，厘清各个市场空间中不确定性、动态和稳定性的程度及其成因各自如何。
>
> 领导团队的另一个选择是决定企业在市场空间中的竞争态势。一家公司或许谨慎，或许更具开拓性。如果能弄清楚自身在第四次工业革命时代的相对优势、竞争地域以及竞争态势等问题，就能从中探明：在这个时代中，应优先加强哪些能力。

展望未来：第四次工业革命时代如何重塑你的市场空间？

在为第四次工业革命而做出转型的过程中，首要的一步便是与公司外部环境建立联系，重新审视公司正处于什么样的市场竞争动态之中。时代发生了怎样的变化？传统和非传统竞争对手在做些什么？客户如何发展？未来的可预测性、稳定性及动态如何？

- 这可能需要请外部专家进入公司，管理人员走出公司，比如进行客户访问，邀请思想领袖和顾问来访，访问技术领袖、同行公司或率先采用了第四次工业革命实践和技术的市场空间。
  - 每名高管都必须与第四次工业革命时代的外部驱动因素建立个人联系。每个人都应对正在发生的深刻变革建立理解，从而激发出内生动力，推动公司转型。
- 高管团队围绕第四次工业革命时代展开讨论——为落实对公司目标的追求，应该创造什么样的机遇和挑战？
  - 反思在市场空间中，有哪些动态趋势和变化影响了公司的运营，而公司对管理变化和转型，是否具备足够的信心和信念。

对于那些尚未做好准备的高管们而言：如果股价目前市盈率为20%，他们是更愿意把这一时期的收益提高20%，还是更愿意提高投资者信心，把市盈率提高到24%呢？哪一种选择会带来更大的经济回报？哪一种选择会让你更有信心去影响别人？如果这段时间你的收益低于预期，你会把更多的注意力放到当下，还是继续为明天韬光养晦？

  - 形成正式的行动号召，对每个人的观点保持探究和好奇，总结出大家都能支持的积极共识。
  - 反思高管团队在转型管理方面都有哪些心态和经验，每名高管各自有什么成功或失败的经历。

我们可以通过一个好问题来自省：我从上一次转型/变革计划中，学到了什么？我将做出哪些改变，下次会有哪些创新？

  - 目前的绩效指标和奖励机制是鼓励了稳定性还是灵活性？是跟踪今天的数据结果（即所谓的"尾管"）还是跟踪指示明日业绩的先行指标？

个人时间目前是如何度过和分配的？在团队中，高管们对当下阶段成果（执行）所付出的时间比例，应和为推动公司未来表现（准备）而花费的时间大致等同。

  - 以下问题可能会磨损士气

（1）我们不知道我们不知道什么（即我们不知道哪些技术和平台可

用且可靠，因此无法进行评估）。对于这样的情况，应该做何对策呢？应让团队成员学习、接触外部的世界。

（2）我们最大的差距是缺乏人才。首先，需要雇佣了解这一领域、知晓能够做些什么的人。对此，我们应该明白，这是一场培养人才的竞赛。在第四次工业革命时代，不能寄希望于现成的人才库等待我们去挖掘。

变革竞争必须是一项集体活动，不能"由少数人驱动，多数人受其影响"。这就需要管理模式和心态发生改变，执行团队的每个人都必须具备责任感和主人翁精神。一旦人们意识到动态竞争的重要性，并对当前能力进行了深刻检视，也进行过有意义的讨论，那么就可以迈出第一步了。

评估你的公司在第四次工业革命时代的能力

以下几页是一份个人评估，其中涉及个体成员对公司业绩，以及对第四次工业革命时代管理机制和能力的看法。

执行团队的所有成员应单独（而不是以集体探讨的形式）完成这份对公司的评估。理想情况下，调查对象大概为20人，最好容纳高管团队的所有成员，以及了解公司情况的利益相关者代表（如董事会成员）。

请注意，问卷中的记分是7分制："1"表示"强烈不同意"，"7"表示"强烈同意"，"4"是中间值，表示"既不强烈同意也没有强烈不同意"。

这份问卷最适合组织的高管团队使用，作为一个便利的、以研讨会为基础的流程，可以得出需要改进的领域，并排出优先次序。

收到所有答卷后，执行团队可以召开研讨会，由第四次工业革命时代管理和领导实践方面的专家主持。主持人需要查看每个问题（和子问题）的回答范围和中位数，来做会前准备，并需要留意各位高管意见之间的共同点与显著差异。

- 识别出企业的优势和/或劣势领域。
- 找出各份答卷之间存在明显差异的项目。

扫描二维码获取电子问卷
完成后可点击"查看统计结果"

研讨会通过探明每个人的观点，可以加深企业对每种能力的理解（以"最佳实践"①为例），由此确定出凝聚了全员的共识的备选方案。

第四次工业革命时代的领导力评估

1 市场空间的动态性和竞争性　　　　　等级（1–7）
　　　　　　　　　　　　　　　　　　　　1= 强烈反对
　　　　　　　　　　　　　　　　　　　　7= 非常同意

1.1 我们的市场空间相对稳定，三年规划周期（每年更新）对我们而言是足够的。　　□

1.2 我们的市场空间越来越不稳定（不可预测）。　　□

1.3 我们的市场空间发展迅速且不稳定；计划周期为一年（或更短），在每年的周期内，我们也会经常更新、调整计划，重新分配资源。　　□

1.4 我们的市场空间越来越不稳定（不可预测）。　　□

1.5 我相信我们在关键市场的表现优于本地竞争对手。　　□

1.6 我认为，与跨国公司或全球竞争对手相比，我们在关键市场上的表现是不相上下的。　　□

1.7 与最相似的竞争对手相比，我们实现了估值溢价/折扣。　　□

平均分值　□

---

① "最佳实践"（best practice）是一个管理学概念，认为存在某种技术、方法、过程、活动或机制可以使生产或管理实践的结果达到最优，并减少出错的可能性。——译者注

2　觉察与感知力

等级（1-7）
1= 强烈反对
7= 非常同意

2.1　我们让每个人都能够收集、贡献创意碎片。　☐

2.2　我们可以访问、查询整个公司的全部"数据湖"。　☐

2.3　我们与外部各方广泛合作，以获取想法和见解。　☐

2.4　我们对客户需求和行为有详细了解，理解他们如何以及为什么发生改变。　☐

2.5　为了加速学习和发现，我们经常同时进行多个实验。　☐

2.6　准备—射击—瞄准：快速建立一种模式，并让客户参与测试，这是我们的一种企业文化。　☐

2.7　我们鼓励并促进公司内外利益集团之间的互联互通。　☐

2.8　公司向来期待我们提出论点和建议，并拿出强有力的支持数据。　☐

平均分值　☐

3　抢占与复制力

等级（1-7）
1= 强烈反对
7= 非常同意

3.1　流动团队、"消防桶桥"和"空降医生"模式：我们经常组建新的跨界团队，迅速部署人员，以便在组织内调动洞察力和专业知识。　☐

3.2　我们为高管之间分享想法提供机制。　☐

3.3 我们把具有相似性的客户行为进行聚类和管理，加速跨地域知识交流。 ☐

3.4 我们通过市场动态中的相似性（不只依照地理邻近性）进行集群和管理，加速业务部门之间和地域之间的知识交流。 ☐

3.5 我们积极塑造重点市场的演变。 ☐

3.6 我们采取大胆战略，期望主导未来市场。 ☐

3.7 我们与整个生态系统的伙伴合作，影响这一领域的发展。 ☐

平均分值 ☐

4 再配置与再定位力

等级（1–7）
1= 强烈反对
7= 非常同意

4.1 我们对所竞争的市场空间有自己独特的定义，这反映在我们独特的战略中。 ☐

4.2 我们将重大投资和运营决策构建为一系列选项。 ☐

4.3 我们在兼并/整合业务以及分离/撤销业务方面都具有能力优势。 ☐

4.4 我们通常不会突然撤资或退出，而是会先进行价值收割。 ☐

4.5 我们有意维持两个或两个以上的替代产品/供应链/分销渠道。 ☐

4.6 我们不断调整内部和外部的业务范围，并提升公司内部的能力。 ☐

平均分值 ☐

5 目的导向及前瞻性评级	等级（1-7） 1= 强烈反对 7= 非常同意
5.1 我们有明确的目标导向和使命，正在为社会做出有意义的改变。	
5.2 我们都赞同公司的目标，并为公司的使命感到兴奋，也会相互问责、相互监督。	
5.3 我们会定期思考市场空间未来演变的潜在情境以及可以采取的行动。	
5.4 我们制订明确的战略计划，同时认识到并接受可能出现的各类机会和风险。	
5.5 在做出明确战略选择、履行承诺的同时，我们对不断变化的市场条件保持敏感。	
5.6 我们正在考虑在未来5—10年内对世界/市场空间将会产生什么影响。	

平均分值 ☐

6 灵活兼顾的领导力	等级（1-7） 1= 强烈反对 7= 非常同意
6.1 我们善于灵活地思考和行动。	
6.2 所有的管理层人员都要三思而后行。	
6.3 我们有很强的团队意识，彼此分享数据、见解，无论坦途还是难关，都能携手与共。	
6.4 我们总是互相问责，互相挑战，同时也彼此支持。	

6.5 我们的行为与企业文化相符合,能够富有成效地理解彼此的观点。 ☐

6.6 我们有责任增进对彼此的了解,互相提出有建设性的挑战。 ☐

平均分值 ☐

7 持续进化

等级(1–7)
1= 强烈反对
7= 非常同意

7.1 我们有专人/团队负责开发第四次工业革命时代的技术和实践,来推进业务发展。 ☐

7.2 我认为我们知道什么是第四次工业革命时代最佳的实践/技术,并成功地采用了它。 ☐

7.3 我们管理变革/进化的方法是行之有效的。 ☐

7.4 我们将管理变革/进化的方法授权给管理者和员工,赋予他们活力。 ☐

7.5 对于如何管理第四次工业革命时代之转型/持续进化,我们有清晰的计划。 ☐

7.6 我们在及时推动第四次工业革命时代转型/持续进化方面取得了成功。 ☐

平均分值 ☐

8　以人为本的人力管理

等级（1–7）
1= 强烈反对
7= 非常同意

关爱义务

8.1 我们高度重视支持、保护和促进所有员工的福利（无论他们签署的是何种合同）。

8.2 我们针对员工福利制定了关键指标，这些指标影响绩效评估。

8.3 我们提倡灵活工作，支持员工处理好工作与家庭生活之间的边界。

注意义务：行为准则

8.4　在行为准则的框架内，我们允许并支持在工作界限和执行中存在个人主义。

8.5 大多数员工，无论是正式员工还是合同工，都会受益于公司提供的个人灵活自由度。

招聘主管

8.6 团队领导者和主管在促进团队成员的福祉方面不但具有动力，也能促进成效。

平均分值

9　团队：绩效引擎

等级（1–7）
1= 强烈反对
7= 非常同意

9.1 我们都能理解并应用一套清晰的团队理论。

9.2 我们跟踪每个团队中的个人表现。

9.3 我们大力推广能提高团队绩效的课程培训，而且很受欢迎。 ☐

9.4 我们高度重视并确保"心理安全"，在团队成员之间建立相互信任。 ☐

9.5 我支持我所下属最优秀的员工加入重要的多功能团队。 ☐

9.6 我们有一种强烈的归属感，这种归属感超越了对部门或职能的认同。 ☐

平均分值 ☐

10　在第四次工业革命时代的人才培养竞赛

等级（1–7）
1= 强烈反对
7= 非常同意

10.1 我们已经更新了领导能力框架，以适应第四次工业革命时代的需要。 ☐

10.2 我们大多数领导者和高管在所有第四次工业革命相关能力方面都有过人之处。 ☐

10.3 我们的领导力发展方法注重改变工作中的行为。 ☐

10.4 我乐于参与领导力发展活动，因为这些活动提高了我的业绩。 ☐

10.5 我们具备有效的方案，能够将个性化数字内容的交付和反馈结合起来。 ☐

10.6 我们对高管发展的支持可随时按需提供。 ☐

平均分值 ☐

选择第四次工业革命时代的竞争策略

选择"在哪里竞争"

建立企业的动态能力在任何情况下都是正确的选择,因为没有一个市场空间是完全静态的。只不过,市场空间的演变越快(如受数字技术的影响),建立第四次工业革命时代的管理和实践能力就显得越发重要。公司领导层要考虑的一个重要选择是,第四次工业革命发展到什么水平,他们才能够自如操作?例如,他们是否愿意成为新技术的早期采用者,开发和推出改变游戏规则的产品和服务,寻求对竞争动态的重新定义(追求"赢家通吃"的方法)?或者,他们是否更愿意采取稳重的进化步伐?当他们了解自己后,就可以评估所偏好的倾向更有可能在哪些市场空间出奇制胜——根据市场空间的活力水平以及对公司的吸引力和相关性,选择"在哪里竞争"[1]。高度动态的市场空间要求公司具有高度的动态能力,以便在竞争中取得成功。有一家参与研究的公司是历史悠久、受创始家族影响的德国公司。这家企业清楚地了解,在向中国主要手机制造商供货方面,他们的表现不及竞争对手。通过了解公司的动态能力,他们意识到,应在一个高度动态的市场空间中积极参与,收获进步,会更加自在,而不是一味寻求将公司转型为动态水平能力更高的公司。

企业对于自己选择的每个市场空间,还应评估自身在市场中的定位,特别是从发展速度来审视客户群体。例如,那些先于他人成为早期采用者的客户可能比其他客户群体(细分市场)需要更高水平的觉察与感知。如果公司觉察与感知的能力很强,那么早期采用者便可能会成为公司瞄准的一组优质客户;如果并非如此,公司最好把精力放在其他客户群体身上。

选择"在哪里竞争"时,应该记住,参与具有多样性的动态市场空间有助于增强公司的动态能力。面对多样化的市场空间,通过在不同市场之间进行比较，可以提高感知和觉察紧急信号的能力。

如何获胜

一旦做出了"在哪里竞争"的战略选择，就要考虑"如何获胜"[2]。在本书第二部分，我们探讨了管理机制和行为，引导企业实施动态行动。所描述的所有三种元能力必须共存，因为正是它们共同工作的产物才能放大或削弱公司的整体绩效。可以将要发展的管理和实践能力进行优先排序，以便显著提升公司绩效，也就是明确：目前在关键战略能力方面，最大的绩效差距在哪里，增强哪个能力能让公司的基本面最大限度地"向好"。

是否要不成比例地着重加强一个或多个能力，这应该是一个深思熟虑的选择。例如，谷歌投入了巨大精力来挖掘数据，甚至成为世界上最流行的搜索引擎（从而增强了觉察与感知力）。相比之下，第三章提到的欧洲啤酒公司已经掌握了抢占与复制的能力。如何做到这一点呢？这是高管团队之间流畅沟通、密切协作，以及在全球—地方组织结构中提高透明度和响应能力的结果。

对公司所做评估的结果及对其他公司的基准参照，有助于让我们认识到动态能力上的差距，也让我们明白，究竟需要达到什么样的能力指标，才能进一步跟踪改进。

采用先行指标和量度

尽管所有公司的高管都关心股东价值，但大多数高管也知道，优化短期、定期的关键业绩指标与将精力放在推动股东价值提升的中长期目标之间存在冲突。在一家领先的设备制造商中，有一位高管打趣说："我必须要实现分析师对今日成果的预测，否则明天我就不用在公司掌舵了。"

不过，另一位高管指出："如果只关注季度业绩，那我们的雇员数量将出现每季度 ±25000 人的浮动。我们需要一个更长远的视角，让全球网络和投资组合在任何形式下都能保持稳定。"

许多高管会根据当前的业绩进行衡量和奖励，同时他们也认识到，这会妨碍那些将使公司在未来获得更高业绩的举措。当对衡量业绩的关键绩效指标进行重要程度排名时，大多数高管对短期财务指标的排名较高。然而，当随后被问及在动态的工业市场背景下，对于未来的价值创造而言，什么指标最重要时，大多数高管都会参考商业指标（如市场份额）和中期时间线。一家大型全球资产管理公司的高管指出：

当我停下来想想如何与竞争对手抗衡，我会想到市场份额、客户满意度调查等方面，这是一件非常专业的事情。有各色各样的分析员、顾问和其他人倾力收集信息，将他们的发现告诉我们。做这件事非常容易。然而，更进一步，当我想到（业绩）最终的成果时，我会考虑未来多年的趋势。

劳斯莱斯汽车公司的一位高管指出：

我们还考察了相对于竞争对手的盈利能力表现、盈利能力增长以及销售额增长。投资究竟要如何进行？要投放到什么地方？是基础研发，还是产品相关？是机器设备，还是建筑物？这当然不是一个短期指标，虽然我们对市场份额抱有相当热切的关注；这是短期的，但确有长期的影响。

能够成功追求当下业绩并严格追踪未来业绩先行指标的公司，会在竞争中更胜一筹。一家领先设备制造商的全球高管指出：

我们希望保持市场领先地位，唯一能做到的就是让客户在产品和服务上赚得比在竞争对手那里更多。这是有代价的。我们需要有效投资……为了做到这一点，我们希望获取行业盈利中最大的一块蛋糕，以便能够重新投资于工厂、产品和分销组织等。

某媒体集团的一位高管反思了关注客户体验指标即时性的重要性，这和其公司首席执行官的长期愿景息息相关：

> 首席执行官希望我们成为世界上最受尊敬的公司。这不是假装或作秀。我们把客户放在第一位，他想在主题公园创造最好的粉丝体验。这是第一位的，我们不能在这方面有闪失。在每个季度的审查和年度计划会议上，我们会首先查看这些指标。

企业在确定了采用动态竞争的必要性，并定义了跟踪业绩的指标集后，关键的一步是在内部和外部清楚地传递这些信息，随后尽可能落实好跟踪、报告、奖励先行指标业绩及经营成果等关键步骤。

尾　注

1　Lafley, A and Martin, R (2013) *Playing to Win: How strategy really works*, Harvard Business Review Press.
2　Ibid.

第 6 部分

总　　结

第 12 章　促进因素与关键主题

在本书中，我们探讨了企业如何重塑管理和领导能力，才能在第四次工业革命的技术、社会、人口压力以及不确定的社会环境下，在加速发展的商业世界中，蓬勃生长。这场革命的驱动力早在"第四次工业革命"一词出现之前，就激流暗涌。大多数企业对于如何改进商业模式、管理实践，如何重新检视领导者技能，都纷纷感受到了压力。他们注意到，企业的技能需求发生了变化，劳动力形式愈加多样化，工作方式也越发灵活。许多公司进行了重大变革，采用数字化平台和方法，改革了企业文化。他们开展宣传活动，鼓励创新，扁平化地改造了组织结构，对业务进行了大幅重组。

在这些公司多措改革的案例基础上，我们有足够的证据可以探明——第四次工业革命中，到底是什么力量在塑造未来？第四次工业革命起跑的枪声早已打响，目前已进入加速阶段，你需要问问自己，在你的公司，你打算做些什么？你要如何确保自己茁壮成长，而不仅仅是在第四次工业革命中勉强为继？你选择做一个追随者，还是领导者？更愿意在主流市场竞争，还是甘居落后市场？

> 第 11 章的问卷为你提供了一种方式，助力你向组织中的领导团队提出这些问题。

促进因素

员工是第四次工业革命的核心。本书第 8 章探讨了如何保护人才，强化他们的能力。雇主对所有员工履行关爱义务这件事变得越来越重要，也就是要能在合同框架之外，给予员工更多利好和灵活安排。此外，在这本书中，有三条提升第四次工业革命时代领导力的高效原则，分别是：多样性、参与度及授权。

多样性

在这本书中，我一直秉持这种观点：多元化是一件好事。联合国的可持续发展目标中也把"包容性"当作共同主题[1]，例如目标 4（确保实现包容性和公平优质的教育，让人人享有终身学习的机会）和目标 5（实现两性平等，赋予妇女和女孩更多权利）。

- 在以下两种情形中，积极参与多元化市场能够增强公司的觉察与感知力：
  组织内部的文化融合了百家争鸣的观点和视角；
  核心管理层乐意在多个差异化的平行市场中寻找机会，实施各式各样的市场试验。
- 让不同市场中的业务代表们参与决策，增强"抢占与复制"和"觉察与感知"的能力：
  如果能在讨论中容纳不同论调，将会鼓励员工富有成效地挑战群体思维；
  公司有关虚拟协作交流的协议可以吸收各色声音和文化。
- 通过"再配置与再定位"的机制，依照不断变化的需求，让销量从一个客户群体转移到另一个。与不同的客户群接触将增强整体收益的稳健性：

例如，在不同国家/地区的客户之间，或在公司政策和结构中被忽略的高消费客户群和低消费客户群之间。

- 在第 5 章中，我们探讨了在追求一个整体性的统一目标时，融合千人千面的技能和观点是多么重要。而强烈的使命感则令高度多元化的团队超越个体差异，将人员吸引并统一起来。
- 以人为中心的人力管理是第四次工业革命时代的一项核心攻略，反映了这样一种认知趋势：日益兼容并包的劳动力形式对社会产生强烈的正向推动，也成为企业应当承担起的一项责任。除了地区和文化的多样性，以人为中心的人力管理还顾及性别、年龄、身体条件（包括考虑身有残疾的员工）、人生阶段等层面上的个体独特性：

  提供灵活的工作安排；

  在透明的指导方针范围内，以同理心和灵活性公平对待每名员工的需求；

  从各方面保障员工福祉。
- 第 9 章则强调了个体多样性对团队绩效的重要意义：

  不同个体能掌握不同技能，提供不同观点，同时能够建设性地参与团队活动；

  不同个体在团队中扮演不同角色，在彼此适应的过程中，令团队活力得到增强。

员工参与度

这一主题贯串本书，员工的参与度越高（但也要可持续！），对工作的满意度自然越高，表现也就越好。

- 一个员工若参与公司使命和目标的建设，他便更容易受到激励，更善于捕捉到自我精进的机会，更倾向于创造性地提出潜在解决方案。这些特征无一不将增强企业的觉察与感知力。

- 更深层次的参与有助于提升抢占与复制能力——员工更善于在整个公司寻找资源、经验或应急方案，随后对这些资源和方案进行重新部署，本地市场难题便迎刃而解。
- 强烈的目标感将增强参与度。第5章着重点明，所谓有意义的目标，既能满足利益相关者（包括员工）所热衷的社会需求，也能和公司的独特技能优势相适配。
- 员工如果能够齐心协力地追随公司使命，就能形成更强大的"集体胜利"意识。这种"在一条船上"奋斗的感觉，为了公司整体而协作的感觉，意味着领导者要一颗红心，两手准备，同时追寻看似矛盾的目标。别小看这一点，领导者之间需要对彼此的观点、目标及制约因素相互探索，达成理解。
- 以人为中心的人力管理真正展现了对个人需求和境遇的同理心和关切回应。这种管理方式促使员工更加敬业，让他们感受到自身有价值，且得到了尊重。
- 除了员工参与度能够对第四次工业革命时代的成功推波助澜，新型数字化人力资本管理（HCM）系统也提供了更大的能见度，让企业能够管理员工的参与水平。如今，员工参与已然在个人层面进行。然而，在现代 HCM 系统投入使用之前，员工参与是在综合计划层面发生的。通过对员工个人的活动（如对学习和发展工具，对企业社交媒体和论坛的使用）及其在公司内部的网络进行分析，其参与度及行动趋势便可以迅速凸显出来。

授权

在第四次工业革命时代，商业加速发展，永不止步。在这种情况下，需要充分授权组织内部的团队和个人，促进他们采取行动，先发制人。

- 数字平台和应用程序的开发及采用让我们得以访问、查询大量数据，令沟通交流在更广泛的层面铺开。这就是一个在公司内部和社会层面对大量人群赋权的过程。第 2 章着重说明了这种数据驱动和数字化授权的领导力特质。

- 然而，授权也不一定都会产生好结果，有可能同时惠及集体与个人，也有可能彰显了个人的利益，却以牺牲集体为代价。因此，更大的权力应意味着肩负更大的责任和问责。个人责任是第 3 章中强调的核心领导力特质。
- 个人责任感和集体责任感对于团队绩效以及灵活有力的运作方式都至关重要（在第 9 章中探讨）。本章所强调的差异化思维就是"授权"。
- 个人和团队得到授权后，还得知道如何采取行动：朝哪个方向前进？什么样的决定、行动和行为是恰当的？这些都反映了公司的文化和价值观。第 7 章讨论了变革所要遵循的原则——教会人们如何在流动的组织中授权，在多样化的团队活动中周全协调。

第四次工业革命时代的高绩效公理

构建动态能力：在第四次工业革命时代茁壮成长

企业需要培养动态能力。企业的动态能力是三组能力——觉察与感知力、抢占与复制力、再配置与再定位力——相互作用的产物。这些能力让组织能够及时适应和调整，从一个短期优势之地过渡到下一个。

推动大胆创新的增长：目标导向

要想在追求愿景的过程中，推动大胆创新的增长，就需要把目标设定得有意义且具有激励性，培养一支能够灵活思考和行动的管理队伍，解决困境，达到看似矛盾的目标。企业一方面要营造期望，另一方面要建立机制——促进持续进化。

赢得第四次工业革命时代的人才竞赛：开发、部署、注意义务

人才是在第四次工业革命时代出奇制胜的关键，人才能够对接技

术，在迷雾中探清航向，发挥越来越大的创造力；人才能够不断精进第四次工业革命时代所需的技能，通过流畅的团队合作来优化人才配置，应对瞬息万变的挑战；以人为中心的人力管理实践，在对员工履行注意义务的同时，令他们发挥出最佳表现。

企业觉察和感知未来的能力越强，就越有机会及时做出正确的决策。在第四次工业革命时代，数字技术让拥有广泛网络的公司能够捕获和查询大量数据，这些公司因而练就了比那些网络狭窄的公司更为敏锐的感知力。然而，为了行之有效，也必须注重管理方式是否恰当。

- 企业需要激励处于项目网络中的成员们贡献数据以及创意碎片，群体资源——集体的力量强过任何个体，然后利用技术从"噪声"中过滤出有价值的创意和洞察。要尤为关注客户及其需求和行为将会如何演变。
- 学会以"测试+学习"的方式并行实施多项快速实验，目的是加速知识的获取，让行动和选择更能深思熟虑。
- 当同事们分享想法、见解和新消息时，要透过表面，洞察信息表层下的驱动因素。同时，挑战性地向同事提问——他们对这些数据抱有什么见解、希望和恐惧。有一种技巧，可以避免"小集团思维"的消极影响，那就是将团队成员分散在不同地点，鼓励他们从自己的角度互相质询和挑战。

抢占与复制的能力越强，企业就能越快地向市场推广新的方法，抓住机遇，有效抵御竞争威胁。

在第四次工业革命时代，全球平台和通信手段让我们能够共享第一手的新闻、见解和经验；然而，为了实现效用最大化，我们还必须采取适当的管理方式。

- 虽然全球平台和虚拟通信极大地提高了常规活动的效率，但每个市场在不同的地域都不可避免地需要做出一些适应性的例外改变。应用新型前沿知识最快速有效的方式便是——经常性地在网络中灵活调动人员。

- 为了加速知识流动，需要尽可能减少人与人之间以及组织边界间的交接次数。当动态相似的市场聚集在一起（在同一分组之下）时，便可以显著加强知识在同类市场中的转移，加速新产品的推出，从而扩大规模。
- 第四次工业革命正在推动多个市场的竞争动态以加速度进化。在这种流动性中，及时采取行动能够显著塑造市场空间的后续演变。在监管机构或竞争对手弄明白自身定位之前，你已将其他市场的经验整合并应用到了公司网络中，也就不愁没有自身竞争优势的来源了。

再配置与再定位的能力越强，公司利用套利优势的能力就越强（如外包与内包），得以扩大规模（如整合供应链不同环节的业务）以及增强整体收入的稳健性（如替代性产品系列之间或运营公司之间的流动收入）。在第四次工业革命时代，分析和数字模型可以对此类决策起到加速和改进的效用，但要深度实施复杂决策，还需要对未来、对高管之间的相互协作怀有信心。举几个例子：

- 凭借有逻辑的洞察力和主观直觉，来定义全然崭新的市场空间。通过设计、推出新型服务／产品，来创造市场需求。市场研究的目的就是撑起一个从未存在过的市场。
- 对潜在机会做出响应，就能从现有的市场空间中跳出，进入新的空间。这些潜在的机会包括：销售额增长，阻挡竞争对手在市场中占有一席之地，通过非战略性地位来获取利润。
- 有时，我们刻意不去优化供应链效率，不把所获取的经验融合到客户体验之中，这样的决定似乎不合逻辑，但考虑到客户需求有可能中断，以及不确定性因素繁多，我们就会明白——故意制造或维持较低的运营效率有时是为了增强战略灵活性，这也是提高企业动态能力的关键机制。

公司实现其目标（未来愿景）的能力取决于驾驭当前动荡的能力。这需要企业能够对行动计划做出调整，在战略上保持敏捷，同时对长期目标坚守一份牢牢绑定不抛锚的执着。

- 目标感越强，员工追求目标的动力就越大，在遇到挫折和失望时的应变能力也就越强。在变幻莫测的第四次工业革命大环境中，持续追求有意义的目标是赢取高绩效的先决条件。
- 企业究竟能创造出多大价值，主要取决于股东等利益相关者对管理层驾驭动荡未来的能力怀有多少信心。对于那些只关注当季盈利计划的传统公司来说，这种信心通常很低；而对于那些面对未来勾画了清晰蓝图的公司来说，这种信心通常很高（如几乎没有盈利的特斯拉，市盈率为80）。
- 第四次工业革命时代的领导团队在锚定未来的同时，也需要在制订、实施战略计划时，展现出良好的判断力和决策能力，需要在融合各种方法的基础上，穷尽现有信息，做出明确决断。与此同时，也要接受：任何预测都是有缺陷的。若想让团队成员紧随其后，领导者就要为大家提供稳定性和清晰性，也要让成员们认识到，在必要时，需要对计划做出更新及修正。

第四次工业革命时代的领导者需要懂得如何管理前景未明的状况，在追求长期愿景和战略计划的同时，也要对当前形势及时做出反应。这是一种平衡——在为明天而战的同时，确保今日的战果。

- 同时追求看似冲突的目标，我们称之为"两手同利"。这些领导者重新定义了"矛盾"这一概念，并从中寻求新的解决办法。如何做到这一点呢？他们通常会探究，究竟是什么样的决定导致了当前的困境，进而对目前可以采取的行动做出假设，并做进一步测试。
  - 这种灵巧的思维方式让第四次工业革命时代的领导者独具创造力。这个时代的企业和领导者正试图打破旧有管理思维和行为实践中的范式与假设。

- 组织结构设计往往会产生相互冲突的目标，是由于这种结构设计将职能分割开来，注重实现每个"竖井"内的绩效最大化（例如，将在线零售商的营销与仓库运营分离）。当然，在强烈的团队合作意识的驱动下，仓库经理和市场总监为了"一条船上"的共同胜利，可能会锁定一个利于公司整体的解决方案。
- 当各个部门的主管懂得用真实的耳朵，真诚倾听其他主管所面临的约束、目标和假设时，真正的学习就发生了。这就为解决进退两难的困局提供了方法之钥。
  ○ 踟蹰于提高仓库效率还是营销效率的主管可能会发现，集中精力于更快、更精准的订单，将带来更高水平的客户满意度，进而把握更行之有效的社交媒体营销机会，这便提高了仓库吞吐量，从而间接提升了运营效率。

第四次工业革命快马加鞭地督促企业加快商业发展速度，推动业务演变，采用新技术。优势源泉在于不断进化的能力，它让我们平稳地从一个短期优势过渡到下一个，从一块"踏脚石"迈向另一个，安全渡河。要形成这种能力，以下行动不可或缺：

- 任命一名加速官，专门负责发现、了解全球正在开发部署的新技术和应用程序有哪些，并厘清这些技术与自身企业的相关度。这位加速官除了要关注技术及其潜在影响，还要了解，组织需要做出哪些调整才能实现预期效益。
- 遵循什么样的原则，才能推动商业发展变革？从广义上说，这个原则要使组织中的个人和团队能够自觉实施变革计划，半自主地修补完善。如此，既加快了变革速度，又可以促进更深层次的改进。
- 以集体的力量为公司的发展制定路线图，可以深化高管层对企业的理解，增强他们的掌控感。路线图是基于对未来的展望，从未来发展的目的地开始，反向"追溯"到今天。路线图教会我们，个人计划如何与公司整体目标协调一致。

在第四次工业革命时代，"人才培养赛"已经取代了"人才争夺战"。在这个时代，工作内容、实践和环境的变化是如此普遍而迅速，以至于传统方法无法培养，或者说重塑足够的人才。

- 在第四次工业革命时代的领导力特质和管理技能强调关联与协作，而不是传统的指挥和控制。知识要在共同创造、合作及快速试验的过程中获取——这样的试验与学习过程，正在取代以研究为基础的方案，以及单纯基于经验的要求。
- 人才培养竞赛的重点是随时根据需要，培训必要的技能、知识，解决工作中的实际问题，塑造积极的行为改变。如此，也就缩短了投资于培训（对个人和对公司而言）和出现有形回报之间的时间跨度，降低了不确定性。
- 第四次工业革命的技术正在从根本上变更人力资本的管理方式。以往，我们更注重群体意见；如今，我们看重个人见解。企业为员工提供的支持由定期的变为实时的。例如，跟踪个人绩效和参与度，提供全面、准确、及时的反馈，为个人发展提供针对性帮助。第四次工业革命时代的技术正在帮助个人挖掘自身潜力，以更大的信心面对未来所需的进一步"淬炼"。

在第四次工业革命时代，团队——无论是正式的还是非正式的，短期的还是长期的，都被视作推动企业绩效的引擎。灵活、适应性强的公司需要流动性高的团队合作，换句话说，就是敏捷、高适应性的资源配置：

- 团队的表现足以左右局势的发展方向，因此不能听天由命、听之任之。团队如何走到一起，团队中的个人如何相互影响，团队成员的表现，以及与团队外利益相关者之间的互动，都应当获得明确的言行指导——对彼此的行为和期望需要规范化，所有团队成员都需要相互问责。
- 一个团队要有好的表现，就必须在所有团队成员之间筑起信任和安全感的桥梁。此外，每个高效能团队中的成员都可以承担不止一个角色，这些成员技能充足，能够担当不同的角色类型，在需要时，扮演最有利于团队整体绩效的角色。以团队为中心的发展应一边强化这些特点，一边应对企业所面临的挑战。
- "由团队组成的团队"这一组织架构旨在借助团队的力量来解决日益增多的问题。比如，让那些"常年在线"的团队来落实日常业务绩效；让那些"冲刺"团队快速合力，来解决眼下问题，在问题解决后，便快速解散团队。"由团队组成团队"的方法创造了一个高度流动、注重绩效的环境。这种环境也强调了发掘人才的重要性，为他们提供了快速成长的机会。

以人为中心的人力管理是第四次工业革命的一项重要原则。随着新技术的采用，企业处理自己与员工关系的方式也将发生重大变化。除了道德方面的考虑，促进员工的身心健康有助于提高生产力，也将吸引和留住人才：

- 关爱义务：提供以技能重塑和升级为目的的培训，灵活安排工作，来适应处于不断变化之中的工作内容，从而帮助员工履行工作和家庭之间可能发生冲突的义务和责任。
- 个性化安排：许多人力资源实践都强调工人待遇和晋升制度（例如，工作等级、反馈和晋升周期）的统一化。然而，越来越多的证据表明，个性化安排可以提高参与度和授权度，进而提升生产率和人才的留岗率。灵活的工作方式、工作流程和"个性化协议"等方法允许一定程度的个性化，同时保持了同事之间的公平感。同时，管理协调也要做充分。
- 明确的指导方针：指导方针对组织和员工个人而言都不可或缺，因为它们提供了一种行动指南，明确了应该期望什么，不该期望什么。指导方针化解了个人潜在焦虑和压力，例如，如何管理工作和家庭的边界、移动设备使用、个人数据使用等。指导方针应尊重并适应个体之间差异化的态度和偏好，不抱有任何成见。
- 为主管和领导提供培训，使他们能够履行注意义务，树立健康生活的榜样，特别是在管理工作和家庭边界方面。以人为中心的人力管理要求主管履行关爱义务，体现出对员工的同理心。

领导力特质

第四次工业革命中的领导者要凭借过硬的心态和能力，来推动组织吸收和适应新事物；要先发制人，快速反应；领导者要与公司内外各方利益相关者建立互动，在公司的边界范围内，既接收对方的影响，也能够对其施加影响。图12.1总结了第四次工业革命时代的领导能力、心态与成功范例。

建立第四次工业革命时代的动态能力		驱动大胆成长		赢得第四次工业革命时代的人才竞赛	
觉察与感知	·采集创意碎片 ·数据驱动，数字化驱动 ·实验：试验和学习 **好奇心**	前瞻性	·目标导向 ·战略思维 ·在不确定中决策 **勇气**	以人为本	·真实 ·灵活照顾他人需求 ·促进幸福 **同情心**
捕捉与复制	·快速扩张 ·个人责任 ·跨边界合作 **紧迫感**	两手同利	·直面冲突与矛盾 ·建立新思维 ·创造性的系统化思维 **解决问题**	让团队带动绩效	·追求卓越（作为团队整体） ·加快节奏 ·挑战与支持并存 **授权他人**
定位与配置	·简化，降低复杂性 ·说服力和影响力 ·全球化视野 **适应性**	持续进化	·赋予意义/确立目标建立联结感 ·组织智慧 ·高管风范 **永不止步**	培养人才的竞赛	·领导者也是教练 ·拓展与支持并举 ·对学习怀有饥饿感 **人才催化剂**

图12.1 什么样的领导力特质能在第四次工业革命时代欣欣向荣？

第 6 部分　总　　结

结论

在技术发展的同时，人们也越来越期待企业更主动地照顾工人和社会的需求，第四次工业革命正是在这样的时代下应运而生。无论是员工个人还是公司，都被卷入了动荡的潮流。商业模式正在改变，产业结构正在崩溃；随着变革的加速，不确定性越来越大，风险越来越大，机遇也越来越多。这场变革正在重塑管理实践和领导技能，也让员工的不安感加剧，改变了他们做事的目标、方式以及地域。为了理解这场革命所引起的动荡，本书研究了管理实践的三个核心主题，分别在三个部分（第 2 部分至第 4 部分）中进行了讨论：

- 第 2 部分——构建动态能力：在第四次工业革命时代蓬勃发展

培养在第四次工业革命的动态环境中茁壮成长的能力。企业的动态能力是三组能力相互作用的产物——觉察与感知、抢占与复制、再配置与再定位。这三组动态能力使组织能够及时适应和调整，从一个短期优势转移到下一个。

- 第 3 部分——如何实现有勇有谋地增长：目标导向

做到大胆驱动增长，就要以目标为导向，所以，我们要选定一个有意义和激励性的目标，培养一支灵活思考与行动的管理队伍，化解困境，协调看似冲突的目标。为此，我们要构建起期望，促进持续进化的机制。

- 第 4 部分——赢得第四次工业革命时代的人才竞赛

人才是这个时代中获胜的关键。人才能够与技术交互，在迷雾中导航，发挥日益重要的创造力。不断发展第四次工业革命技能，在流畅的团队合作中，优化人才配置，应对千变万化的挑战。以人为中心的人力管理实践通过履行注意义务，让人才发挥出最佳表现。

在这最后一章，为了集中讨论，我把在第四次工业革命中处于优势地位的管理实践和领导力特质融合在一起（图 12.2），而并不去过度关注它们为什么处于优势地位，以及如何应用它们。对于所有希望在第四次工业革命时代大有作为的公司来说，他们需要做出的选择是，决定企业需要加强哪些领导技能和管理实践方能积聚竞争优势，第11章讨论了这一点。一个好消息是，那些成功开发和利用了第四次工业革命时代竞争力的公司，表现超过同行30%（五年后可达到31%）。然而，未能做到这一点的企业则会在5年内落后于同行约15%。

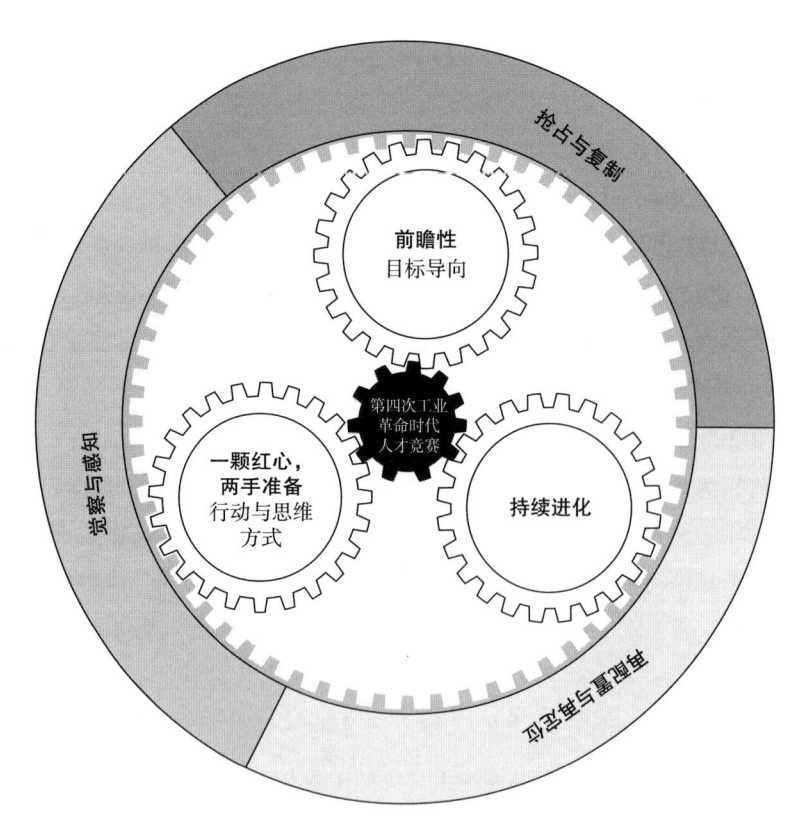

图12.2 第四次工业革命时代之领导力：实现并维持卓越绩效

投资者、股东和高管团队应主动拥抱第四次工业革命时代成功所需的管理实践和领导力特质。不过，在财务层面的考量之外，第四次工业革命时代的公司倾向于选择积极阳光、充满活力的工作环境。这样的组织往往目标明确，肩负有意义的社会使命；他们解放也调动人才，以团队的形式，为催人前行的重要项目卖力。他们奋力在（传统和非传统）竞争中保持领先——吸引最优质的人才加入；从当下的竞争优势位置过渡到下一个优势位置，让动态势能得以建立和保持。面对未来的迷雾和不确定性，他们满怀信心；面对即将被揭开的崭新可能性与机遇，他们享受且憧憬。

我对你的未来之旅致以最良好的祝愿。

尾　注

1　https://sustainabledevelopment.un.org/post2015/transformingourworld (archived at https://perma.cc/6N36-MJ42).

译后记

在本书即将付梓之际，出版社和我商量，把我对原著副题的翻译"不平凡之路"改为"非凡之路"，并升格为主书名。本书作为一枚指南针，指向了少有人走的那条路——清晰认知到世界变化，并愿意躬身时局，重塑自身的可持续发展之路。

重要的催化剂——动态能力

高手如林，不进则退。前进过程中有多大的加速度，取决于动态能力的强弱。在凤凰卫视做主编时，我发现新闻工作者都需要经常发挥"动态能力"。当家乡河南突发"7.20"重大水灾，凤凰卫视第一时间特派暴雨采访小组逆流而上。即便灾区连视像信号都连不上，只要能通电话，记者便能第一时间传递现场情形，做到"大事发生我在场"，做出有独家价值的好作品。凤凰卫视记者和摄像师在深入受灾居民区进行报道的途中，亲身协助援救了两位耄耋老人。

其实，当我们在后方与前方记者商讨现场报道的地点与话题时，记者尚不知晓自己能否寻觅到合适的交通工具，及时赶赴目的地。事件动态中的变化，会产生不同的结果，这是电视观众期待的画面和内容，而所有的新闻工作者都需要时刻做好应对突发状况的准备。对变化有所觉察和预判（觉察与感知）；准确抓取热点（抢占与复制）；重塑视角，协调资源（再定位与再配置），最终呈现出有价值的内容——这就是书中总结的"动态能力"。不只是新闻行业，无论对企业发展，还是对个人成长而言，都需要建立起为人处事的动态思维。

打破思维的墙——两手同利

读书最有价值的意义之一，便是与固有的认知进行辩论，从而拆掉思维的墙，实现自我进化。翻译之旅带给我最大的惊喜，莫过于解决人生的困惑与难题。从前，我会犹豫——是着眼于远期愿景，还是专注于当下目标？是选择在某一领域孤注一掷，还是兼容并蓄，把握住多元机会？书里告诉我们——一颗红心，两手同利。一家企业越能管理相互矛盾的目标，在平衡中寻求双赢，其动态能力便越强。对个人而言也是如此，弹性的生命力将催人愈挫愈勇，激流勇进。

  我从新闻主编岗位调到凤凰卫视人力资源部时，就面临着这种矛盾，到底哪个岗位更适合自己当下和长远的发展？走更专一的道路，还是一专多能？本来以为制作节目更富有挑战性，没有想到，制作节目的经验到了人力资源部，更有用处。对部门要求增加人手、改善福利、优化资源配置等发展目标，自己有了切身的体会。管理职能部门是为了解决问题，但更要注意"以人为本"。解决问题是目的，"以人为本"是手段。这本书帮助作为人力资源部门新人的我，更快地进入角色——不仅启发我在微观上留心：还能够为同事们做些什么；也引领我从宏观层面思考，电视媒体随着时代需求的演变应如何变革。我开始试着从全局的眼光出发，观察各部门的运转与协作。

  如果你是创业者或企业高管，这是一本为你量身打造的管理指南；如果你不是，本书同样值得一读。变化是不可避免的！若真的害怕，唯一的办法，就是朝它迎面走去。《非凡之路——第四次工业革命》教会你预见变化，并主导变化。

  你的目标就是你的北极星，你的价值观就是你行走的土地，永远对"下一步怎么走"怀有预期，对未来的加速度心中有数——能量蕴蓄能量，动力积聚动力，循环往复，生生不息。

周琳琳

2021 年 9 月于香港